Christoph Marx

101 x

Politik!

Alles, was wichtig ist

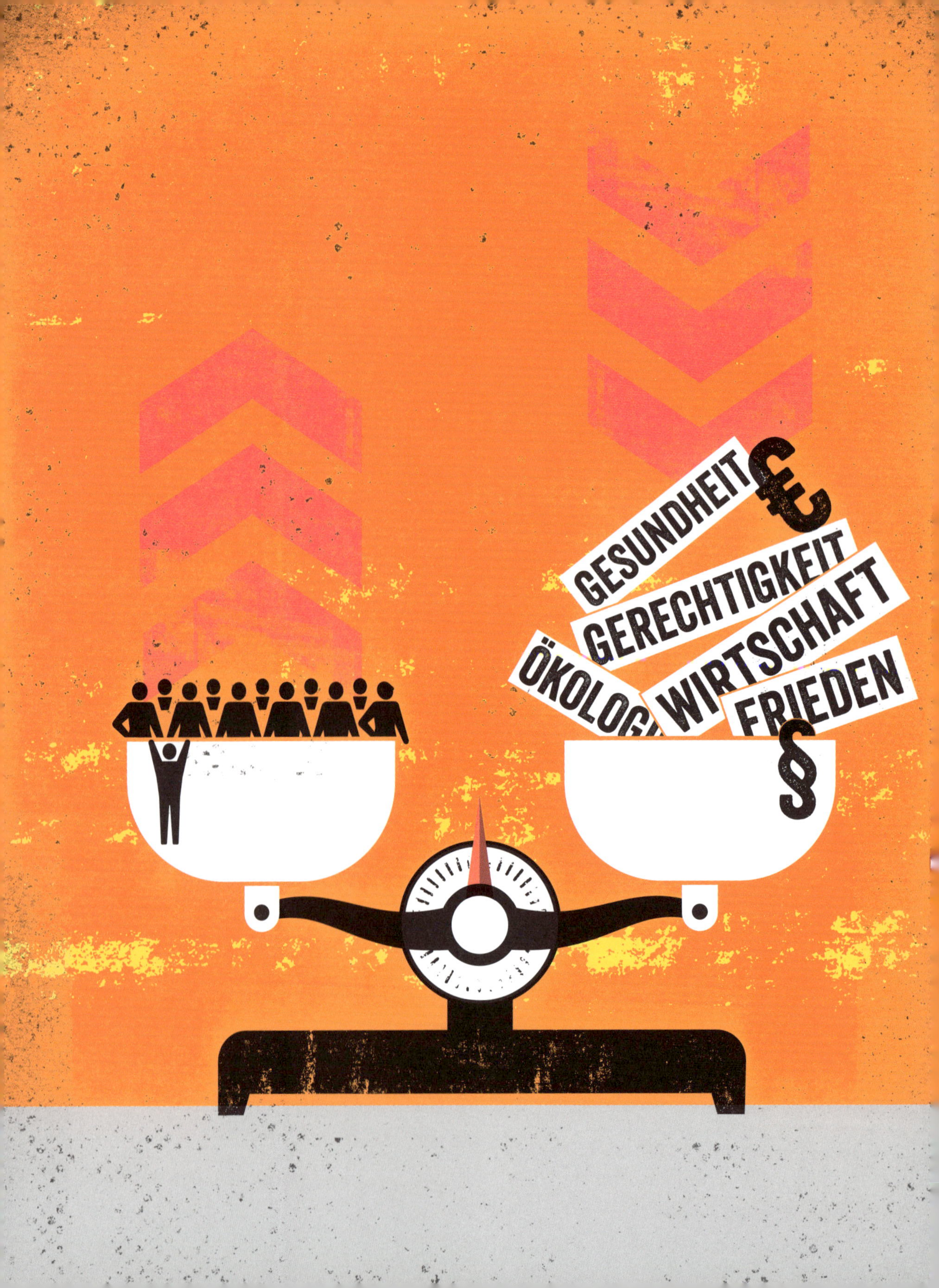
GESUNDHEIT
GERECHTIGKEIT
ÖKOLOG
WIRTSCHAFT
FRIEDEN

Christoph Marx

101 x
Politik!
Alles, was wichtig ist

Mit Illustrationen von Katharina J. Haines

wbg THEISS

Inhalt

Was ist Politik?

010 Politik als gute Staatsordnung
Die antike Tradition

012 Politik und Macht
Ein schmutziges Geschäft?

015 Politik und Gesellschaft
Ein Pakt mit dem Volk

017 Politik als Überbau
Alles nur Ökonomie?

020 Politik als Krieg
Wo ist der Feind?

023 Politik als öffentliche Freiheit
Die moderne Agora von Hannah Arendt

Weltanschauungen, Ziele und Ideale

026 Konservatismus
Die Macht der Vergangenheit

029 Liberalismus
Die Freiheit des Individuums

033 Kommunitarismus
Gemeinsinn und bürgerliches Engagement

034 Sozialismus und Sozialdemokratie
Soziale Gerechtigkeit für alle

036 Marxismus-Leninismus
Die Partei, die Partei hat immer recht

039 Anarchismus
Keine Macht für niemand!?

040 Grüne Politik
Erst einmal die Welt retten

043 Genderpolitik
Die Gleichstellung von Mann und Frau

045 Populismus
Volk gegen Elite

048 Nationalismus und Neue Rechte
Wir gegen die anderen

050 Religiöser Fundamentalismus
Politik in Namen Gottes

053 Politische Utopien
Der Traum von einer besseren Welt

Macht und Herrschaft

058 Der Weg zum modernen Nationalstaat
Eine historische Skizze

062 Staatsformen
Wie wird Herrschaft ausgeübt?

065 Monarchie und Aristokratie
Die Macht der Tradition

067 Die Theokratie
Im Bund mit höheren Mächten

070 Oligarchien
Die Selbstermächtigung der Eliten

072 Diktatur
Alle Macht dem Herrscher

074 Totalitarismus
Ideologie und Terror

076 Autoritarismus
Zwischen Diktatur und Demokratie

078 Demokratie
Eine kurze Entwicklungsgeschichte

082 Volkssouveränität
Modelle repräsentativer oder direkter
Demokratie

085 Pluralismus und Grundrechte
Das Konzept der offenen Gesellschaft

Institutionen, Instan-
zen und Strukturen

**088 Die Qual der
Wahl(-systeme)**
Mehrheitswahl oder Verhältniswahl?

090 Gewaltenteilung
Die Ausbalancierung von Macht

092 Regierungen
Macht und Ohnmacht der Exekutive

094 Parlamente
Die Herzkammern der Demokratie

097 Der Rechtsstaat
Das schwierige Verhältnis von Justiz,
Politik und Bürgern

100 Föderalismus und Subsidiarität
Politik der Bürgernähe und
lokale Demokratie von unten

**102 Verfassungsschutz und
Geheimdienst**
Wie geheim darf eine Demokratie sein?

104 Parlamentsdemokratie (1)
Das politische System des Vereinigten
Königreichs

107 Parlamentsdemokratie (2)
Das politische System der
Bundesrepublik Deutschland

110 Präsidialdemokratie
Das Regierungssystem der USA

**112 Parlamentarisch-präsidiale
Demokratie**
Das Regierungssystem von Frankreich

**114 Konkordanz- und
Basisdemokratie**
Das politische System der Schweiz

**116 Defekte bzw.
gelenkte Demokratie**
Das politische System Russlands

Akteure, Interessen
und Meinungen

121 Die Parteien
Politische Organisatoren der
Gesellschaft

124 Verbände und Vereine
Sprachrohre der Gesellschaft

127 Lobbyismus
Machen Verbände ihre eigenen
Gesetze?

128 Opposition und Widerstand
Wie viel Gegnerschaft verträgt
die Demokratie?

132 Neue soziale Bewegungen
Bürger übernehmen die politische
Initiative

134 Stiftungen
Die Macht der Zivilgesellschaft

135 **Denkfabriken**
Die politischen Strategen im Hintergrund

138 **Massenmedien und Politik**
Eine andere Geschichte der Macht

140 **Politische Intellektuelle**
Die schwierige Gratwanderung zwischen Geist und Macht

142 **Die vierte Gewalt**
Funktion und Rolle von Medien

144 **Medien und Staat**
Wie viel Unabhängigkeit brauchen demokratische Medien?

146 **Medien und Politik**
Die Gewaltenteilung der Mediendemokratie

148 **Wahlkampf**
Politik als Dauerwerbesendung

150 **YouTube, Twitter, Facebook & Co.**
Die großen Flüstertüten

154 **Fußball und Politik**
Mehr als ein Spiel

156 **Politik und Sprache**
Der Kampf um das Wort

159 **Herrschaftsarchitektur**
Inszenierungen politischer Macht

Staat und Gesellschaft

162 **Staatsvermögen**
Die leidige Geschichte mit den Steuern

164 **Bildungspolitik**
Der Traum vom mündigen Staatsbürger

166 **Kulturpolitik**
Schaffung gesellschaftlicher Identität

168 **Innere und äußere Sicherheit**
Der Staat als Schutzmacht

170 **Soziale Sicherheit**
Staatlich organisierte Solidarität

172 **Verteilungspolitik**
Wie kann der Staat soziale Ungleichheit lindern?

174 **Wirtschaftspolitik**
Wie viel Staat darf sein?

176 **Tarifpolitik**
Das politische Dreieck Staat, Gewerkschaft und Arbeitgeber

178 **Beschäftigungspolitik**
Die Regulierung des Arbeitsmarkts

180 **Wohnungspolitik**
Jedem ein Dach über dem Kopf

181 **Verkehrspolitik**
Mobilität der Zukunft

182 **Familienpolitik**
Das Fundament der Gesellschaft

Internationale Politik

186 **Globales Mächtekonzert**
Eine kurze Geschichte der internationalen Politik

188 **Internationales Parkett**
Die Kunst der Außenpolitik

192 **Global Governance**
Die Welt regieren ohne Weltregierung?

194 **Die Vereinten Nationen (UNO)**
Die Weltorganisation

196 NATO und OSZE
Kollektive Verteidigung und Sicherheit
in Europa

199 INGOs
Die Rolle der internationalen
Nichtregierungsorganisationen

201 Die Europäische Union
Das historische Experiment

203 Kolonialismus
Die dunkle Vergangenheit Europas

204 Entwicklungspolitik
Die Suche nach der Hilfe zur Selbsthilfe

206 Weltwirtschaftsordnung
Freihandel oder Protektionismus?

209 Der ewige Kampf
Von alten und neuen Kriegen

211 Rüstung und Abrüstung
Frieden schaffen mit immer besseren
Waffen?

Trends und Herausforderungen

216 Umweltpolitik
Der ökologische Umbau der
Industriegesellschaft

219 Klimaschutzpolitik
Eine erneuerbare Energiewirtschaft

222 Migration
Die Welt in Bewegung

225 Terrorismus
Politische Strategie der Angsterzeugung

227 USA gegen China
Der neue Kampf um die Weltmacht

230 Rassismus und Diskriminierung
Der stete Kampf um Gleichbehandlung

234 Globalisierte Gesellschaften
Die neue Suche nach Heimat

236 Metropolisierung der Welt
Die Spaltung zwischen Stadt und Land

238 Korruption
Der Kampf des Staates um Vertrauen

240 Transnationale Unternehmen
Macht und Ohnmacht der Politik

242 Menschenrechte
Ein politisch durchzusetzender
Universalitätsanspruch?

244 Demografischer Wandel
Die Überalterung der Gesellschaft

246 Fake News
Wie viel Wahrheit braucht die
Demokratie?

249 Vernetzte Welt
Mensch und Maschine oder die Zukunft
der Arbeitsgesellschaft

251 Individualisierung
Die Gesellschaft der Einzigartigen

254 Big Data
Die Angst vor dem digitalen
Kontrollverlust

256 Afrika
Der Boom-Kontinent der Zukunft?

258 Die unsichtbare Gefahr

SARS-CoV-2 und die Folgen

260 Anhang
Glossar, Register, Impressum,
Zitatnachweis

Kapitel 1

Was ist Politik?

Politik als gute Staatsordnung

Die antike Tradition

Im alten Griechenland entwickelte sich nicht nur die Politik im eigentlichen Wortsinn, hier wurde auch erstmals systematisch über Formen sozialen Zusammenlebens nachgedacht. Dabei standen ethische Fragen im Vordergrund.

Wenn wir heute von Politik reden, sprechen wir immer noch die Sprache der alten Griechen. In den kleinflächigen Stadtstaaten des antiken Griechenlands, den Poleis, wurde im 5. Jahrhundert vor Christus das erfunden, was die Griechen „ta politika" nannten und wir bis heute als zentrales Wesen der Politik verstehen: nämlich die öffentliche Auseinandersetzung mit den Angelegenheiten, die alle Staatsbürger („polites") gemeinsam betreffen. Politisch handeln hieß für die Bürger, sich aktiv an der Ausgestaltung des Gemeinwesens zu beteiligen. Regieren war in den Poleis nicht mehr Recht und Pflicht einer höheren, nicht hinterfragbaren Macht, sondern prinzipiell rationale Aufgabe für alle Bürger. Daher dachten hier auch Philosophen erstmals gründlich über Wesen und Ziele von Politik nach: Sie reflektierten über die „Politike techne", die Kunst der richtigen Staatsführung, und betrachteten unterschiedliche Sozialmodelle, die sie bewerteten, verwarfen oder legitimierten. Wie kann die Gestaltung eines Staates den Bürgern ein gutes, tugendhaftes Leben ermöglichen, wie lässt sich Gerechtigkeit für alle herstellen? Das Interesse kreiste dabei vor al-

lem um ethische Fragen: Wie kann ein politisch verfasstes Gemeinwesen bestmöglich für die Bürger geordnet werden? Einen besonders nachhaltigen und bis heute spürbaren Einfluss auf das politische Denken haben insbesondere die Überlegungen von zwei griechischen Gelehrten ausgeübt: Aristoteles, der Politik erstmals systematisch betrachtete, und sein Lehrer Platon, der als Erster einen perfekten Staat in Gedanken baute – und damit zu einem wirkmächtigen politischen Vordenker wurde.

Aus heutiger Sicht irritierend: Platons Vorstellung von einem idealen Gemeinwesen entstand in bewusster Abgrenzung zur zeitgenössischen attischen Demokratie (→ Seite 078), die er in den Händen von machtgierigen Demagogen sah und die für ihn von Inkompetenz und Willkür gekennzeichnet war. In seinem Werk *Politeia* entwarf er stattdessen einen Staat, der streng hierarchisch nach den Maßgaben der Vernunft geführt wird: An der Spitze stehen die Philosophen, die aufgrund von Einsicht und Weisheit allein herrschen. Nach jahrelangem Studium und kontinuierlicher Prüfung haben sie gelernt, was eine gute und für alle gerechte Regierung ausmacht. Ihre Erkenntnisse setzen sie – wenn nötig gegen Widerstand – mit allen Mitteln durch. Platons *Politeia* kann so nicht zu Unrecht als eine Art Grundtypus einer Erziehungsdiktatur angesehen werden, die ihre Bürger notfalls zu ihrem Glück zwingt.

Den restriktiven, auf Zwang und persönlicher Besitzlosigkeit aufbauenden Ständestaat Platons lehnte sein Schüler Aristoteles ab. Er war mehr Pragmatiker als Ideologe, auch wenn eine Staatsordnung für ihn selbstverständlich primär die Aufgabe hatte, den Bürgern ein gutes, „richtiges" Leben zu ermöglichen. Allerdings glaubte er nicht an eine Definition von Staatsordnung aufgrund abstrakter Normen. Vielmehr versuchte er, das „Gute" durch Beobachtung der Wirklichkeit zu finden. Als Erster verglich er systematisch die innere Organisation verschiedener Stadtstaaten und zog daraus den Schluss, dass die beste Verfassungsform eine des Maßes sein muss: eine, in der die Möglichkeit des Machtmissbrauchs durch einen Menschen oder eine Gruppe minimiert ist und in der selbst die Herrschenden an das Gesetz gebunden sind. Mit seiner Aufteilung der Staatsgewalt in Exekutive, Legislative und Gerichtsbarkeit lassen sich bei Aristoteles sogar Anfänge einer Gewaltenteilung erkennen. Nicht nur weil er zum ersten Mal das Gemeinwesen in seiner Funktionsweise detailliert analysierte, hat Aristoteles den – abendländischen – Blickwinkel auf Politik nachhaltig geprägt. Insbesondere das Gemeinwohl als Staatsziel, das Wissen um die Bedeutung von Verfassungen sowie nicht zuletzt die Vorstellung, dass der Staat vor allem eine Sache seiner Bürger sei, bleiben ein lebendiges Erbe der Antike. ■

Politik und Macht

Ein schmutziges Geschäft?

Ab dem 15. Jahrhundert wurde Politik immer stärker auch als kalkulierbares Instrument zur Herstellung von staatlicher Ordnung begriffen. Statt Moralfragen rückten Strategien und Techniken des Machterwerbs und des Machterhalts in den Blick.

Unter den Denkern des Mittelalters blieb die antike Vorstellung bestimmend, dass die Grundlage guter Politik eine gute Verfassungsordnung sei, wobei diese nun mit dem Christentum gleichgesetzt wurde. Mit dem Aufkommen des Renaissance-Humanismus in Europa ab dem 15. Jahrhundert begann ein radikaler Perspektivenwechsel, der erneut die Eigenverantwortlichkeit des Menschen (und nicht Gottes) für die Gestaltung seiner politischen Umwelt in den Mittelpunkt stellte und den Übergang in die Neuzeit einleitete. Der Fokus wechselte von transzendentalen Fragen hin zum konkreten Umgang mit den Widrigkeiten der irdischen Gegenwart: Kriege, Intrigen, Putsche und Chaos. Doch wie ließ sich unter diesen Bedingungen eine stabile staatliche Ordnung herstellen und sichern, was machte den Erfolg eines politischen Herrschers aus? Naheliegenderweise beschäftigte der sich nicht mit den philosophischen Bedingungen eines Idealstaates, sondern analysierte nüchtern die politische Wirklichkeit seines Reichs und der Welt. Dabei wurden Politik und Moral ab der Neuzeit theoretisch immer öfter völlig getrennt. Zur politischen Schlüsselfrage wurde die nach der Macht in einem Staat, der keinen höheren Zweck verfolgt und keine Autorität über sich anerkennt. Die Aufrechterhaltung eines funktionierenden Staatswesens wurde zum Wert an sich, zur Staatsräson.

Diese Abkehr von der Ethik verkörperte kein politischer Denker so idealtypisch wie der Florentiner Niccolò Machiavelli, der mit seiner berühmtberüchtigten Schrift *Der Fürst* von 1532 eine wirkmächtige politische Handlungsanweisung für eine erfolgreiche Alleinherrschaft jenseits christlicher Moralvorstellungen verfasste. Dies machte ihn zum Namensgeber des Machiavellismus, einem Synonym für rücksichtslose, brutale Machtpolitik nach innen und außen. Um Macht zu erlangen und zu erhalten, so Machiavelli, muss ein Politiker kritisch die gegebene Situation betrachten und unabhängig von ethischen, moralischen oder sonstigen Überlegungen pragmatische Entscheidungen treffen und diese konsequent durchsetzen. Er soll – soweit möglich – die allgemeinen Normen einhalten, aber frei sein – wenn nötig –, auch Lüge und Betrug einzusetzen. Die eigentliche politische Kunst sei es, so Macchiavelli, günstige Konstellationen zu erkennen und sie durch jeweils richtiges Handeln optimal für sich zu nutzen. Was als amoralische Prinzipienlosigkeit erscheinen mag, ist für Machiavelli Ausweis politischer Klugheit.

Für einen ähnlichen instrumentellen, vermeintlich „realistischen" Politikansatz steht im 20. Jahrhundert vor allem ein Name: Max Weber, der Begründer der deutschen Soziologie. Auch für

Weber kreist Politik vor allem um Machtfragen. Im Zentrum steht der moderne Staat, der das physische Gewaltmonopol besitzt und so dem Politiker die Mittel an die Hand gibt, ohne Zustimmung und selbst gegen den Willen bzw. trotz Widerstands anderer die eigenen Ziele durchzusetzen. Die zentrale politische Frage ist für Weber, wie man zur Leitung des Staates gelangt: „Wer Politik treibt, erstrebt Macht – Macht entweder als Mittel im Dienst anderer Ziele – idealer oder egoistischer – oder Macht ‚um ihrer selbst willen‘: um das Prestigegefühl, das sie gibt, zu genießen",

heißt es 1919 in Webers Vortrag *Politik als Beruf*. Der letzte Halbsatz beschreibt, was heute viele Menschen (gerade auch in Wahlkampfzeiten) Politikern pauschal unterstellen: dass es ihnen nur um die Sicherung ihrer eigenen Macht geht. Dabei ist Macht in der Politik sicher mehr als nur ein persönliches Aphrodisiakum – sie ist die notwendige Grundbedingung für die Möglichkeit, aktiv und verantwortlich zu gestalten. Ohne Macht bleibt jede noch so gute politische Absicht letztlich folgenlos. ▪

Politik und Gesellschaft

Ein Pakt mit dem Volk

Alle Macht geht vom Volk aus: Ab dem 17. Jahrhundert begründeten wichtige politische Vordenker ihre Herrschaftsmodelle mit der fiktiven Zustimmung der Bürger. Damit wurde der moderne Legitimitätsdiskurs eröffnet, der den Durchbruch zur realen Demokratie intellektuell wie ideell vorbereitete.

„Wir sind Gewählte und keine Erwählten", warnte einst der deutsche Bundeskanzler Willy Brandt seine Parlamentarierkollegen pointiert vor Hochmut. Die Wähler hätten ihnen Macht nur auf Zeit verliehen. Denn dass Herrschaft nur dann legitim ist, wenn sie regelmäßig neu über Wahlen bestätigt wird, gehört zum Wesenskern moderner Demokratien. Gerne sprechen Politiker deswegen heute in Wahlkampfreden von einem „neuen Pakt mit den Wählern" – und nutzen dabei ein Bild, das bereits die politischen Autoren der Aufklärung im 17. und 18. Jahrhundert zur zentralen Legitimationsfigur für staatliche Herrschaft überhaupt erhoben hatten. Die Aufklärung begriff Menschen verstärkt als autonome Wesen mit Naturrechten; gleichzeitig wurden Herrschaftsstrukturen nicht mehr unumwunden als gottgegeben angesehen. In diesem Sinn erschien jede staatliche Zwangsgewalt nur dann zulässig, wenn sie zumindest theoretisch von allen, die ihr unterworfen waren, akzeptiert wurde – eben über den Abschluss eines fiktiven Vertrags. In dieser Vorstellung schließen sich die Menschen in einem imaginierten Naturzustand freiwillig zu einer Gesellschaft zusammen, um eine für sie nützliche Form von Herrschaft zu etablieren. Dabei änderte sich im Lauf der Zeit die Vorstellung, warum und zu welchem Zweck das menschliche Zusammenleben staatlich geregelt werden muss. Ideengeschichtlich lässt sich an den drei Hauptvertretern der klassischen Vertragstheorie die Entwicklung vom absolutistischen zum demokratischen Staat gut ablesen.

Den Anfang machte in der ersten Hälfte des 17. Jahrhunderts der englische Philosoph Thomas Hobbes, der als Zeitzeuge blutiger Religionskriege die Menschen als von Natur aus machtgierig annahm und in einem permanenten Krieg „Jeder gegen jeden" sah. Um den Frieden zu sichern, so Hobbes, übertragen die Menschen alle ihre Rechte an eine absolute Macht, die niemandem verpflichtet ist und allein die Regeln setzt, an die sich alle halten müssen. Die Menschen opfern also freiwillig ihre Freiheitsrechte des Naturzustands, um dafür staatlichen Schutz und Sicherheit zu erhalten. Aus einer ganz anderen Perspektive argumentierte in der zweiten Hälfte des 17. Jahrhunderts John Locke. Für den Stamm-

> **Solange die Bürger nur solchen Bestimmungen unterliegen, denen sie selbst zugestimmt haben oder denen sie doch aus freier und vernünftiger Einsicht zustimmen könnten, gehorchen sie niemand anderem als ihrem eigenen Willen.**
>
> Nach Jean-Jacques Rousseau in *Vom Gesellschaftsvertrag*

vater des Liberalismus sind die Menschen von Natur aus frei und können über das von ihnen Erwirtschaftete eigenwillig bestimmen. Um die individuellen Rechte auf Eigentum, Freiheit und Leben zu schützen, schließen sich die Einzelnen einvernehmlich zu einer Gemeinschaft zusammen und übertragen ihre Rechte an eine ihr gemäße Form der Staatsgewalt. Diese soll in Legislative und Exekutive unterteilt werden; im Fall von Machtmissbrauch ist Widerstand erlaubt. Locke wird damit zum Begründer des bürgerlichen Verfassungsstaates, der wiederum zum Ausgangspunkt für die Überlegungen des radikalen Genfer Gesellschaftskritikers Jean-Jacques Rousseau wurde. Für Rousseau lebten die Menschen ursprünglich einträchtig im harmonischen Einklang mit der Natur, bis vor allem die Einführung von Privateigentum die Menschen in egoistische Nutzenmaximierer verwandelte und eine soziale Spaltung hervorrief, die durch neu geschaffene politische Institutionen zementiert wurde. „Der

Mensch ist frei geboren, und liegt doch überall in Ketten", lautet der erste Satz in Rousseaus Schrift *Vom Gesellschaftsvertrag* aus dem Jahr 1762. Hier wird das ideale Modell einer demokratischen Republik formuliert, in der die ursprünglich natürliche Freiheit und Gleichheit auf gesellschaftlicher Ebene wiederhergestellt wird. Dafür treten die Individuen alle ihre natürlichen Rechte freiwillig an eine Gemeinschaft ab, die für alle verbindliche Gesetze verabschiedet und sich dabei an dem Gemeinwillen orientiert, der den gemeinsamen Willen von allen repräsentiert. Weil der Einzelne dadurch nur an Gesetze gebunden ist, die er sich selbst gegeben hat, gewinnt er eine höhere Form von Freiheit und Gleichheit. Der Gedanke, dass letztlich alle Gesetze in einem Staat von der Bevölkerung selbst beschlossen werden, macht Rousseau zum Begründer der Volkssouveränität und damit des zentralen Gedankens moderner Demokratie: dass alle Staatsgewalt letztlich vom Willen des gesamten Volkes ausgeht. ∎

Politik als Überbau

Alles nur Ökonomie?

Für Karl Marx war Politik in erster Linie Spiegel der Wirtschaft. Seine kapitalismuskritische Gesellschaftstheorie wurde zur wichtigen ideologischen Grundlage der Arbeiterbewegung. Zentrale Vorstellungen von Marx bleiben bis heute prägend für das politische Denken der Linke.

Mit Karl Marx kam die Praxis in die politische Theorie. Statt wie bisher die Welt intellektuell aus der Distanz zu deuten, wollte Marx mit seinen Konzepten sowohl das Bestehende grundsätzlich kritisieren als auch den Leitfaden einer politischen Praxis liefern, die die gesellschaftlichen Zustände konkret ändert. Der studierte Philosoph und langjährige Journalist war im 19. Jahrhundert Zeitzeuge der Industrialisierung in Europa. Diese veränderte die Gesellschaft grundlegend und ließ die moderne, technologie- und kapitalgetriebene Arbeitswelt der Gegenwart entstehen. Während das Wirtschaftsbürgertum von der enormen Dynamik der ökonomischen Entwicklung profitierte und politisch-gesellschaftlich immer mehr an Einfluss gewann, entstand mit der Arbeiterschaft eine neue, weitgehend rechtlose soziale Schicht, die oft im Elend lebte. Marx stellte seine theoretischen Überlegungen in den Dienst der Arbeiterbewegung, die sich der Verbesserung ihrer Lebensverhältnisse verschrieb. Aus den gemeinsam mit seinem Freund Friedrich Engels intensiv betriebenen ökonomischen Studien glaubte er, die Entwicklungsgesetze der gesamten Menschheitsgeschichte erkannt zu haben und nun quasi wissenschaftlich gesicherte Aussagen über deren zukünftigen Verlauf machen zu können. Dieser ist nicht von Ideen, sondern von ökonomischen Verhältnissen bestimmt, war Marx überzeugt und stellte damit mehr oder weniger die bisherigen Vorstellungen auf den Kopf. „Es ist nicht das Bewusstsein der Menschen, das ihr Sein, sondern umgekehrt ihr gesellschaftliches Sein, das ihr Bewusstsein bestimmt", heißt es 1859 in seiner *Kritik zur politischen Ökonomie*. Galten seit der Antike Politik und Ökonomie als strikt getrennt, wird für Marx die eigentliche Politik in der Wirtschaft gemacht: Nicht die Politiker, sondern die Wirtschaftseigentümer üben die wirkliche Macht in einem Gemeinwesen aus. Wer über die wirtschaftlichen Produktionsmittel wie Boden, Fabriken oder Maschinen verfügt, beherrscht Denken und Handeln der Menschen. Staatsordnung, Moral, Recht oder Kunst spiegeln so als „ideologischer Überbau" nur die Interessen der wirtschaftlich-gesellschaftlich herrschenden Schicht wider. Der Staat ist in diesem Sinn für die Eigentümer der ökonomischen Produktionsmittel vor allem ein Herrschaftsinstrument gegenüber dem Rest der Bevölkerung. Nach Marx hat die neue Klasse der Arbeiterschaft die welthistorische Aufgabe, die bürgerliche Staatsordnung als institutionalisierte Herrschaft des Wirtschaftsbürgertums zu stürzen und im Zuge einer kurzzeitigen Diktatur des Proletariats die Produktionsmittel zu vergesellschaften, also in den Besitz aller zu überführen.

„DIE FREIHEIT BESTEHT DARIN, DEN EINEM DER GESELLSCHAFT ÜBERGI EIN IHR DURCHAUS UNTERGEORDN ZU VERWANDELN."

Dadurch würde die kommunistische Gesellschaft entstehen, in der die Herrschaft des Menschen über den Menschen abgeschafft sei und jeder sich selbst verwirklichen könne.

Es war diese messianische Zukunftsvision im Gewand der Wissenschaft, die die Theorie von Marx und Engels in Teilen der sozialistischen Arbeiterbewegung (→ Sozialismus, Seite 034) schnell zu einer Art Ersatzreligion machte. Von mehreren Seiten nach Marx' Tod zu einem starren Dogma verzerrt, mutierte der Marxismus zur oberflächlichen Anleitung von mehreren Revolutionen kommunistischer Bewegungen im 20. Jahrhundert – und letztlich zu einer Rechtfertigungsideologie von diktatorischen Gewaltregimen, die seinen humanistischen Kern in der Praxis ad

absurdum führten. Heute glaubt so gut wie niemand mehr an einen „wissenschaftlichen Sozialismus", und es ist deutlich geworden, dass Marx die enorme Flexibilität und Innovationskraft des Kapitalismus sträflich unterschätzte. Doch bleiben Theorie und Praxis der politischen Linken in all ihren Schattierungen bis heute mehr oder weniger wesentlich von Marx' Annahmen geprägt. Die in den 1930er-Jahren in Deutschland konzipierte sog. Kritische Theorie gewann großen Einfluss auf die „Neue Linke" in der antiautoritären Studentenbewegung der 1960er-Jahre. Sie verband den materialistischen Ansatz von Marx vor allem mit psychoanalytischen Theorien, um die wirtschaftlichen, individuellen und kulturellen Zustände eines vermeintlichen Spätkapitalismus

STAAT AUS
ORDNETEN IN
TES ORGAN

ideologiekritisch zu beleuchten („Kulturindustrie", „verdinglichte Welt") und so ein Bewusstsein für die notwendige Emanzipation der Massen zu schaffen. Allerdings lehnten die wichtigsten Vertreter der Kritischen Theorie, Max Horkheimer und Theodor W. Adorno, die revolutionäre Praxis, die Studierende in den 1960er-Jahren aus ihren Theorien ableiteten, stets scharf ab.

Bis heute bleibt Karl Marx in Programmatik und politischen Instinkten der Linke höchst präsent. Identitätsstiftend ist immer noch das grundsätzliche Misstrauen, wenn nicht sogar die prinzipielle Opposition gegenüber einer kapitalistischen Wirtschaftsordnung, die mehr oder weniger als eigentliches Machtzentrum wahrgenommen wird, das es politisch zu bändigen gilt.

Die Parole „Die Wirtschaft muss den Menschen dienen und nicht umgekehrt" ist in Europa regelmäßig auf Parteitagen selbst staatstragender sozialdemokratischer Parteien zu hören. Dabei lässt sich in letzter Zeit auch eine Renaissance von vergessen geglaubten klassischen marxistischen Politpositionen beobachten. Forderungen nach „Vergesellschaftung von zentralen Schlüsselindustrien" haben etwa 2019 wieder Eingang in das Wahlprogramm der britischen Labour Party gefunden. Solange der real existierende Kapitalismus nicht die soziale Ungleichheit überwinden kann, werden zentrale marxsche Denkfiguren der kapitalismuskritischen Analyse über die Zeitläufe hinweg wohl attraktiv bleiben. Als Geschichtsprophet ist Karl Marx aber mit Sicherheit Geschichte. ■

Politik als Krieg

Wo ist der Feind?

Der deutsche Staatsrechtler Carl Schmitt verband Politik mit der Bereitschaft, im Notfall auch Krieg zu führen. Steht heutzutage, da oft die Re-Ideologisierung von Politik konstatiert wird, ein illiberales Denken vor einer Renaissance, das nur noch zwischen Freund und Feind zu unterscheiden weiß?

Carl Schmitts politisches Denken war wesentlich vom Aufkommen totalitärer Ideologien in den 1920er-Jahren in Europa geprägt. Es war ausgerichtet auf die Re-Etablierung eines nationalen Machtstaats, was für Schmitt die Überwindung eines grenzenlosen, tendenziell kosmopolitischen Liberalismus implizierte. Eine unterschiedslose Forderung nach Menschenrechten sowie eine pluralistische Anerkennung aller Weltanschauungen führt, so Schmitt, tendenziell zu einer Auflösung der nationalen Staatlichkeit überhaupt. In diesem Sinne braucht jede Staatsordnung eine maximale Homogenität nach innen bei kompromissloser Abgrenzung nach außen. Erst dadurch gewinnt sie in seinen Augen eine echte politische Qualität. Denn die „spezifisch politische Unterscheidung, auf welche sich die politischen Handlungen und Motive zurückführen lassen, ist die Unterscheidung von Freund und Feind", formuliert Schmitt 1927 in seiner Schrift *Der Begriff des Politischen*. Dieser „Feind" ist kein akzeptierter Gegner in einem austarierten politischen System. Gemeint ist ein Feind im existenziellen Sinn, der das definierte Eigene unmittelbar bedroht und gegen den man im Notfall bereit sein muss, Opfer zu erbringen und einen realen Krieg zu führen. Dabei ist der souveräne Staat völlig frei in der inhaltlichen Entscheidung, diesen Feind konkret zu bestimmen. Moralische, legale oder sonstige außerpolitische Erwägungen sollten keinerlei Rolle spielen. Maßgeblich ist allein die staatliche Fähigkeit, diese politische Entscheidung treffen zu können und dann mit allen Mitteln in der Bevölkerung durchzusetzen, diese also im Extremfall „durch die Ausscheidung oder Vernichtung des Heterogenen" zu homogenisieren. Wegen seiner antiliberalen und antipluralistischen Grundhaltung sowie seiner kurzzeitigen politischen Funktionen im Nationalsozialismus blieb Carl Schmitt nach dem Zweiten Weltkrieg insbesondere in Deutschland eine Persona non grata. Weil Schmitt seine Theorie aber immer rein formal verstand und niemals mit konkreten inhaltlichen Bestimmungen füllte, bleibt sie stets offen für neue Konstellationen. Wenn innerhalb der westlichen Demokratien der lange als alternativlos wahrgenommene liberale Politkonsens insbesondere durch rechtsnationalistische Bewegungen unter Druck gerät und so Auseinandersetzungen ideologisch aufgeladen werden, wirkt Schmitts auf Unterwerfung des Andersdenkenden basierendes Politikverständnis wieder erschreckend nah an der Wirklichkeit. Auch neue Terrorbedrohungen von innen wie außen geben seinem Feind-Begriff scheinbar einen neuen Sinn. ■

Politik als öffentliche Freiheit

Die moderne Agora von Hannah Arendt

Als Gleiche die gemeinsamen Angelegenheiten politisch regeln und dabei die eigene Verschiedenheit achten: Das an der attischen Demokratie geschulte politische Ideal von Hannah Arendt wirkt durch seine Dialogorientierung in einer immer stärker individualisierten Gesellschaft hochmodern.

Hannah Arendt gilt heute als eine der wichtigsten politischen Denkerinnen des 20. Jahrhunderts. Ihr unideologisches *Denken ohne Geländer* stellte sie in den Dienst einer offenen und freien Gesellschaft. Das Werk der studierten Philosophin, die als deutsche Jüdin in letzter Minute aus Europa in die USA floh, war wesentlich von der theoretischen Aufarbeitung ihrer eigenen Erfahrungen mit dem Nationalsozialismus geprägt. Diese neue totalitäre Herrschaftsform deutete sie existenzialistisch als Versuch, mit Terror und Ideologie aus „vielen Menschen einen Menschen" zu formen und so jede Möglichkeit von Politik zu zerstören. Denn für Arendt ist Politik essenziell an die Pluralität von Menschen gebunden, die alle in einer Gesellschaft die gleichen Bürgerrechte haben. Anders als im neuzeitlichen Sinn meint Arendt nicht primär Herrschaft, wenn sie von Politik spricht. Vielmehr umreißt sie einen durch Recht und Institutionen gesicherten Raum der politischen Freiheit, in dem die unterschiedlichen Menschen durch Miteinander-Reden und gegenseitiges Überzeugen gemeinsame Angelegenheiten regeln. Politik fungiert als große Kommunikationsarena, in der – mit den Worten Arendts – im Dialog eine gemeinsame Welt geschaffen wird, in

der keine Interessen Einzelner, sondern die Ereignisse, Fragen, Dinge und Konflikte behandelt werden, die allgemein bedeutsam sind. Weil zu diesem großen gesellschaftlichen Selbstgespräch grundsätzlich jeder Bürger Zugang haben soll, stand Arendt dem Ausleseprozess von Parteien in demokratischen Repräsentationssystemen stets kritisch gegenüber und favorisierte stattdessen Formen direkter Bürgerpartizipation. Wahrscheinlich würde sie heute die digitalen Kommunikationsplattformen prinzipiell positiv bewerten, weil diese für jeden Möglichkeiten zu spontanen politischen Zusammenschlüssen bieten. Je mehr Menschen sich in einer politischen Frage auf gemeinsames Handeln verständigen, desto mehr steigt dabei ihre Chance, die politischen Ziele in den jeweiligen Institutionen und Gremien wirklich durchzusetzen. Macht entsteht bei Arendt nämlich nie von oben etwa durch Gewalt, sondern immer von unten durch politische Kooperationen der Menschen. Demnach hängt die Macht der Staatsinstitutionen wesentlich davon ab, wie groß ihr Rückhalt in der Bevölkerung ist: Wenn sie nur noch mit Gewalt geschützt werden können, ist ihr Verfall vielleicht zu verzögern, aber nicht mehr aufzuhalten. ▪

Kapitel 2

Welt-anschau-ungen, Ziele und Ideale

Konservatismus

Die Macht der Vergangenheit

Sicherheit, Identität und Tradition gelten als Prinzipien konservativen Denkens. Dabei sind konservative Parteien oftmals wandlungsfähiger als andere Gesinnungsgemeinschaften, weil ein überzeitliches inhaltliches Programm fehlt. Doch was heute konservative Politik ausmacht, ist hochumstritten.

Otto von Bismarck und Margaret Thatcher: Beide galten in ihrer Zeit als die vielleicht bedeutendsten konservativen Politiker Europas. Doch was haben diese historischen Persönlichkeiten eigentlich als Konservative politisch gemeinsam? Der adelige deutsche Reichskanzler einerseits, der in der zweiten Hälfte des 19. Jahrhunderts zum Schutz des Kaiserreichs erste Sozialreformen durchführte, und die aus einfachen Verhältnissen stammende britische Premierministerin andererseits, die fast 100 Jahre später die Wirtschaft ihres Landes radikal liberalisierte? Persönlich und programmatisch verbindet die beiden anscheinend so gut wie nichts, obwohl sie beide dem konservativen Lager zugerechnet werden. Tatsächlich dokumentiert der Blick in die Geschichte eine merkwürdige inhaltliche Substanzlosigkeit des Konservatismus. So gehören viele Aspekte, die von Konservativen lange bekämpft wurden wie Demokratie oder Marktwirtschaft, heute nicht nur im Westen zum ideellen Grundbestand auch von konservativen Parteien. Typisch ist also eine große inhaltliche Anpassungsfähigkeit an die sich ändernden Zeitläufe.

Was jemanden zu einem Konservativen macht, sind weniger eindeutige Inhalte, sondern das Bewusstsein, in einer Tradition zu stehen und ihr verpflichtet zu sein. Staat, Gesellschaft und Kultur werden vor allem als historisch gewachsene Gebilde wahrgenommen, in deren Strukturen das Individuum eine ihm zugeordnete Aufgabe zu erfüllen hat. Konservative wollen die Grundlagen der überkommenen sozialen Ordnung dauerhaft sichern, was fast notwendigerweise dazu führt, dass zu den wichtigsten Vertretern vor allem die jeweiligen gesellschaftlichen Machteliten zählen. Konservative eint in der Regel eine Skepsis gegenüber Fortschritt sowie eine instinktive Abneigung gegenüber dem Glauben, eine andere, bessere Gesellschaft herstellen zu können. Allerdings stehen sie im Gegensatz zu Reaktionären, die frühere, vermeintlich „goldene Zeiten" wiederbeleben wollen, Neuerungen durchaus offen gegenüber, solange diese die bestehenden Institutionen zu verbessern scheinen oder für eine mittel- bis langfristige Stabilität und Sicherheit des Gemeinwesens zwingend notwendig sind. Damit alles bleibt, wie es ist, sind also Veränderungen unausweichlich.

Die Frage jedoch, was konkret bewahrenswert ist und was modernisiert werden kann/soll, begleitet den Konservatismus, seitdem er Anfang des 19. Jahrhundert als Gegenbewegung zu den Umbrüchen nach der Französischen Revolution

entstanden ist. In einzelnen Ländern gründeten sich Parteien, die dieser Herausforderung je nach nationaler Ausgangslage ganz unterschiedlich begegneten. So wurde in den angelsächsischen Ländern ein eher pragmatisch-liberaler Konservatismus bestimmend, der schnell Frieden mit der parlamentarischen Demokratie machte und versuchte, einen Wandel – gleich welcher Natur –, wenn er nicht mehr zu verhindern war, aktiv zu gestalten und ihn damit erträglich zu machen. Ähnlich wie die Republican Party (Republikaner) in den USA setzte sich im stark industrialisierten Großbritannien die Conservative Party (Tories) früh für die Belange der Unternehmer ein und verfolgte eine ausgesprochen liberale Wirtschaftspolitik. Ganz anders die Entwicklung in Kontinentaleuropa, wo aristokratische Großgrundbesitzer noch lange erhebliche politische Macht innehatten und so der konservative Behauptungswille gegen Liberalismus und Demokratie sehr stark war. Gegenüber der aufkommenden Arbeiterbewegung setzte man eher auf mehr staatliche Fürsorge, als sich grundlegenden politischen Reformen zu öffnen. Vor allem in Deutschland formierte sich nach dem verlorenen Ersten Weltkrieg und dem Sturz der Monarchie durch eine demokratische Revolution eine starke republikfeindliche antiparlamentarische Rechte, die offen reaktionäre Züge trug und letztlich dem totalitären Nationalsozialismus zur Macht verhalf.

Nach 1945 verlor der klassische Konservatismus in weiten Teilen Europas zunächst nicht nur seine Reputation, sondern auch seine gesellschaftliche Basis. In vielen europäischen Ländern ging konservatives Gedankengut in neuen, weltanschaulich heterogenen Sammelparteien auf. Politisch setzten sich Konservative nun in fast ganz Westeuropa für das westliche Demokratiemodell und die Marktwirtschaft ein, wobei man mit striktem Anti-Sozialismus und der Forderung nach einem starken Staat zumindest an alte Traditionslinien anknüpfen konnte. In den Vereinig-

ten Staaten gewannen als Reaktion auf die 68er-Revolte sog. Neokonservative („Neocons") in der Republikanischen Partei an Einfluss. Sie verbanden den Kampf gegen einen vermeintlichen Verfall von traditionellen Moralvorstellungen und staatlicher Autorität mit dem Eintreten für eine radikalliberalisierte Wirtschaft und bestimmten damit ab den 1980er-Jahren nicht nur in den USA politische Debatten und Entscheidungen.

Im Zuge der politischen Neuordnung nach dem Ende des Ost-West-Konflikts ist die programmatische Verortung des Konservatismus umstrittener denn je. Das Ringen um den Umgang mit den Herausforderungen einer globalisierten Welt hat zu neuen ideologischen Frontbildungen geführt. Sollen Konservative etwa internationale Zusammenarbeit und die enge wirtschaftlich-politische Verflechtung weiter unterstützen und dabei beispielsweise in der Umweltfrage aktiv die Zusammenarbeit mit progressiv-grünen Kräfte suchen, wie Vertreter eines pragmatischen „Mitte"-Kurses fordern? Oder soll man im Sinne des Schutzes der nationalen Identität eher auf Tradition und Autorität im Inneren sowie auf eine stärkere nationale Abgrenzung nach außen setzen und so gezielt rechtspopulistischen Strömungen entgegenkommen – eine Grundhaltung, die beispielsweise durch die Wahl von Donald Trump zum republikanischen US-Präsidenten 2016 weltweit an Gewicht gewonnen hat und sich auch in den Regierungen von so unterschiedlichen Ländern wie Brasilien und Russland widerspiegelt. Hier ist eine neue Auseinandersetzung zwischen einem liberalen und einem eher illiberalen Konservatismus zu erkennen. ∎

Liberalismus

Die Freiheit des Individuums

Kern des Liberalismus ist der Schutz der wirtschaftlichen und politischen Freiheit des Einzelnen vor staatlichen Zugriffen. Obwohl wichtige liberale Forderungen heute Kernbestandteile moderner Demokratien sind, wird insbesondere der wirtschaftliche Liberalismus seit der Finanzkrise 2008 wieder stark infrage gestellt.

Im Jahr 1784 definierte Immanuel Kant als Zweck der Aufklärung den „Ausgang des Menschen aus seiner selbstverschuldeten Unmündigkeit". Mit ihrem Glauben an die menschliche Vernunftfähigkeit wurde die geistige Emanzipationsbewegung in Europa zum Geburtshelfer einer politischen Weltanschauung, die die Freiheit und Verantwortungsbereitschaft des Menschen in den Mittelpunkt stellt. Der Liberalismus glaubt an das Selbstbestimmungsrecht jedes Einzelnen und will das Individuum zum „souveränen Herrscher über sich selbst" (John Stuart Mill) machen. Ein liberaler Staat hat primär die Aufgabe, eine Ordnung zu etablieren, die dem Menschen auf politischer, wirtschaftlicher und sozialer Ebene die größtmögliche individuelle Entfaltung sichert, was im Wesentlichen drei idealtypische Spielarten des Liberalismus entstehen ließ:

- den wirtschaftlichen Liberalismus, der der ökonomischen Selbstregulierung im freien Wettbewerb vertraut;
- den politischen, der individuelle Schutzrechte und verfassungsmäßige Beschränkung staatlicher Macht fordert;
- einen modernen, tendenziell linken gesellschaftlichen, der für Offenheit und Toleranz

gegenüber anderen Lebensweisen und kultureller Diversität steht: leben und leben lassen im Geist des Respekts und der Vielfalt von Menschen.

Liberale Ideen wurden historisch ab dem 17. Jahrhundert vor allem vom aufstrebenden Bürgertum vertreten, das so die politische Vorherrschaft von Adel und Klerus bekämpfte. Nach den gesellschaftlichen Umbrüchen infolge der Revolutionen in den USA und Frankreich 1776 bzw. 1789 gründeten sich in weiten Teilen Europas liberale Parteien, die wesentlich dazu beitrugen, dass sich hier nach und nach demokratische Verfassungsstaaten etablierten. In ihnen garantieren Gewaltenteilung und Gesetzesherrschaft eine staatliche Machtkontrolle, während freie und gleiche Wahlen die gleichberechtigte Teilhabe aller Bürger an den parlamentarischen Regierungsbildungsprozessen gewährleisten sollen. Vor allem aber wurden elementare Freiheitsrechte wie Versammlungs- und Meinungsfreiheit sowie der Schutz des Eigentums rechtlich verankert und damit die Grundlagen für eine pluralistische Zivilgesellschaft (→ Seite 085) gelegt, die jedem Bürger ein selbstbestimmtes Leben ermöglichen soll. Die liberalen Errungenschaften von bürgerlichen

Grundrechten und Rechtsstaatlichkeit (→ Seite 097) gehören in westlichen Gesellschaften zum Grundkonsens aller demokratischer Parteien. Wer heutzutage von liberaler Demokratie spricht, verbindet damit keine Partei mehr, sondern ein bestimmtes modernes, „westliches" Demokratiemodell. Unter seinen Bedingungen hat der politische Liberalismus keine wirkliche Aufgabe mehr.

Profil als eigenständige Kraft kann der parteipolitisch organisierte Liberalismus heute vor allem in wirtschaftlichen Fragen gewinnen, wobei hier die Auseinandersetzungen innerhalb des liberalen Lagers besonders groß sind. Der klassische Wirtschaftsliberalismus geht auf die Lehre des Moralphilosophen Adam Smith zurück, wonach das egoistische Gewinnstreben des Einzelnen automatisch das Gemeinwohl fördert: Freier wirtschaftlicher Wettbewerb schafft allgemeinen Wohlstand und führt zu Innovation und Fortschritt. Die stark liberalisierte Wirtschaft verursachte im 19. Jahrhundert aber auch schwere soziale Verwerfungen, was den Aufstieg der sozialistischen Arbeiterbewegung begünstigte. Als Reaktion entwickelten sich in vielen Ländern sozialliberale Strömungen, die regulierende Eingriffe des Staates in die Ökonomie befürworten und bis in die Gegenwart etwa für die traditionell sehr mächtige Liberale Partei Kanadas prägend sind. In den USA treten die vor allem bei den Demokraten beheimateten Liberalen neben der Stärkung der Bürgerrechte auch für einen Sozialstaat nach europäischem Muster ein. In Europa verfügen die meisten liberalen Parteien über keine Massenbasis. Ihr zentrales Wählerklientel ist häufig wirtschaftlich unabhängig und gut ausgebildet. Daher stehen hier häufig marktliberale Positionen im programmatischen Fokus wie Steuersenkungen und Deregulierung der Wirtschaft – Forderungen, die seit der Finanzkrise wieder viel Gegenwind erfahren. ■

> Man kann einen Menschen nicht rechtmäßig zwingen, etwas zu tun oder zu lassen, weil dies besser für ihn wäre, weil es ihn glücklicher machen, weil er nach Meinung anderer klug oder sogar richtig handeln würde. Dies sind wohl gute Gründe, ihm Vorhaltungen zu machen, mit ihm zu rechten, ihn zu überreden oder mit ihm zu unterhandeln, aber keinesfalls um ihn zu zwingen oder ihn mit Unannehmlichkeiten zu bedrohen, wenn er anders handelt. Um das zu rechtfertigen, müsste das Verhalten, wovon man ihn abbringen will, darauf berechnet sein, anderen Schaden zu bringen. Nur insoweit sein Verhalten andere in Mitleidenschaft zieht, ist jemand der Gesellschaft verantwortlich. Soweit er dagegen selbst betroffen ist, bleibt seine Unabhängigkeit von Rechts wegen unbeschränkt. Über sich selbst, über seinen eigenen Körper und Geist ist der Einzelne souveräner Herrscher.

John Stuart Mill in *Über die Freiheit*

Kommunitarismus

Gemeinsinn und bürgerliches Engagement

Den Exzessen eines ungezügelten Liberalismus entgegentreten und dabei den staatlichen Einfluss zurückdrängen: Die in den 1980er-Jahren in den USA entstandene Theorie des Kommunitarismus will den Gemeinschaftssinn der Bürger stärken und ihnen mehr Verantwortung einräumen.

So sehr die USA Heimat des Liberalismus sind, so sehr sind sie auch Heimat eines Gemeinschaftsgedankens, der auf den Traditionen des religiösen Puritanismus beruht. Dieser ist die Grundlage des Kommunitarismus-Konzepts, das in den USA in den 1980er-Jahren aufkam. Es war die Antwort auf einen zügellosen Liberalismus und ist vor allem mit den Philosophen Charles Taylor und Michael Walzer sowie dem Ökonomen Amitai Etzioni verbunden. Der Kommunitarismus betont in antiker Tradition die soziale Bindung des Menschen in seinen Communitys vor Ort. Er plädiert für weniger Staatseinfluss und mehr gemeinschaftliche Mitbestimmung vor der eigenen Haustür. Statt auf Entscheidungen eines oft ineffizienten Staatsapparats zu warten, sollen sich Bürger an den kommunalen Entscheidungsprozessen beteiligen. Weil sie die Verhältnisse am besten kennen, können sie bei Problemen praktikable Lösungen finden und selbst staatliche Aufgaben übernehmen, etwa wenn Elterninitiativen die nachschulischen Aktivitäten der Gemeinde betreuen und so über deren Ausgestaltung mitbestimmen. Darüber kann ein nachhaltiges „Wir"-Gefühl entstehen, das die soziale Solidarität stärkt und allgemein zu mehr politischer Partizipation motiviert. Dieser soziale Gemeinsinn soll früh durch Werteerziehung in Schule und Familie gefördert werden. Statt auf überpersönliche Strukturen und Systeme vertraut der Kommunitarismus auf die Kompetenz und Moral der Bürger.

Als in den 1990er-Jahren nach dem Scheitern des Staatssozialismus im Ostblock das Vertrauen in den Staat abnahm, gewann die Idee des Kommunitarismus an Einfluss und stand auch Pate bei mehreren Politikentwürfen in den USA und Europa. Gerade unter liberalen Sozialdemokraten wie US-Präsident Bill Clinton, dem britischen Premierminister Tony Blair oder dem deutschen Bundeskanzler Gerhard Schröder galt der Kommunitarismus als „Dritter Weg" zwischen Sozialismus und Kapitalismus. Er schien eine Politik zu legitimieren, die den Wohlfahrtsstaat überwinden wollte und stattdessen auf einen den Einzelnen und die Bürgergesellschaft „aktivierenden" Staat setzte, der vor allem Hilfe zur Selbsthilfe bietet. Inzwischen setzen die großen Politentwürfe auf andere Leitbilder. Auf lokaler Ebene bleiben aber nicht nur in den USA ehrenamtliche Tätigkeit oder organisierte Nachbarschaftshilfe als Ausdruck lebendiger Zivilgesellschaft höchst erwünscht. ◼

Sozialismus und Sozialdemokratie

Soziale Gerechtigkeit für alle

Das sozialistische Konzept einer solidarischen und gerechten Gesellschaft entstand im 19. Jahrhundert als Gegenmodell zum Kapitalismus. Die freiheitliche Sozialdemokratie hat wesentlich zum Aufbau eines Sozialstaats in westlichen Demokratien beigetragen. Hat sie ihre historische Mission erfüllt?

„Wann wir schreiten Seit' an Seit' und die alten Lieder singen, […] fühlen wir, es muss gelingen: Mit uns zieht die neue Zeit, mit uns zieht die neue Zeit": Am Ende jedes Parteitags singen die Delegierten der SPD noch heute einträchtig diese selbstgewissen Zeilen eines Arbeiterlieds von 1914. Sie beschwören damit die ideellen Wurzeln der ältesten sozialdemokratischen Partei Europas: den unbedingten Glauben, die Ungerechtigkeit der kapitalistischen Wirtschaftsordnung historisch überwinden und gemeinsam auf den Prinzipien von Freiheit, Gleichheit und Solidarität eine gerechte Gesellschaft aufbauen zu können, also das zu verwirklichen, was immer etwas vage „Sozialismus" genannt wurde. Noch heute sprechen die meisten sozialdemokratischen Parteien in ihrem Grundsatzprogramm vom Ziel eines demokratischen Sozialismus.

Das inhaltlich nie klar definierte sozialistische Zukunftsversprechen einer Gesellschaft von wirklich Freien und Gleichen war von Anfang an der ideologische Kitt für eine heterogene Massenbewegung, die ab dem 19. Jahrhundert erfolgreich für die politische und soziale Gleichstellung der im Zuge der Industrialisierung neu

entstandenen Schicht der Lohnarbeiter kämpfte. Überall in Europa schlossen sich Arbeiter zu Gewerkschaften zusammen, um bessere Lebensbedingungen zu erstreiten, und sozialistische Parteien erlebten einen massenhaften Zulauf. Auf dieser Basis konnten sie in den einzelnen Ländern nach und nach unter anderem das allgemeine Wahlrecht, Kranken- und Unfallschutz sowie den Achtstundentag durchsetzen. Über den richtigen Weg zu einer sozial gerechten Gesellschaft entbrannte jedoch nach 1848 ein grundsätzlicher Richtungsstreit, der schließlich Anfang des 20. Jahrhunderts zur Spaltung der Arbeiterbewegung in reformistische Sozialdemokraten und revolutionäre Kommunisten führte. Während die Reformisten durch soziale Verbesserungen im Verbund mit fortschrittlichen Kräften des Establishments die Gesellschaftsordnung schrittweise zum Besseren verändern wollten, setzten die Revolutionäre im Sinne der Geschichtstheorie von Karl Marx (→ Seite 017) auf kompromisslosen Klassenkampf und den Zusammenbruch des kapitalistischen Systems.

Waren für die Reformisten politische Demokratie und individuelle Freiheitsrechte Voraus-

setzung für einen echten Sozialismus, propagierten die Revolutionäre die „Diktatur des Proletariats" als Bedingung für eine echte „sozialistische Demokratie".

Als Kommunisten zuerst in Russland im Namen der kommenden Weltrevolution eine brutale Parteidiktatur errichteten, bekämpften sie die Sozialdemokraten oft bis aufs Blut. Doch spätestens nach dem Zweiten Weltkrieg waren sozialdemokratische Parteien in Westeuropa als prinzipielle Verteidiger von Rechtsstaat und Pluralismus fest in die liberal-demokratischen Verfassungsordnungen eingebunden. Ihre Forderung nach gesellschaftlicher Kontrolle wirtschaftlicher Macht bei prinzipieller Anerkennung von Marktökonomie führte zum Ausbau von Arbeitnehmerrechten und betrieblicher Mitbestimmung. Insbesondere in den 1970er-Jahren, als vielerorts Sozialdemokraten Regierungsverantwortung innehatten, wurde der Wohlfahrtsstaat ausgebaut und Arbeiterschichten der soziale Aufstieg durch einen besseren Zugang zu Bildung erleichtert. Der Zusammenbruch des Sowjetkommunismus setzte die

Sozialdemokraten historisch ins Recht, berührte aber die Idee des Sozialismus im Kern. Die rasante wirtschaftliche Globalisierung und die Individualisierung der Gesellschaften brachten den traditionellen sozialdemokratischen Glauben an kollektive Lösungen sowie die positive Gestaltungskraft des Staates ins Wanken. Der Abbau von Arbeitnehmerrechten selbst durch sozialdemokratische Regierungen ab den 1990er-Jahren stürzte die Sozialdemokratie vielerorts in eine schwere Identitätskrise, zumal mit dem wirtschaftlichen Wandel von der Industrie- zur Dienstleistungsgesellschaft die traditionelle Wählerbasis erodierte. Auf zentrale Herausforderungen wie Digitalisierung und Klimaschutz haben Sozialdemokraten bisher ebenso wenig eigene Antworten gefunden wie auf die neuen sozialen Ungleichheiten, die durch die Corona-Krise entstanden sind (→ Seite 258). Ob der zurzeit zu beobachtende verstärkte Rückgriff auf altsozialistische Konzepte wirklich eine sozialdemokratische Renaissance einleitet oder doch eher hilfloser Ausdruck einer tiefen programmatischen Ratlosigkeit ist, wird sich zeigen. ■

Marxismus-Leninismus

Die Partei, die Partei hat immer recht

In der Sowjetunion wurde der Marxismus zu einem Unterdrückungsinstrument in den Händen einer allmächtigen Partei. Mit dem Maoismus gelangte nach dem Zweiten Weltkrieg in China ein diktatorisches Sozialismusmodell eigener Prägung an die Macht, das bis heute offiziell hochgehalten wird.

Anfang des 20. Jahrhunderts- formte der russische Theoretiker Lenin den Marxismus zu einem effizienten Werkzeug der praktischen Machtpolitik um. Weil in seinem wirtschaftlich rückständigen Land das klassenbewusste Proletariat fehle, müsse der Aufbau des Sozialismus hier anders erfolgen, als es sich Karl Marx vorgestellt hatte, davon war der sozialistische Revolutionär überzeugt. Eine Avantgarde von politisch geschulten Berufsrevolutionären sollte im Namen der Unterdrückten die „Diktatur des Proletariats" erzwingen: Eine straff organisierte, allmächtige Elitepartei als Vorhut der geschichtlich notwendigen „kommunistischen Weltrevolution". Unter Lenins Führung putschte sie sich 1918 in Russland an die Macht und etablierte einen mächtigen Staatenbund – die Sowjetunion. Ohne Rücksicht auf Menschenleben wurde die sozialistische Umgestaltung der Gesellschaft eingeleitet. Unter Lenins Nachfolger Josef Stalin verwandelte sich die Diktatur der Partei in eine offene Terrorherrschaft. Während die Sowjetunion nach dem Zweiten Weltkrieg zur Großmacht aufstieg, erwuchs ihr in China ein politischer Konkurrent im eigenen ideologischen Lager. Der Revolutionsführer Mao-Tse-Tung rief dort 1949 die „Volksrepublik" aus und setzte auf einen besonderen chinesischen Weg zum Sozialismus. Mao sah agrarisch geprägte Entwicklungsländer wie China als Vorreiter einer kommunistischen Weltrevolution. Die Bauern auf dem Land sollten die Träger des Umsturzes sein, die Revolution sollte vom Lande in die Stadt getragen werden. Das maoistische Revolutionsmodell beeinflusste tatsächlich viele erfolgreiche kommunistischen Bewegungen in der Region, v.a. in Vietnam, Nordkorea oder Laos. In der diktatorischen Praxis unterschied sich das Mao-Regime in den ersten Jahrzehnten kaum von der Sowjetunion unter Stalin: Die Etablierung einer brutalen Ein-Parteien-Herrschaft, die sich vor allem auf die Sicherung der eigenen Macht konzentrierte und gigantisch Zwangsreformen durchsetzte. Doch während nach Stalins Tod in der Sowjetunion eine lange Phase der Agonie begann, die letztlich zu deren Implosion führte, revidierten die Chinesen nach Maos Tod nachhaltig ihre Politik, liberalisierten vorsichtig die Wirtschaft, was zu einem bis heute anhaltenden Aufschwung führte. Lebendig blieb dabei bis heute die zentrale Grundidee des Marxismus-Leninismus: die des Machtmonopols einer kleinen Elite. ◾

» Die Ideen des Sozialismus chinesischer Prägung im neuen Zeitalter stellen die Weiterführung und Entwicklung des Marxismus-Leninismus, der Mao-Zedong-Ideen, der Deng-Xiaoping-Theorie (...) dar, bilden das neueste Ergebnis der Sinisierung des Marxismus und verkörpern die Kristallisationen der Erfahrungen in der Praxis sowie der kollektiven Weisheit der Partei und des Volkes. Sie sind (...) der Kompass zum Handeln der ganzen Partei und des ganzen Volkes bei der Verwirklichung des großartigen Wiederauflebens der chinesischen Nation. Die Ideen des Sozialismus chinesischer Prägung im neuen Zeitalter müssen langfristig durchgesetzt und weiterentwickelt werden. «

Xi Jinping auf dem XIX. Parteitag der Kommunistischen Partei Chinas, 2017

Anarchismus

Keine Macht für niemand!?

Anarchistische Vorstellungen hatten im Konflikt mit der marxistischen Arbeiterbewegung Ende des 19. Jahrhunderts ihre politische Hochzeit. Doch für linke Protestkulturen bleibt die utopische Idee eines herrschafts- und autoritätsfreien Zusammenlebens bis in die Gegenwart identitätsstiftend.

Ist eine Theorie über den Anarchismus nicht ein Widerspruch in sich? Wie soll ein politisches Konzept aussehen, das nicht vorgeben darf, wie etwas sein soll, wenn es sich treu bleiben will? Ein Dilemma, dessen sich viele anarchistische Denker durchaus bewusst waren. Nicht wenige lehnen eine Systematisierung ihrer Vorstellungen strikt ab, weil sie fürchten, sie könnten ansonsten einen eindeutigen Weg vorgeben und so Autorität ausüben bzw. die Freiheit des Individuums beschränken – denn das ist der eigentliche Alptraum eines jeden echten Anarchisten. Dabei wollen sie nicht, wie immer noch fälschlicherweise und ressentimentgeladen oft behauptet wird, „anarchisches" Chaos verbreiten. Auch Anarchisten streben im Prinzip nach einer strukturierten gesellschaftlichen Ordnung, aber einer, die ohne Staatsmacht, ohne jede Form von Herrschaft auskommt. Kompromisslos soll jede politische, soziale und religiöse Institution abgeschafft werden, die den Menschen hierarchisiert und so Zwang ausübt. In einer Gesellschaft ohne Staatsmacht soll es keine Klassenordnung, kein Besitz an Produktionsmitteln, keinen Kapitalismus mehr geben. Die freien Individuen sollten stattdessen durch freiwillige Verabredungen Produktion und Konsum in föderal strukturier-

ten, immer wieder auflösbaren Assoziationen organisieren.

Die anarchistische Bewegung war von Anfang an eng mit der radikalen sozialistischen Arbeiterbewegung verknüpft. Doch in scharfem Kontrast zu den Marxisten, die sich schnell zentralistisch organisierten und eine vorübergehende „Diktatur des Proletariats" anstrebten, lehnten Anarchisten wie Michail Bakunin jeden „autoritären" Zwischenschritt ab und setzten auf eine Revolution. Je größer der Einfluss der organisierten Arbeiterparteien ab Anfang des 20. Jahrhunderts auf die Entwicklungen in den westlichen Gesellschaften wurde, desto mehr verlor der Anarchismus an Bedeutung.

Im Zuge der antiautoritären Studentenproteste in den 1960er-Jahren wurden anarchistische Ideen der Dezentralisation und Selbstorganisation wieder stärker aufgegriffen und beispielhaft durch kommunitäre Wohnformen praktisch erprobt. In Formen des zivilen Ungehorsams wie in vor allem symbolischen Verweigerungshaltungen (Punks, Aussteiger) bleiben Spuren des Anarchismus bis heute präsent – weniger als politisches Programm denn als Ausdruck des Zorns gegen jedwede Unterdrückung der autonomen Würde des Einzelnen. ▪

Grüne Politik

Erst einmal die Welt retten

Grüne Politik will das Ziel einer ökologisch nachhaltigen Gesellschaft mit größtmöglicher sozialer Teilhabe und politischer Partizipation der Bürger verbinden. Als eigenständige politische Kraft sind grüne Parteien inzwischen der Alternativkultur entwachsen, der sie ursprünglich entstammen.

Die natürliche Umwelt zu bewahren ist per se eine urkonservative Aufgabe. Wenn auch die ab dem 19. Jahrhundert forcierte Industrialisierung von Anfang an mit teilweise gravierenden Schäden für die Umwelt einherging, wurde Umweltschutz bis weit ins 20. Jahrhundert hinein von den wirtschaftlichen und politischen Eliten als nachrangig begriffen, wenn nicht sogar als Bremse für den vermeintlichen Fortschritt aktiv bekämpft. Erst mit der vom Club of Rome, einer internationalen Denkfabrik, in Auftrag gegebenen Untersuchung zu den „Grenzen des Wachstums" wurde 1972 ein langsamer gesellschaftlicher Bewusstseinswandel in Gang gebracht: Die aufsehenerregende Studie behauptet, dass die natürlichen Ressourcen an Rohstoffen, Energie und Boden spätestens in 100 Jahren zur Neige gehen werden. Anfang der 1980er-Jahre entstanden fast überall in Westeuropa neuartige „grüne" Parteien, die vor allem ihre umweltpolitischen Ziele einten und die die politischen Eliten unter Druck setzten. Heute ist die Frage des nachhaltigen, ressourcenschonenden Wirtschaftens ins Zentrum der politischen Agenda gerückt, und die „Grünen" sind vielerorts zu realen Machtfaktoren geworden. In Ländern wie Deutschland, Finnland, Österreich oder Belgien haben grüne Parteien bereits Regierungsverantwortung übernommen. In Südeuropa

und in Ländern mit starken Zwei-Parteien-Systemen wie den USA oder Großbritannien bleibt der Einfluss grüner Parteien überschaubar. Doch sind auch dort „grüne" Themen tief in Gesellschaft und Programmatik etablierter Parteien eingedrungen. In zeitgenössischen Problemfeldern wie dem Klimawandel scheinen die Grünen überzeugende Antworten gefunden zu haben. Längst ist „grüner" Lebensstil mit nachhaltiger Ernährung, Mobilität und Energie zum Mainstream geworden – gerade in den urbanen Zentren, wo Grüne ihre größte Wählerschaft haben.

Aber grüne Politik ist mehr als das konsequente Eintreten für einen ganzheitlichen Natur- und Umweltschutz. Der kometenhafte Erfolg grüner Parteien bzw. grüner Politik innerhalb weniger Jahrzehnte ist auch Ausdruck eines Liberalisierungsschubs nach dem antiautoritären Freiheitsaufbruch in den 1960er-Jahren und dem damit verbundenen gesellschaftlichen Wertewandel hin zu Autonomie und Selbstverwirklichung. Denn die Grünen waren von Anfang an ein Sammelbecken verschiedener sozialer Protestbewegungen der 1970er-Jahre, von denen die Umweltbewegung nur die erfolgreichste war. Sie integrierten insbesondere die Friedens-, Bürgerrechts- und Frauenbewegungen, die jenseits etablierter Parteistrukturen punktuelle Anliegen verfolgten.

Gerade in Deutschland, wo sich am schnellsten politische Erfolge einstellten, verstanden sich die Grünen zunächst als rebellische „Anti-Parteien-Partei", die von Ex-Kommunisten bis konservativen Umweltschützern teils diametral entgegengesetzte Protestmilieus verband. Noch heute lassen sich viele Positionen der Grünen jenseits der Umweltpolitik oft nicht in das klassische Links-Rechts-Spektrum einordnen. Soziale Verantwortung des Einzelnen, Grundskepsis gegenüber Obrigkeiten, prinzipielle Offenheit gegenüber anderen und gesellschaftliche Liberalität bilden zentrale Wertmaßstäbe. Charakteristisch sind zudem Forderungen nach weltweiter Friedenspolitik, stärkerer sozialer Absicherung, weniger bürokratischer Bevormundung, besserem Schutz von gesellschaftlichen Minderheiten und Randgruppen, mehr aktiver Frauenförderung und vor allem mehr Mitbestimmungsrechten für die Bürger. Dieser Ruf nach größerer Partizipation sowie das Erbe der Protestkultur schlagen sich in den relativ basisdemokratischen und dezentralen Organisationsstrukturen der meisten grünen Parteien nieder, die allerdings gerade in regierungserprobten Parteiorganisationen inzwischen zugunsten einer stärkeren Effizienz mehr oder weniger stark abgeschliffen sind. Nachdem man vielerorts radikale Positionen ausgeräumt hat, ist grüne Politik prinzipiell anschlussfähig in alle politische Richtungen. Waren in den 1990er-Jahren noch linke sozialdemokratische Parteien der „natürliche" Partner, sind Grüne in letzter Zeit vielerorts Koalitionen mit konservativen Partnern eingegangen: Wächst hier – gerade in Bezug auf Umweltpolitik – zusammen, was vielleicht auch ein bisschen zusammengehört? ◾

Genderpolitik

Die Gleichstellung von Mann und Frau

Die Anzahl von Frauen in der Spitzenpolitik ist in den letzten Jahrzehnten sichtbar gestiegen, doch von einer umfassenden Chancengleichheit kann in den wenigsten Ländern die Rede sein. Eine moderne Geschlechterpolitik bekämpft gesellschaftliche Stereotype und will Geschlechterhierarchien überwinden.

Seit über 200 Jahren kämpfen feministische Bewegungen gegen die Ungleichbehandlung von Frauen aufgrund ihres Geschlechts; sie haben dabei zahlreiche politische Rechte und Freiheiten wie das Frauenwahlrecht errungen, die in westlichen Gesellschaften heute selbstverständlich sind. In vielen Verfassungen ist die Gleichberechtigung von Mann und Frau inzwischen festgeschrieben, was aber immer noch mehr einen Anspruch formuliert als die Wirklichkeit abbildet. Immer noch sind Frauen in politischen oder ökonomischen Führungspositionen im Vergleich zu ihrem Anteil in den Gesamtbevölkerungen klar unterrepräsentiert und erhalten für die gleiche Arbeitsleistungen oft weniger Geld als Männer. Auf dem Weg zum Ziel der Gleichbehandlung der Geschlechter bleibt in den meisten Ländern noch viel zu tun.

Die klassischen Instrumente der Frauenförderung wie gezieltes Networking, Mentoring-Programme und vor allem feste Quotenregelungen reichen Gender-Theoretikern nicht aus. Ihnen geht es längst um grundlegende Veränderungen des gesellschaftlichen Normen- und Wertesystems: Die stereotypen Rollenbilder von Männlichkeit und Weiblichkeit, die die Geschlechterbeziehungen in fast allen Gesellschaften der Welt noch immer hierarchisieren, müssen durchbrochen werden. Nach wie vor werden Männern und Frauen bestimmte geschlechtsspezifische Fähigkeiten und Kompetenzen zugeschrieben, die über Medieninszenierungen und Dinge des Alltags wie Kleidung, Farben und Spielzeug permanent reproduziert werden, sodass sie unbewusst verinnerlicht werden. So bleiben jahrhundertealte patriarchale gesellschaftliche Strukturen konserviert. Aber Gender-Feministen sind überzeugt: Weiblichkeit beschreibt kein naturbedingtes Verhalten eines Geschlechts, sondern ist vor allem ein kulturell bedingtes Stereotyp, das im Kopf der Menschen entsteht und somit veränderbar ist. Oder um mit Simone de Beauvoir zu sprechen: „Man kommt nicht als Frau zur Welt, man wird es." Um auf wirklich geschlechtergerechte Verhältnisse hinzuarbeiten, sollte in allen Entscheidungsprozessen in Wirtschaft oder Politik auf die gesellschaftsbedingten unterschiedlichen Lebenslagen von Männern und Frauen Rücksicht genommen werden. Dieses sog. Gender-Mainstreaming wurde 1997 offiziell zum Ziel der EU-Politik erklärt.

Wie tief traditionelle Geschlechterbilder verankert sind, zeigt der oft stark emotionalisierte öffentliche Widerstand von Teilen der Gesellschaften. Gerade traditionalistische bis offen antiliberale, rechtspopulistische Parteien polemisieren gerne gegen „Geschlechtergleichmacherei", um ihre politische Agenda zu popularisieren. ▨

Populismus

Volk gegen Elite

Berlusconi gilt als Pionier, Trump als Prototyp des heutigen Populisten: Rechtsorientierte politische Außenseiter nutzen seit einigen Jahren eine derzeit wachsende Legitimationskrise moderner repräsentativer Demokratien und gelangen unerwartet in höchste Ämter.

Jeder Demokrat ist von Natur aus auch ein Populist. Der Begriff leitet sich vom lateinischen Wort für Volk ab und meint ursprünglich nichts anderes als „auf Art des Volkes zu handeln". Weil in einer Demokratie das Prinzip der Volkssouveränität gilt, muss jeder Demokrat seine Politik letztlich nach „Art des Volkes" ausrichten. Er muss aktiv die Zustimmung der Bevölkerung gewinnen, um Macht zu erlangen. In jedem Wahlkampf greifen Politiker die Probleme der Wähler auf, nehmen Missstände zur Kenntnis und versprechen schnelle Abhilfe. Dabei versuchen die jeweiligen politischen Gegner gerne, diese Zusicherungen als populistisches Gerede abzuqualifizieren. Der damit verbundene Vorwurf, aus Eigeninteresse „dem Volk einfach nur nach dem Mund zu reden", ohne die Realisierungschancen zu bedenken, gehört seit der Antike zum Standardrepertoire demokratischer Auseinandersetzungen – ein immer wiederkehrendes Urteil in Wahlkampfzeiten, das wahrscheinlich schon jeden Politiker einmal getroffen hat.

Der gegenwärtig als politisches Programm so erfolgreiche Populismus ist aber mehr als ein kommunikatives Stilmittel in demokratischen Auseinandersetzungen. Er basiert auf der zentralen Idee eines prinzipiellen Gegensatzes zwischen Volk und Elite. Anführer populistischer Bewegungen erklären sich zu Vertretern des eigentlichen Volkswillens, der von einer korrupten oder machtversessenen Elite verraten worden sei: Erst wenn ihre Forderungen durchgesetzt würden, hätte das Volk die ihm zustehende Macht wieder zurückgewonnen. Je mehr Zustimmung solche populistischen Parolen gewinnen, desto höher sind gemeinhin das Misstrauen und der Vertrauensverlust gegenüber den etablierten demokratischen Institutionen und Parteien. In diesem Sinn ist der Populismus auch ein Krisenbarometer und kann im Idealfall einen Beitrag zur Problemerkennung, wenn nicht sogar -lösung leisten.

In den modernen Massendemokratien kam es immer wieder zu meist kurzzeitigen Erfolgen von populistischen Bewegungen. Diese mobilisierten besonders sozial unterprivilegierte Schichten und eröffneten so erst den allgemeinen Blick auf deren prekäre Lage. Ein aktuelles Beispiel liefert Großbritannien: Der überraschende Sieg der Brexit-Anhänger im EU-Referendum 2016 entgegen den Empfehlungen der gesamten Staatselite war vor allem dem überproportionalen Stimmenanteil in den wirtschaftlich abgehängten Gebieten Nordenglands geschuldet. Um der dort reüssierenden Brexit-Party von Nigel Farage das Wasser abzugraben, wählten die konservativen Tories im Juli 2019 den bekennenden Brexit-Anhänger Boris Johnson zum Premierminister, der im folgenden Wahlkampf ein Ende der jahrelangen Sparpolitik versprach und ein milliardenschweres Investitionsprogramm gerade für den Norden Englands ankündigte. Ob den Zusagen wirklich Taten folgen, ist offen. Aber die Rechtspopulisten um Farage sind durch den Wahlausgang politisch marginalisiert worden.

Die Unten-gegen-oben-Rhetorik des Populismus ist prinzipiell nicht ideologiegebunden. Letztlich kann jede politische Zielrichtung mit populistischen Strategien kombiniert werden. Der Linkspopulismus, der die Elitekritik vor allem mit radikalen Umverteilungsplänen im Sinne des „kleinen Mannes" kombiniert, ist traditionell vor allem in Lateinamerika stark; wichtige Repräsentanten waren Hugo Chávez und Evo Morales, die langjährigen Präsidenten von Venezuela bzw. Bolivien. Mit Jair Bolsonaro steht allerdings seit 2019 ein ausgewiesener Rechtsextremer an der Spitze von Brasilien, was einem globalen Trend entspricht. In Europa und den USA haben in den letzten Jahren in erster Linie Rechtspopulisten spektakuläre Wahlerfolge erzielen können. In diesen Fällen bekam der Populismus mit Versatzstücken rechtsnationaler oder rechtsextremer Ideologien (→ Neue Rechte, Seite 048) einen mehr oder weniger offen antidemokratischen, systemsprengenden Zug. Geschickt mischen Parteien wie der französische Rassemblement National (früher Front National) oder die Alternative für Deutschland (AfD) Elitekritik mit Vorurteilen gegen Minderheiten sowie nationalistischen bzw. fremdenfeindlichen Ressentiments. Diese fallen insbesondere bei denjenigen auf fruchtbaren Boden, die sich von den gegenwärtigen Globalisierungsprozessen kulturell, ökonomisch und in ihrer Identität bedroht fühlen. Wo Linkspopulisten meist abstrakt an das Volk appellieren, um keine Bevölkerungsgruppe von der Ansprache auszu-

schließen, laden Rechtspopulisten den Volksbegriff ethnisch-nationalistisch auf. Das „Wir unten gegen die da oben"-Mantra wird dann oft ergänzt um die Losung: „Wir hier gegen die anderen dort." Der Versuch aller Populisten, eine künstliche Einheit zwischen Volk und Partei herzustellen, ist schwer mit dem pluralistischen Verständnis von Demokratie zu vereinbaren, das von unterschiedlichen Interessen und bunter Vielfalt in der Bevölkerung ausgeht: Das Volk „tritt nur im Plural" auf, wie der deutsche Philosoph Jürgen Habermas schreibt.

Viele populistische Gruppierungen eint die Ablehnung von festen Parteistrukturen. Sie sprechen eher von Bewegungen – auch um die Dynamik „von unten" zu betonen. Gleichzeitig steht fast immer ein charismatischer Führer an der Spitze, ein „Volkstribun", der programmatisch die Inhalte setzt und diese in möglichst einfachen Botschaften inzwischen vor allem über soziale Medien direkt an die Bevölkerung kommuniziert. Bekanntestes Beispiel ist der gegenwärtig berühmteste und mächtigste Populist: Donald Trump, der 45. Präsident der USA, der nicht zuletzt mit dieser Kommunikationsstrategie 2016 die traditionsreiche Republikanische Partei mehr oder weniger in einer feindlichen Übernahme für seine Ziele instrumentalisierte. Obwohl von Herkunft wie beruflich immer Teil der Elite, inszenierte sich Trump erfolgreich als Underdog und Rächer der einfachen Leute. Seine eigenwillige Politmischung aus wirtschaftlichem Ultraliberalismus, sozialem Konservatismus als Zugeständnis für die religiöse Rechte sowie einem Hang zum Autoritarismus hat den Blick von außen auf die Weltmacht USA stark verändert. ■

» (Die demagogischen Tricks) sind Arten des Sprechens, die noch nicht ganz erforscht sind, von denen aber einiges sich sagen lässt. Etwa die Masse der Superlative in einer Rede oder das „Wir" und „die Anderen", die in dieser Rede schlechthin die Guten und die Schlechten bedeuten. Oder das absolute Ziel, das absolut gut ist. (...) Das völlige Ausschließen des Zweifels aus der Rede. Oder die Erklärungen des Demagogen „ICH bin ja wie IHR"; Ich bin einer von euch, auch, wenn es gar nicht wahr ist. Oder der Gedanke, dass gegen uns eine Verschwörung im Gange ist. All das sind demagogische Tricks, insbesondere dann, wenn sie wiederholt werden. «

Max Horkheimer in der Fernsehsendung *Porträt eines Aufklärers*, 1969

Nationalismus und Neue Rechte

Wir gegen die anderen

Nationalismus und Rassismus führten im 20. Jahrhundert zu verheerenden Kriegen und Massenmord. Hinter aktuellen Erfolgen rechtspopulistischer Parteien steht auch der Bedeutungszuwachs der sog. Neuen Rechten, die klassische fremdenfeindliche und völkische Denkmuster in neue Gewänder hüllt.

Der Nationalismus setzt als obersten Wert die unbedingte Loyalität zur eigenen Nation, die sich aufgrund von Sprache, Kultur, Traditionen oder Normen als zusammengehörig betrachtet. Als revolutionäre politische Bewegung war der Nationalismus im 19. Jahrhundert zunächst eng mit der emanzipatorischen Idee einer demokratischen Selbstregierung der Völker verbunden. In Europa wurde der Nationalstaat zum zentralen Ordnungsmodell, das ein einheitliches Rechts- und Verwaltungssystem an eine gemeinsame kollektive Identität band. Wird in Staaten wie den USA, Großbritannien oder Frankreich bis heute die Nation vor allem als politische Wertegemeinschaft verstanden („Verfassungspatriotismus"), war in Ländern wie Deutschland, Italien oder auch Polen lange Zeit ein Nationenbegriff vorherrschend, der

ethnische oder kulturelle Zugehörigkeit betonte. Insbesondere im Deutschen Reich gewann ab Ende des 19. Jahrhunderts eine rechtsnationalistische Ideologie massiv an Einfluss, die die eigene Nation gegenüber den anderen höherstellte und durch rassistische Abgrenzung auf eine immer stärkere Homogenisierung nach innen und außen abzielte. Der pluralistischen Vielfalt wurde das Ideal einer einheitlichen Volksgemeinschaft entgegengesetzt. Auf einem solchen völkischen Nationalismus baute auch wesentlich die militant antiliberale und antidemokratische Machtideologie des Faschismus auf, der ab den 1920er-Jahren vor allem in Europa, aber auch in Asien (Japan) politisch erstarkte und in seiner aggressivsten Form von Deutschland aus schließlich die Welt in Brand setzte. Nach den apokalyptischen Erfahrungen des Zweiten Weltkriegs

unterlagen offen rassistisch-nationalistische Politikentwürfe in den meisten westlichen Ländern lange Zeit einem Tabu. Auch im kommunistischen Ostblock wurde der „Antifaschismus" offiziell zur Staatsdoktrin erklärt, wobei die politisch-kulturelle Isolierung der geschlossenen Gesellschaften nationalistisches und fremdenfeindliches Denken anscheinend gut konservierte: Gerade in Osteuropa gewannen in den letzten Jahren unter den Bedingungen einer sozial, kulturell und wirtschaftlich immer enger zusammenwachsenden Welt rechtsautoritär-traditionalistische Kräfte so stark an Relevanz, dass sie mancherorts sogar an die Regierung gelangten. Sie lehnen einen vermeintlich grenzenlosen „Globalismus" und „Multikulturalismus" prinzipiell ab.

Großen Einfluss übt eine intellektuelle „Neue Rechte" aus, die sich einerseits verbal von Faschismus und deutschem Nationalsozialismus abgrenzt, aber mit ihren Vorstellungen von ethnischer Reinheit von Volk und Kultur bewusst klassische rechtsextremistische Denkfiguren wiederaufleben lässt. Als große Gefahr gilt der Rechten etwa der Islam, der als aggressiver Eindringling in den eigenen Kulturraum wahrgenommen wird und die Existenz der eigenen Herrschaft bedrohen soll. Ebenso müsse der westliche Liberalismus überwunden werden, der mit seinem unterschiedslosen Gleichheitsideal die eigene Identität vernichte. Jedes Volk habe seine spezifische Kultur, die gleich zu respektieren, aber jeweils an ein bestimmtes Land gebunden sei. Die Anhänger dieses „Ethnopluralismus", der faktisch eng an die Blut-und-Boden-Ideologie der deutschen Nationalsozialisten anknüpft, sind international immer besser vernetzt. Sie nutzen die Möglichkeiten der neuen Medien, um im öffentlichen Diskurs langfristig eine „kulturelle Hegemonie" innerhalb der einzelnen nationalen Gesellschaften zu gewinnen und damit den Zugang zur politischen Macht vorzubereiten. Tatsächlich haben völkische Nationalisten in den fast überall erstarkten rechtspopulistischen Sammelbewegungen, die gezielt Unzufriedene verschiedener Milieus ansprechen, spürbar an Macht gewonnen. Ob die UKIP und die Brexit-Partei in Großbritannien, der Rassemblement National (früher Front National) in Frankreich, die Alternative für Deutschland (AfD) oder die Lega Nord in Italien – rechtsextreme Haltungen sind bei vielen Mitgliedern dieser Parteien zu finden, ohne dass diese bisher wirklich mehrheitsfähig sind. ◾

Religiöser Fundamentalismus

Politik in Namen Gottes

Jede Religion kennt radikale Strömungen, die ihren Glauben zum einzig gültigen Maßstab von Politik machen wollen. Heute ist aber vor allem der islamistische, radikal antiwestlich orientierte Fundamentalismus ein machtpolitisch relevanter Faktor.

Alle Offenbarungsreligionen verkünden vermeintlich göttliche Wahrheiten und beruhen so wesensmäßig auf Fundamenten, die nicht hinterfragt werden dürfen, wollen sie ihre Wirksamkeit behalten. Ob es nun evangelikale Christen, radikal orthodoxe Juden, politische Islamisten oder Hindu-Nationalisten sind: Politische Fundamentalisten aller Konfessionen eint die Ablehnung der säkularen Moderne, weil sie an die Stelle von Ambivalenz und Zweifel Eindeutigkeit und absolute Irrtumslosigkeit stellen. Sie alle wenden sich gegen eine Trennung von Staat und Religion und zielen auf die politische Umsetzung von starren religiösen Dogmen ab, die in der Regel auf einer buchstäblichen Interpretation von Gottesschriften basieren. Wer religiöse Setzungen als unmittelbare politische Handlungsanweisungen versteht, kann notwendigerweise keine Kompromisse eingehen oder demokratische Mehrheitsverfahren sowie abstrakte Menschenrechte anerkennen. Kennzeichnend sind so immer Intoleranz gegenüber Säkularen und Andersgläubigen sowie Moralvorstellungen, die auf absoluten Gut/Böse-Kategorien fußen.

In demokratisch organisierten Gesellschaften sind fundamentalistische Kräfte klar in der Minderheit. Auch wenn etwa in den USA der traditionell starke protestantische Fundamentalismus unter US-Präsident Donald Trump gerade wieder an Einfluss gewonnen hat, sind doch gesellschaftlicher Pluralismus und politische Machtbalance diesbezüglich nicht ernsthaft in Gefahr. Anders sieht es in der islamischen Welt aus, wo der Fundamentalismus – auch als Gegenreaktion auf den Siegeszug der westlichen Kolonialmächte ab 1800 – kontinuierlich erstarkte. Seit dem letzten Drittel des 20. Jahrhunderts gewannen islamistische Kräfte, die die gesamte Staatsgewalt und das öffentliche Leben an den Grundsätzen des Islam ausrichten wollen, immer mehr an Zuspruch. Heute ist der islamische Fundamentalismus im Nahen und Mittleren Osten ein weltpolitisch relevanter Machtfaktor wie ideologischer Stichwortgeber für Terror und Gewalt. Seit dem Erfolg der sog. Islamischen Revolution 1979 stehen schiitische Geistliche an der Spitze des Irans und setzen notfalls mit brutaler Gewalt die Geltung islamischer Rechtsnormen durch. In der

Region fördern und dirigieren sie Terrorgruppen, die sich etwa gegen das sunnitische Königreich Saudi-Arabien richten, das selbst eine fundamentalistische Auslegung des Islam vertritt und gestützt auf seine Ölmilliarden weltweit unter Muslimen verbreitet. Von Pakistan aus entstand ab 1984 mit al-Qaida ein Netzwerk islamistischer „Gotteskrieger", die im Sinne des Dschihads den weltweiten bewaffneten Kampf gegen die „Ungläubigen" propagieren und mit den Anschlägen von 9/11 in den Blick der Weltöffentlichkeit gerieten. Bis heute versuchen islamistische Terrornetzwerke wie der Islamische Staat (IS) oder Boko Haram, weltliche Regime zu destabilisieren und sich vor allem in Bürgerkriegsgebieten neue Machtbasen aufzubauen. ■

Politische Utopien

Der Traum von einer besseren Welt

Das moralisch-politische Debakel der Großideologien des 20. Jahrhunderts lässt die liberale Demokratie heute zumindest aus westlicher Perspektive als die beste aller möglichen Herrschafts- und Gesellschaftsformen erscheinen. Ist das utopische Denken in politischen Alternativen tot? Oder brauchen wir einfach neue, kreative Visionen, um die Probleme der Gegenwart und der Zukunft zu lösen?

„Wer Visionen hat, soll zum Arzt gehen." Das nüchterne Zitat des damaligen deutschen Bundeskanzlers Helmut Schmidt trifft pointiert das weitverbreitete Unbehagen an alternativen politischen Großentwürfen. Das katastrophale Scheitern des Sowjetkommunismus hat den Glauben schwer erschüttert, durch Planung, Technik und Institutionen eine grundsätzlich andere Gesellschaftsordnung hervorbringen zu können. Ob nun Volk, Klasse, Gemeinschaft, eine Idee oder eine politische Partei – die großen Kollektivsubjekte, in deren Namen für eine bessere Welt gekämpft wurde, haben mit Blick auf unsere immer stärker individualisierte und fragmentierte moderne Gesellschaft an Strahlkraft verloren. Gleichzeitig wirkt die Politik rat- und hilflos im Umgang mit zentralen politischen Herausforderungen wie Klimawandel, Terrorismus oder Globalisierung. So wächst in der politischen Kultur des Westens auch das Bedauern darüber, dass es keine großen programmatischen Perspektiven gibt, die über das Jetzt hinausgehen.

Braucht die Welt doch wieder eine zeitgemäße politische Utopie, eine neue „(Noch-)Nicht-Ort-Fantasie", was die Wortschöpfung aus dem Griechischen wörtlich meint? Befürworter verweisen

darauf, dass historische Utopien immer auch eine Reaktion auf zeitgenössische Probleme darstellten und Möglichkeitsbilder einer besseren, ganz anderen Welt schufen, die Fortschritt überhaupt erst denkbar machten: Utopien als gesellschaftliche Orientierungspunkte und reale Fortschrittsmotoren. Gegner erwidern, dass jede imaginierte und idealisierte Ordnung schon den Keim eines neuen Totalitarismus in sich trägt, weil sie die Unberechenbarkeit des Individuums ausschließt und nur mit absoluter Gewalt funktionieren kann.

Ein Rückblick auf die klassischen, stilbildenden Sozialutopien des 16. und 17. Jahrhunderts zeigt, dass beide Perspektiven ihre Berechtigung haben. So skizzieren sowohl Thomas Morus' *Utopia* von 1516 als auch Tommaso Campanellas *Sonnenstadt* von 1602 nach dem Vorbild von Platons *Politeia* (→ Seite 010) das Idealbild einer vernunftgesteuerten Gesellschaft, in der jedes Gesellschaftsmitglied Teil einer umfassenden Gütergemeinschaft ist – und deswegen glücklich und friedlich leben kann. Auf der fernen Insel Utopia etwa leben alle Utopier egal welcher Religion ohne Geld und ohne Privateigentum in völliger Gleichheit. Selbst der demokratisch gewählte, schlicht gekleidete Fürst isst zusammen mit den Einwohnern in Gemeinschaftsräumen. Die Güter werden von allen produziert und je nach Bedarf staatlich verteilt. So sehr Morus demokratisch-liberale Ideen wie religiöse Toleranz und Gleichheit aller Menschen vorwegnimmt und später mit dem Kommunismus verbundene Hoffnungen artikuliert, so sehr fällt die Allgegenwart des Staates auf, der keine Privatheit zulässt. Der antiindividualistische, potenziell totalitäre Charakter dieser neuzeitlichen Staatsutopien wird noch deutlicher in Campanellas *Sonnenstadt*, die offen auf Zwang und Kontrolle baut. Das Gemeinschaftsleben der Solarier ist allein an den gesellschaftlichen Optimierungsmaßnahmen der theokratischen Elite ausgerichtet. Selbst die Fortpflanzung wird staatlich geplant.

Die andere zentrale Tradition utopischen Denkens ist bis in die Gegenwart höchst wirksam und wurde von Francis Bacon mit seiner 1627 veröffentlichten Erzählung von dem Idealstaat *Neu-Atlantis* begründet: nämlich der Glauben an die stetige Verbesserung des Lebens durch Wissenschaft und Technik. So lässt Bacon im sog. Haus Salomons Wissenschaftler Tag und Nacht daran arbeiten, die Naturgesetze zu verstehen und die gewonnenen Erkenntnisse zum Nutzen der Menschen einzusetzen. Mechanische Verfahren werden entwickelt, die die Produktivität stetig erhöhen und den Menschen immer mehr Annehmlichkeiten ermöglichen. Bacon denkt hier die tatsächliche Industrialisierung der Lebenswelt ab dem 18. Jahrhundert vor; prophetisch werden der Bau von U-Booten, Flugzeugen, ja sogar die moderne Energiegewinnung durch Sonnen- und Windkraft vorweggenommen.

Fortschritt durch Technik: Der Glaube an die segensreiche Wirkung von technologischen Erfindungen und Entdeckungen ist heute noch das Mantra der allermeisten politischen Kräfte gleich welcher Couleur und nicht zuletzt notwendiger Bestandteil der kapitalistischen Wachstumslogik.

Er spiegelt sich gegenwärtig sowohl in den vielen KI-Utopien wider, die von der Perfektionierung des Menschen durch Verschmelzung mit Robotern träumen, als auch in der oft messianischen Weltverbesserungsrhetorik der neuen Mediengroßmächte aus dem kalifornischen Silicon Valley. Dabei stößt das undurchsichtige, obsessive Sammeln von Daten durch Facebook, Google und Co. immer mehr auf Kritik. Es öffnet aus Sicht vieler Kritiker Tür und Tor für Massenmanipulation und ermöglicht eine fast grenzenlose Überwachung. In der Tradition der großen Dystopien *Brave New World* von Aldous Huxley aus dem Jahr 1932 und *1984* von George Orwell aus dem Jahr 1949 ist ein neues literarisches Genre entstanden, das die Zukunft einer technologischen Allmacht in düstersten Farben zeichnet. Dabei sind nicht klassische totalitäre

Big-Brother-Staaten im Sinne von Huxley oder Orwell die Hauptakteure, sondern kommerzielle Big-Brother-Konzerne, die Politik und Gesellschaft nach eigenem Gusto beeinflussen und jede Privatheit zerstören. Im Sinne einer Warnung vor den totalitären Gefahren einer durchdigitalisierten Gesellschaft können so Utopien wieder zu einem Instrument freiheitlichen, selbstbestimmten Denkens werden. ◾

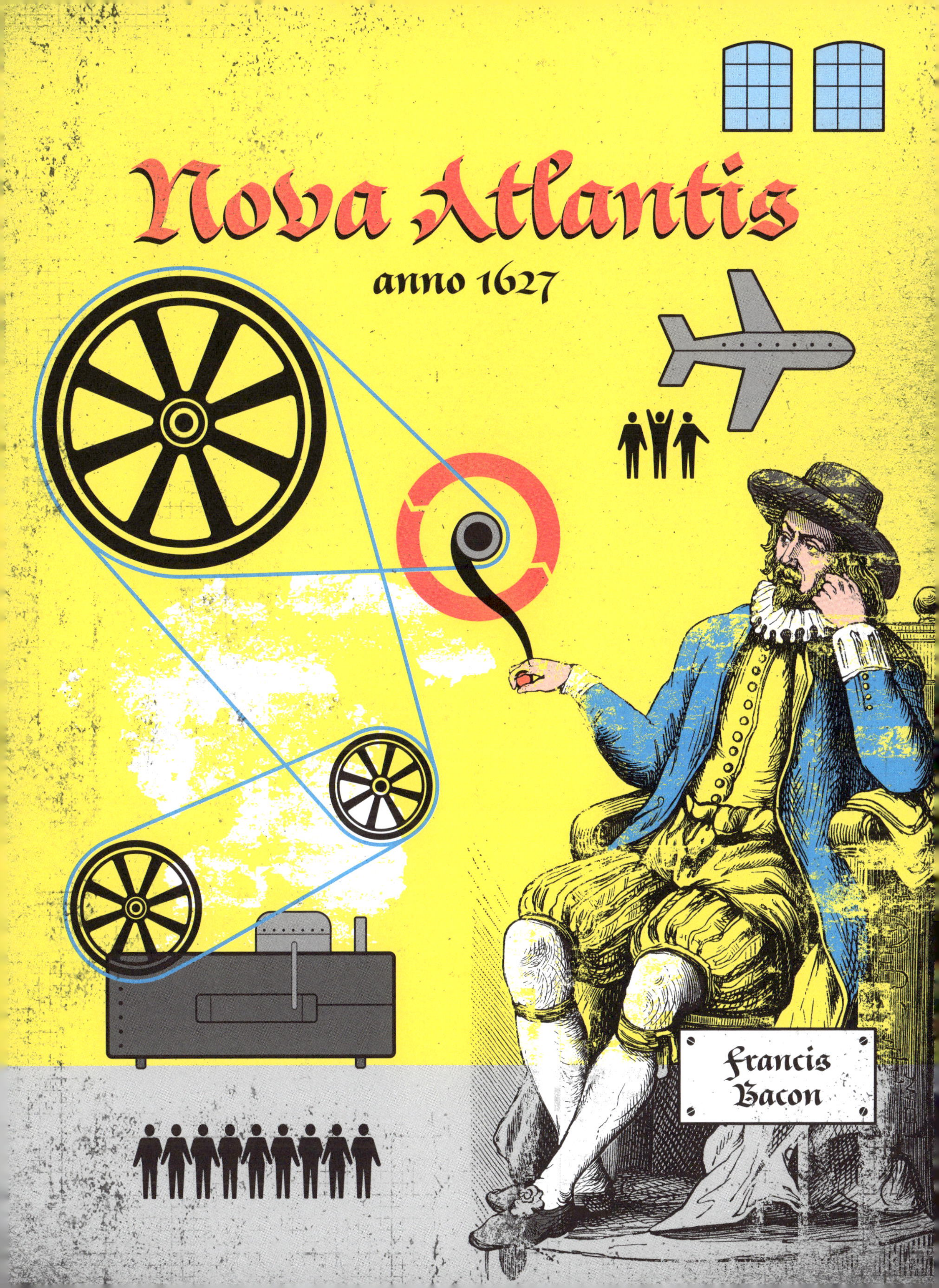

Nova Atlantis

anno 1627

Francis Bacon

Kapitel 3

Macht und Herr- schaft

Der Weg zum modernen Nationalstaat

Eine historische Skizze

Vom Familienverbund zum bürokratischen Zentralstaat der Moderne: Die Sozialordnungen der Menschen entwickelten sich aus einfachen Gemeinschaften hin zu immer komplexeren Gebilden. Ein Überblick über die verschiedenen historischen Entwicklungsstufen von Staatsorganisationen.

Am Anfang stand die Familie. Vater, Mutter, Kinder und andere Verwandte bildeten das Fundament frühester primitiver Gesellschaftsordnungen. Aus der gemeinsamen Abstammung erwuchs ein Zusammengehörigkeitsgefühl und verpflichtete zu gegenseitiger Hilfe bei gemeinsamen Aufgaben wie Nahrungsbeschaffung oder Schutz vor Feinden. Schon in den steinzeitlichen Kulturen schlossen sich Familienmitglieder mehrerer Generationen in Dorfanlagen zu lokalen Gemeinschaften zusammen. Das soziale Miteinander regelte dabei in erster Linie der verwandtschaftliche Bezug. Der jeweilige Rang innerhalb der Verwandtschaft wies dem Einzelnen seine Rolle in der Gemeinschaft zu.

Aus den kleinen Familienverbünden entstanden oft größere, vorstaatliche Stammesgemeinschaften, die sich über gemeinsame Sprache, Religion oder Abstammung bzw. über einen gemeinsamen Gründungsmythos als zusammengehörig

betrachteten. Sie nahmen aber kein abgegrenztes Territorium ein und verfügten kaum über rationale, überpersönliche Organisationsstrukturen. Eine vormoderne Art zentraler Staatsgewalt entwickelte sich bereits in den ersten Hochkulturen. An die Stelle des Verwandtschaftsprinzips trat in diesen frühen Reichen eine religiös fundierte Staatsordnung, an deren Spitze zumeist ein gottähnlicher Herrscher stand, der seine Macht über den Aufbau einer ihm ergebenen Verwaltung sicherte – ermöglicht vor allem durch die Entwicklung der Schrift, durch die Informationen gespeichert und weitergeben werden konnten.

Einen weiteren Meilenstein stellte die politische Organisation des Römischen Reichs dar, das sich um die Zeitenwende zur zivilisatorischen und militärischen Ordnungsmacht im Mittelmeerraum entwickelte und die weitere Geschichte Europas entscheidend mitprägte. So wie Gesetzlichkeit und überlegene Institutionen lange

Zeit Tradition und Stabilität im Inneren schufen, gewährten die römischen Eroberer besiegten Ländern größtmögliche Freiheiten. Solange Roms Hegemonialanspruch nicht infrage gestellt wurde, konnten sich die unterworfenen Territorien weitgehend selbst verwalten. Wenn das riesige Imperium auch ungewöhnlich lange bestand –

am Ende zerbrach es, nicht zuletzt an seiner kaum beherrschbaren Größe.

Vormoderne Reiche in der Antike wie im Mittelalter hatten es unter den zeitgenössischen Kommunikations- und Verkehrsbedingungen schwer, die Kontrolle des Raums auf Dauer von einer Zentrale aus zu organisieren. Die Herrscher

> **Die Gesellschaft als Ganzes hat keinen gemeinsamen Willen mehr und wird nur durch die verbleibende Rest-Staatsmacht oder ökonomische Interessen notdürftig zusammengehalten. Der staatstragende Gemeinwille der demokratischen Identitätsphilosophie hat zugunsten konkurrierender Gruppenidentitäten abgedankt. Die Gruppen aber begegnen sich nur noch auf dem Markt. Es ist allerdings zu bezweifeln, ob Marktmechanismen zur Regelung von Beziehungen ausreichen, denn [...] selbst ein Minimum an Verständigungsbereitschaft ist nicht zum moralischen Nulltarif zu haben.**

Wolfgang Reinhard in *Geschichte des modernen Staates*

waren immer auf die Kooperation der Eliten vor Ort angewiesen. Wurde diese Zusammenarbeit verweigert, musste über das Militär Gefolgschaft erzwungen werden, was aber an personelle Grenzen stieß. Die mittelalterlichen Staatswesen in Mittel- und Westeuropa beruhten weniger auf zentralen Einrichtungen, sondern glichen eher einem dezentralen Verbund von persönlichen Abhängigkeiten. Der König oder Fürst wurde zwar meist sakral überhöht, wie groß die Durchsetzungskraft seines Machtanspruchs aber wirklich war, hing wesentlich davon ab, wie gut es ihm gelang, Treue und Gefolgschaft im Kriegsfall unter den Adeligen, die durchaus eigene Interessen verfolgten, zu organisieren. Daneben etablierten sich eigenständige Kirchen- und Stadtherrschaften, die sich oft völlig autonom nach eigenem Recht verwalteten. Die vormodernen Staatenwelten umfassten so Gebiete mit unterschiedlichem Status, die auf vielfältige Art und Weise zusammengehalten wurden. Dauernde Machtkämpfe und Aushandlungsprozesse waren die Regel.

Angetrieben von Kriegen und technischen wie wissenschaftlichen Innovationen entwickelte sich in Europa verstärkt seit dem 17. Jahrhundert ein komplexes Geflecht von hierarchisch organisierten Institutionen, das wir heute mit einem modernen Flächenstaat verbinden. Durch Verstaatlichungsprozesse von oben wurden Herrschaft entpersonalisiert sowie Machträume vereinheitlicht und so klarer voneinander abgegrenzt. Die Etablierung von Zentralbehörden banden Adel und Klerus immer enger an eine zentrale Staatsgewalt und ermöglichte einheitliche Zugriffsmöglichkeiten auf das ganze Territorium. Zum Inbegriff von moderner Staatssouveränität wurde die Gesetzgebung: Die Territorialherrscher erzwangen die zunehmende Harmonisierung von Rechtsregeln, was auf eine Reduktion von Willkür und Rechtsvielfalt abzielte. Mit dem Aufbau von stehenden Heeren konnten sie das Gewaltmonopol auch nach

außen durchsetzen. Im 19. Jahrhundert war in verschiedenen nationalen Varianten in Europa dann das erfüllt, was der Soziologe Max Weber als wesentliche Kriterien für moderne Staatlichkeit definierte: ein Staatgebiet mit eindeutigen Außengrenzen, ein einheitliches Staatsvolk und vor allem eine souveräne Staatsgewalt, die ihren Willen über beauftragte Amtsträger bis an die Basis durchsetzen kann. In Folge der Atlantischen Revolutionen ab 1776/89 wurde diese moderne Staatsmacht vielerorts in ihrem Handeln an feste, einklagbare Vorschriften gebunden und nach und nach über Mehrheitsentscheidungen in frei gewählten parlamentarischen Entscheidungsgremien demokratisch legitimiert. Es entstanden demokratische Rechts- und Verfassungsstaaten, die dank des Nationalismus als neuer politischen Integrationsideologie meistens auch Nationalstaaten waren. Der demokratische Nationalstaat wurde zum Identifikationsmuster für seine Bürger. Die nationalistische Gleichsetzung von Staat und Volk ebnete mancherorts den Irrweg zu den faschistisch-totalitären Machtstaaten des 20. Jahrhunderts, die einen vermeintlichen kollektiven Volkswillen zu vollstrecken glaubten und verheerende Verwüstungen hinterließen. Bis heute bleibt die Idee des souveränen Nationalstaats, der frei über das Geschehen auf seinem Gebiet bestimmt, zentral für das Selbstverständnis der politischen Klasse und dient als Grundlage für die völkerrechtliche Gleichheit aller Staaten. Dabei sind die Staaten in einer globalisierten Welt inzwischen über regionale Kooperationsmodelle wie etwa die EU in einer Weise vernetzt und gebunden, dass vom traditionellen staatlichen Machtmonopol nicht mehr wirklich die Rede sein kann. Als bürgernaher Bezugspunkt politischer Forderungen bleibt der Nationalstaat aber bis auf Weiteres unersetzlich. ▪

Staatsformen

Wie wird Herrschaft ausgeübt?

Politische Herrschaft meint in der Regel eine auf Dauer ausgerichtete, institutionalisierte Form der staatlichen Machtausübung. Dabei lassen sich je nach Blickwinkel idealtypisch unterschiedliche Herrschaftsformen unterscheiden, von denen einige in der einen oder anderen Weise bis heute wirksam sind.

Herrschaft gilt als unabdingbar für die Funktionsfähigkeit von Gesellschaften und Gemeinwesen. Sie strukturiert Beziehungen von Menschen, Gruppen und Institutionen hierarchisch und konstituiert so soziale Ober- und Unterordnungen zwischen Herrschern und Beherrschten: zwischen denen, die Anweisungen geben können, und denen, die diesen Folge leisten müssen. Im politischen Bereich bezieht sich Herrschaft vor allem auf den Staat, der mit seinem Machtmonopol ge-

samtgesellschaftliche Rahmenbedingungen festlegen und deren Einhaltung nach innen und nach
außen erzwingen kann. Wie funktioniert Herrschaft, welche Formen von Herrschaften gibt es
und wie werden sie begründet? Herrschaftsfragen
sind bis heute Hauptdiskussionspunkte des politischen Lebens. Da die staatliche Macht unmittelbar in das Leben eines jeden Bürgers eingreift, ist
vor allem die Frage ihrer Legitimität und Anerkennung durch die Beherrschten immer wieder
durchdacht worden (→ Vertragstheorien, Seite
015). Für den Soziologen Max Weber gibt es prinzipiell drei Grundformen von Herrschaft, denen
die Menschen seit jeher gehorchen und die sich
in den verschiedenen Herrschaftssystemen in
vielfältiger Ausprägung finden lassen. Das wäre
zum einen die traditionale Herrschaft, die sich
auf überliefertes Herkommen und generations-
übergreifende Gewohnheiten stützt, zum anderen

die charismatische Herrschaft, die ihre Macht aus
der außergewöhnlichen Ausstrahlung und Überzeugungskraft einer einzelnen Führungspersönlichkeit gewinnt, und zu guter Letzt die rationale
Herrschaft, die sich aus dem Glauben an die Geltung legaler Satzungen und dem Gehorsam gegenüber sachlicher Kompetenz speist. In modernen, komplexen Gesellschaften ist vor allem die
rationale Herrschaft mittels Bürokratie und Verwaltung vorherrschend, die aber auch und gerade
in Demokratien oft des Charismas von Einzelpersonen bedarf, um auch innerlich von der Bevölkerung angenommen zu werden. Die Macht tra-
ditionaler Herrschaft zeigt sich unter anderem in
der Langlebigkeit von monarchischen Systemen.

Weber verstand seine Herrschaftstypologie
prinzipiell als überzeitlich gültig. Dabei haben
sich die Staats- bzw. Herrschaftsordnungen im
Laufe der Zeit immer weiterentwickelt, weswegen

auch deren Klassifizierungen stetig modifiziert und ausdifferenziert wurden. Lange Zeit war die klassische antike Dreiteilung von Aristoteles bestimmend, die Staatsformen quantitativ nach Anzahl der Herrschenden und qualitativ nach ihrer Gemeinwohlorientierung unterschied: die Monarchie (Alleinherrscher), die Aristokratie (Adelsherrschaft) und die Politie (Volksherrschaft) als positive Ausprägungen sowie die Tyrannis (Willkürherrschaft), die Oligarchie (Elitenherrschaft) und Ochlokratie (Pöbelherrschaft) als negative Entartungen. Bis heute wirkmächtig ist die auf Machiavelli zurückgehende Unterscheidung zwischen Monarchien und Republiken. Während in Monarchien ein gekröntes Staatsoberhaupt an der Spitze des Staates steht, zeichnet Republiken vor allem eins aus: nämlich keine Monarchien zu sein. In diesem Schema werden aber beispielswei-

se der nationalsozialistische Gewaltstaat und die USA gleichrangig als Republik eingeordnet. Eine sinnvolle Unterscheidung sollte aber vor allem die innergesellschaftlichen Verhältnisse in den Blick nehmen. Deswegen differenzieren die wichtigen Typologien heute vor allem zwischen Demokratien und Diktaturen sowie ihren zahlreichen Zwischenstufen. Grundsätzlich werden zwei Herrschaftssysteme getrennt: einerseits das konstitutionell-demokratische, das Menschenrechte und gesellschaftlichen Pluralismus anerkennt sowie politische Partizipation ermöglicht; andererseits das autokratisch-diktatorische, das diese Prinzipien verneint und auf Machtsicherung und -konzentration aufbaut. Dabei sind Autoritarismus und Totalitarismus mit ihrem jeweiligen unterschiedlichen Machtanspruch ihrerseits zwei wesentliche Varianten nicht-demokratischer Staatsformen. ■

Monarchie und Aristokratie

Aristokratische Herrschaftssysteme dominierten sehr lange Zeit die Politik auf der Welt. Heute haben die allermeisten noch existierenden Monarchien vor allem repräsentativen Charakter. Dabei ist die Faszination für die „bessere Gesellschaft" auch in demokratischen Republiken ungebrochen.

Der Adel entstand aus frühesten sozialen Ausdifferenzierungen. In den ersten größeren Familienverbünden der Geschichte übernahmen diejenigen Familien gesellschaftliche Führungsaufgaben, die wohl wegen ihres Besitzes, ihres Wissens oder ihres Ansehens von den Alltagsarbeiten befreit waren. Indem diese Vorrechte erblich gemacht wurden, etablierte sich der Adel als dauerhaft privilegierte Herrschaftsschicht, die praktisch überall in der Welt bis weit in die Neuzeit über Politik, Kultur und Militär allein bestimmte. Im alten Griechenland hieß die entsprechende Staatsform wohlwollend „Herrschaft der Besten": Aristokratie. Wenn es etwa zeitweise in Rom oder in einzelnen mittelalterlichen Stadtstaaten auch republikanische Ausprägungen gab, in der Regel stand an der Spitze solcher aristokratischen Politsysteme ein Monarch („Alleinherrscher"), ein dauerndes Staatsoberhaupt, das je nach Kulturkreis und Rang den Titel eines Kaisers, Königs oder Sultans trug. Seine herausgehobene Stellung, die mit einer großen politischen Machtfülle einherging, wurde lange durch einen Gottesbezug legitimiert. Weil auch hier die

Thronfolge meist direkt an ein Verwandtschaftsverhältnis gebunden blieb, etablierten sich teilweise über Jahrhunderte lokale, regionale und nationale Herrscherdynastien (in Deutschland etwa die Hohenzollern, Wittelsbacher und Welfen). Wer seine monarchische oder adelige Macht über Generationen sichern wollte, musste vor allem geschickte Familienpolitik betreiben. Die älteste heute existierende Monarchie ist das japanische Kaisertum. Dort hat der Tenno („Himmlischer Herrscher") zwar 1945 offiziell seinen göttlichen Status verloren, übernimmt als oberster Priester der Schinto-Kulte aber immer noch wichtige sakrale Funktionen.

Im kleinstaatlichen Europa gingen im Mittelalter Aristokratie und Monarchie eine spannungsreiche machtpolitische Symbiose ein. In den vormodernen König- oder Kaiserreichen konkurrierten die vielen einzelnen Adelsherrschaften (Fürsten- und Herzogtümer, Grafschaften) untereinander um Einfluss und Macht. Unter den Adelsfamilien war das Königshaus letztlich vielfach nur ein „Primus inter Pares", ein Erster unter Gleichen. Das gilt umso mehr für Wahlmon-

archien wie etwa Polen-Litauen und das römisch-deutsche Reich, die im Gegensatz zu klassischen Erbmonarchien wie England oder Frankreich die Erhebung zum König an die Zustimmung von mehr oder weniger umfassenden Adelsversammlungen banden. Mit der Durchsetzung der absoluten Monarchie (→ Seite 065) ab dem 17. Jahrhundert verlor der Adel zunehmend seine politische Autonomie.

Im Zuge der demokratischen Umwälzungen mussten die verbliebenen Monarchen ab dem 19. Jahrhundert erhebliche verfassungsmäßige Einschränkungen ihrer Macht hinnehmen. Der Adel verlor nach und nach alle politischen Privilegien, wenngleich er bis in die Gegenwart wegen seiner oft noch intakten informell-familiären Netzwerke und seines sozialen Prestiges viele Vorteile genießt. Echte politische Bedeutung hat der Adel in Europa nur noch in Großbritannien, wo er mit dem Oberhaus über eine eigenständige parlamentarische Vertretung verfügt, deren Mitglieder allerdings zum überwiegenden Teil nicht mehr dem alten Geburtsadel entstammen.

Neben einzelnen kleinen Fürstentümern/Emiraten und zwei Sultanaten sowie einem Großherzogtum und einem Kaiserreich gibt es im Jahr 2020 noch 33 souveräne Königreiche, fast alle parlamentarisch verfasst, in denen die Monarchen in der Regel allein auf die Repräsentation des Staates nach innen und nach außen beschränkt sind. Das weltweite Interesse an Glamour und Skandalen der „Royals" ist aber überall so groß, dass nach wie vor einzelne Boulevardmedien von der mehr oder weniger märchenhaften Berichterstattung gut leben können. So können Monarchen nicht nur nationale Identität verkörpern, sondern erfüllen auch über ihre Landesgrenzen hinaus anscheinend eine tiefe Sehnsucht nach der Ordnung einer vermeintlich „guten alten Zeit". ◼

Die Theokratie

Im Bund mit höheren Mächten

Sakrale Herrschaftsformen begleiten die Menschheit von Anfang an. Heute finden sich theokratische Machtstrukturen vor allem in islamisch geprägten Staaten, wobei es hier teils große Unterschiede gibt.

Bis weit in die Neuzeit lehnten sich die meisten Sozialordnungen eng an tradierte Glaubenssysteme an. Lange Zeit waren Politik und Religion kaum zu trennen, wobei die ersten Hochkulturen stilbildend wurden. In Mesopotamien, Mittelamerika, Ägypten oder Indien galten die Herrscher einst selbst als Gottheiten oder wurden gottgleich verehrt. Diesen spirituellen Machtzentren waren die Priester unterstellt, die die „gerechte göttliche Ordnung" im Land organisierten. Die theokratische Tradition der prinzipiellen Einheit von Staat und Glauben spiegelte sich im Mittelalter auch in den christlichen wie islamischen Herrschaftsordnungen in den Ländern rund um das Mittelmeer wider, wobei das Christentum ab dem 12. Jahrhundert politisch-institutionell einen anderen Weg als der Islam einschlug.

Nach heftigen Auseinandersetzungen zwischen Papst und König um den Führungsanspruch im christlichen Abendland kam es zu einer richtungsweisenden Aufteilung der Macht in eine geistliche und weltliche Gewalt, die nach und nach eigene konkurrierende Rechtsordnungen ausbildeten: die römische Kirche mit dem Papst als Oberhaupt einerseits, die Monarchie mit dem König an der Spitze andererseits. Diese erste Form der Gewaltenteilung machte eine Alleinherrschaft im Namen einer absoluten Trans-

zendenz strukturell fast unmöglich und leitete eine stetige Säkularisierung der politischen Herrschaft ein. Heute ist der Kleinstaat der Vatikanstadt mit dem Papst als Oberhaupt die einzige Theokratie im westlichen, christlich geprägten Kulturkreis.

Dagegen blieb in der islamischen Welt die tradierte Einheit von geistlicher und politischer Führung stets lebendig. Noch immer leiten hier wesentliche Teile der Eliten und der Bevölkerungen die Legitimität eines islamischen Staatswesens von explizit religiös-politischen Aspekten ab. Allein in der Türkei setzte Kemal Atatürk in den 1920er-Jahren verfassungsrechtlich die strikte Trennung von Religion und Staat durch. Das Kalifat wurde abgeschafft und der Islam zur Privatangelegenheit erklärt. Ohne offen die laizistischen Prinzipien der türkischen Republik anzugreifen, ist gegenwärtig unter dem seit 2014 amtierenden Präsidenten Recep Tayyip Erdoğan eine deutliche Re-Islamisierung des gesellschaftlichen Lebens spürbar, die seit der sog. Islamischen Revolution im Iran 1979 im gesamten Nahen und Mittleren Osten sowie im Maghreb vorherrschend ist: Unter der Führung von Ayatollah Khomeini etablierte sich in dem alten Kulturland Iran ein islamistisches Politsystem ganz eigener Prägung, das auf teils widersprüchliche Weise republikanische mit

theokratischen Elementen vermengt. So besitzt die „Islamische Republik" ein demokratisch gewähltes Parlament und ein direkt von der Bevölkerung gewähltes Staatsoberhaupt, das als Regierungschef die dem Parlament verantwortlichen Minister ernennt. Doch die Macht der beiden Institutionen ist stark eingeschränkt. Allen Gesetzen und Verordnungen muss ein mehrköpfiger „Wächterrat" zustimmen, der ihre Vereinbarkeit mit den Prinzipien des Islam zu prüfen hat und zudem Kandidaten bei Wahlen zurückweisen kann. Die höchste Autorität besitzt der von einem „Expertenrat" berufene geistliche Religionsführer. Er befiehlt die Streitkräfte, ernennt die obersten Richter und überwacht allgemein die Politik. Letztlich funktioniert das System nur bei einem grundlegenden Konsens zwischen dem islamischen Führer und dem Präsidenten der Republik.

Nimmt auch gegenwärtig der Druck vor allem aus der mehrheitlich westlich orientierten Jugend zu, wird die Führungsrolle der islamischen Geistlichkeit vom Establishment noch nicht wirklich infrage gestellt.

Eine besondere Form theokratisch-monarchischer Herrschaft zeichnet Irans Hauptkonkurrenten in der Region aus, das Königreich Saudi-Arabien. An der Spitze steht der saudische König als geistiges und weltliches Staatsoberhaupt sowie höchster Stammesfürst, der aber wie alle staatlichen Institutionen an die Scharia als das islamische Recht gebunden ist. Außerdem ist er verpflichtet, im Einvernehmen mit den Klerikern und Religionsgelehrten (Ulema) zu regieren. In keinem der beiden Länder gibt es gesetzlich verankerte individuelle Freiheitsrechte, die unabhängig von der Religion gelten. ◾

> **» Die Verfassung der Islamischen Republik Iran strebt eine Gestaltung der kulturellen, sozialen, politischen und ökonomischen Institutionen der iranischen Gesellschaft nach den Grundsätzen und Regeln des Islam an; sie entspricht dem innigsten Wunsch der islamischen Glaubensgemeinschaft. Dieser grundlegende Wille kam durch das Wesen der großen Islamischen Revolution im Iran ebenso zum Ausdruck wie durch die entschiedenen und überwältigenden Losungen aller Volksschichten in jeder Phase des siegreichen Einsatzes der islamischen Bevölkerung. Und nun, an der Schwelle dieses großen Sieges, fordert unsere Nation mit all ihrer Kraft das Erreichen dieses Zieles. «**

Verfassung der Islamischen Republik Iran, 1979

Oligarchien

Die Selbstermächtigung der Eliten

In der Antike als „Herrschaft der Reichen" verschmäht, meint Oligarchie heute vor allem die intransparente Gruppenmacht in sozialen oder politischen Großverbänden. Können aber Entscheidungen in komplexen Gesellschaften ohne eine Elite von Funktionsträgern organisiert werden?

Viele republikanische oder monarchische Staatsformen waren es bis weit in die Neuzeit zumindest zeitweise, Diktaturen sind es faktisch eigentlich auch immer: eine Oligarchie, was im wörtlichen Sinn eine „Herrschaft von wenigen" als Gruppe bezeichnet. Gemeint ist die Konzentration von Macht und Einfluss in den Händen einer Clique, die wirtschaftliche, politische, soziale oder ethnische Gemeinsamkeiten vereint und die ihre Position zu eigennützigen Zwecken missbraucht. Der griechische Philosoph Aristoteles ordnete die Oligarchie in seiner klassischen Staatsformenlehre als Verfallsform der Aristokratie ein, weil hier Herrschaft von Höherstehenden nicht im Gemein-, sondern in einem speziellen Gruppeninteresse ausgeübt wird. Gesellschaftliche Führungseliten sichern sich gegenseitig ihre Privilegien und schließen so große Bevölkerungteile systematisch vom Zugang zu Staatsinstitutionen und Entscheidungsgremien aus. Dieser Ausschluss erfolgt traditionell vor allem über Geld oder Vermögen und war vielerorts bis ins 19. Jahrhundert durch ein Zensuswahlrecht auch rechtlich institutionalisiert, weswegen in diesen Fällen auch von Pluto- oder Timokratie, „Geldherrschaft", gesprochen wird.

Wenn dazu – wie in einzelnen Diktaturen beispielsweise Afrikas oder im postsowjetischen Russland der 1990er-Jahre – die Eliten sich systematisch auf Kosten der Bevölkerung bereichern, können sich oligarchische Herrschaftssysteme auch zu Kleptokratien, also räuberischen „Diebesherrschaften" entwickeln.

Aber auch in demokratischen Staaten sind Tendenzen zur Oligarchisierung in unterschiedlichem Maße vorhanden. Damit ist nicht nur gemeint, dass etwa in den urliberalen USA der Zugang zu hohen politischen Ämtern faktisch so eng an Kapitalbesitz gebunden ist, dass das System inzwischen auch offen plutokratische Züge aufweist. Viel grundsätzlicher sehen Soziologen den Aufbau von oligarchischen Strukturen auch in den demokratisch verfassten Gesellschaften mit der immer komplexeren „Bürokratisierung der Welt" (Max Weber) seit dem Zeitalter des monarchischen Absolutismus verbunden: Die Ausbildung eines modernen, effizienten Staatswesens war gleichbedeutend mit dem Aufbau einer hierarchischen Bürokratie, der „Beamtenherrschaft", die durch stetige Ausdifferenzierung und strikte Sachorientierung immer mehr kollektives Fachwissen bündelte und darüber auch eine schwer kontrollierbare Gestaltungsmacht gewann. Entsprechend dem 1911 von Robert Michels anhand der Parteistrukturen der deutschen Sozialdemokratie entwickelten „Gesetz der Oligarchie" drängt jede soziale Organisation aus Effizienzgründen zur bürokratischen Professionalisierung der Führungskräfte, die dann zunehmend die ursprünglichen Organisationsziele aus den Augen verlieren und eigene Interessen vertreten. ◾

Diktatur

Alle Macht dem Herrscher

Als Diktaturen werden grundsätzlich Herrschaftsformen bezeichnet, in denen eine Person oder eine Gruppe die Macht monopolisiert. Dabei sind nahezu alle modernen europäischen Diktaturen des 20. Jahrhunderts aus demokratischen Gesellschaften hervorgegangen.

Ob der altgriechische Tyrann Peisistratos oder der persische Despot Kyros, ob die machtbewussten Renaissanceherrscher oder die absolutistischen Könige des Ancien Régime: Bis zu den demokratischen Revolutionen Ende des 18. Jahrhunderts waren praktisch alle staatlichen Ordnungen in der Geschichte mehr oder weniger streng hierarchisch geordnet. Deswegen war es auch der Normalfall, dass die Herrschaft zumindest theoretisch-formell in den Händen eines Einzelnen oder weniger konzentriert war. Ein absoluter Herrscher fühlte sich bis weit in die Neuzeit als legitimer Hüter der traditionellen Ordnung – und nicht als Diktator. Erst als Gegenpol zu den sich ab dem 19. Jahrhundert nach und nach in Europa durchsetzenden Demokratien gewann die Diktatur als Herrschaftsform ein eigenständiges, modernes Profil. Wo in den Demokratien die politische Macht durch die Gewaltenteilung eingeschränkt ist, ist sie in einer Diktatur tendenziell schrankenlos. Besitzt der Bürger in einer Demokratie individuell einklagbare Grundrechte gegenüber der politischen Macht, unterliegt das Recht in einer Diktatur dem politischen Willen der Herrscher. Wo in einer Demokratie die politische Herrschaft gesellschaftlich legitimiert werden muss und dabei die soziale Vielfalt respektiert werden sollte, werden in einer Diktatur die Machtmittel vor allem dazu benutzt, die Gesellschaft auf den Willen der Herrscher auszurichten und jegliches unabhängiges Eigenleben zu unterdrücken. Wo also in Demokratien Rechtsstaatlichkeit, Pluralismus und Gewaltenteilung garantiert sind, werden Diktaturen von Polizeistaatsmethoden, Unterdrückung von Opposition und Machtkonzentration charakterisiert. Den militärischen Ordnungsstrukturen entspricht in Diktaturen die zumeist zentrale Rolle des Militärs, das oft als Staat im Staate agiert und deren Vertreter manchmal direkt die politische Führung übernehmen. Militärdiktaturen waren bis in die 1980er-Jahre vor allem in Lateinamerika und Afrika weit verbreitet.

Sind auch Demokratie und moderne Diktatur ein Gegensatzpaar, so sind die beiden Herrschaftsformen doch bei genauerem Hinsehen einander näher, als man denkt – und als einem lieb ist: Ähnlich wie in der antiken römischen Republik ein Diktator ursprünglich ein verfassungsrechtlich verankertes Amt auf Zeit innehatte, so kennen auch heute viele demokratische Staaten die Möglichkeit, zur Überwindung von Notlagen vorübergehend den Regierenden nahezu diktatorische Machtbefugnisse zu übertragen. In Deutschland zum Beispiel dürfen in Krisensituationen wie Krieg oder Naturkatastrophen demokratische Grundrechte eingeschränkt werden. Auch in anderen Ländern wie Großbritannien oder Kanada

DAGEGEN

kann das Regierungskabinett im Krieg viele Befugnisse an sich ziehen.

In den politisierten Gesellschaften der Moderne ist ein Regieren ohne zumindest eine vorgeblendete demokratische Fassade kaum noch möglich. So wird auch in den real existierenden Diktaturen der Gegenwart, in denen der uneingeschränkte Machtanspruch auf Dauer angelegt ist, häufig versucht, mithilfe von inszenierten Wahlen die Regime pseudodemokratisch zu rechtfertigen. Hinzu kommt, dass zumal im 20. Jahrhundert viele Diktatoren in Europa auf demokratischem Weg an die Macht gelangten. Sie konnten sich zunächst auf die Zustimmung einer Partei stützen, die dann zur Staatspartei erklärt wurde.

Während totalitäre Diktaturen wie aktuell noch in Nordkorea die Gesamtgesellschaft ideologisch vereinnahmen, geht es „einfachen" Diktaturen oder autoritären Regimen (→ Seite 072) wie in vielen afrikanischen oder asiatischen Ländern vor allem um die Sicherung der politischen Macht durch traditionelle Zwangsmittel wie Armee, Polizei, Bürokratie oder Justiz. Studien zufolge hat die Anzahl von faktischen Diktaturen oder autoritären Regimen in Entwicklungs- und Schwellenländern in jüngster Zeit wieder zugenommen. So gibt es insbesondere in Afrika und Asien mehr Autokratien (also von Einzelpersonen dominierten Staatsformen) als Demokratien. ◾

Totalitarismus

Ideologie und Terror

Der Sowjetkommunismus stalinistischer Prägung sowie das nationalsozialistische Deutschland waren Prototypen eines totalitären Staates. Diese Extremform einer Diktatur versucht, jeden Lebensbereich der Menschen ideologisch zu durchdringen und die fiktive Einheit von Führung und Volk gewaltsam herzustellen.

„Alles im Staate, nichts außerhalb des Staates, nichts gegen den Staat." – Der italienische Diktator Benito Mussolini bezeichnete 1925 als Ziel seiner faschistischen Bewegung die Errichtung eines *stato totalitario*, in dem sich der einheitliche Willen des Volkes in dem Willen eines allmächtigen Führers widerspiegeln soll. Wenn Mussolini damit auch mehr den Anspruch als die Wirklichkeit des italienischen Faschismus beschrieb, erfasste er doch das zentrale Wesensmerkmal der sich in der ersten Hälfte des 20. Jahrhunderts neu etablierenden diktatorischen Regimes: nämlich den gewaltsamen Versuch, eine Gesamtgesellschaft politisch-ideologisch durch eine monolithische Parteiorganisation gleichzuschalten. Dieser Totalitarismus führte in der stalinistischen Sowjetunion zwischen 1928 und 1953, im nationalsozialistischen Deutschland zwischen 1933 und 1945 und im maoistischen China zwischen 1949 und 1968 zur Versklavung ganzer Gesellschaftsgruppen und letztlich zu millionenfachem Massenmord. Nach der wegweisenden Studie von Hannah Arendt über *Elemente und Ursprünge totaler Herrschaft* von 1955 hatten insbesondere der stalinistische und der nationalsozialistische Gewaltstaat trotz ihrer zum Teil diametral entgegengesetzten ideologischen Ausrichtungen wesentliche Herrschaftsziele und -techniken gemeinsam. Diese hoben sich von allen früheren Formen der Autokratien ab und verliehen ihnen einen spezifischen totalitären Charakter: Beide Regime wollten ein umfassendes neues Wertesystem in der Gesellschaft durchsetzen und ihren Machtanspruch über die öffentliche Sphäre hinaus auf den persönlichen Bereich der Beherrschten ausdehnen. Als totalitäre Schlüsselelemente benennt Arendt vor allem Ideologie, Terror und Propaganda. Totalitäre Ideologien, die eine fiktive, in sich schlüssige Gegenwelt konstruieren und nicht durch die Realität widerlegt werden können, zeichnen sich durch ihren absoluten Wahrheitsanspruch aus. Ob es um die klassenlose Gesellschaft oder die

Herrschaft einer Herrenrasse geht – totalitäre Regime sehen sich als Vollstrecker eines Naturgesetzes der Geschichte, und zur Erreichung ihrer ahistorischen Ziele ist ihnen jedes Mittel recht. Ein komplexes, weitgehend gesetzloses System aus Kontrolle und Gewalt unterdrückt jede Opposition und merzt die zu Staatsfeinden erklärten Bürger aus. Aber nicht nur Repression und willkürlicher Terror, sondern auch eine pseudodemokratische Fassade sind typisch für solche Regime. Die ständige Mobilisierung der Bevölkerung für die jeweiligen politischen Ziele der Machthaber entspricht dem Bestreben, der Herrschaft eine Scheinlegitimität zu verleihen. Charakteristisch ist ein massiver Propagandaapparat, der die Menschen von Kindesbeinen an geistig manipulieren will, um aus ihnen eine gefügige Manövriermasse in den Händen der Herrscher zu formen.

Die durch die Totalitarismustheorie implizierte Gleichsetzung von Stalinismus und Nationalsozialismus galt lange Zeit als „rechtes" Kampfinstrument im Kalten Krieg der Systeme, weil es den Terrorstaat Hitlers verharmlose und den Kommunismus dämonisiere. Dabei ist nie ernsthaft bestritten worden, dass der Terrordruck in der Sowjetunion bzw. China nach Stalins bzw. Maos Tod nachgelassen hat. Die grundsätzlichen totalitären Politstrukturen änderten sich allerdings nicht; in China sind sie bis heute präsent. Nach der Implosion des Sowjetimperiums 1989/91 und der stärkeren öffentlichen Wahrnehmung der Verbrechen des Stalinismus ist der Vergleich von totalitären Regimen weitgehend anerkannt, wobei insbesondere der islamistische Fundamentalismus als neue Variante diskutiert wird. Der Terminus „totalitär" ist als Kampfbegriff in die allgemeine politische Debatte eingedrungen und wird besonders gerne von Rechtspopulisten zur polemischen Denunzierung ihrer politischen Gegner eingesetzt, was letztlich den Begriff inhaltlich entwertet und die historischen Opfer verhöhnt. ▪

Autoritarismus

Zwischen Diktatur und Demokratie

Der altrömische Diktator Cäsar und der französische Kaiser Napoleon Bonaparte gelten als bedeutendste historische Exponenten von autoritären Regimen, die – vorgeblich – im Namen des Volkes agierten. Gegenwärtig liegen solche halbdemokratischen Diktaturen bzw. halbdiktatorischen Demokratien wieder im Trend.

Sein großes Vorbild war Gaius Julius Cäsar, römischer Eroberer und berühmtester Diktator der Antike: Mit dem erklärten Ziel, die gespaltene Nation vor dem Bürgerkrieg zu „retten", schwang sich 1799 der erfolgreiche General Napoleon Bonaparte zum Alleinherrscher des revolutionären Frankreichs auf. Unter dem Beifall großer Teile der Bevölkerung ließ er eine Verfassung verabschieden, die wichtige politische Freiheitsrechte wie Meinungs- und Versammlungsfreiheit einschränkte sowie die Verfolgung von innenpolitischen Gegnern legalisierte. Mit dem am Vorbild der römischen Republik angelehnten Titel Erster Konsul regierte Napoleon als „demokratischer Diktator" faktisch wie ein absoluter Monarch, bis er sich 1804 schließlich selbst zum Kaiser der Franzosen krönte.

So wurde Bonaparte zum Begründer einer neuen Form von Diktatur, die im Gegensatz zu einer „normalen" Diktatur ihren Machtanspruch vor allem mit der öffentliche Unterstützung für eine charismatische Führerpersönlichkeit rechtfertigt. Durch zahlreiche, oft pseudodemokratische Elemente kann sie sich immer wieder auf den vermeintlichen „Volkswillen" berufen. Tendenzen solcher autoritären, nach Karl Marx „bonapartistischen" Herrschaftstechniken lassen sich gegenwärtig etwa in der Türkei, in Russland, Brasilien und Venezuela erkennen, wo durch mehr oder weniger freie Wahlen legitimierte, sehr populäre Machthaber teilweise grundlegende demokratische Rechte außer Kraft setzen, individuelle Freiheiten einschränken und Oppositionelle kriminalisieren. Es handelt sich in der Regel formal um Präsidialdemokratien, bei denen aber die Exekutive über außergewöhnliche Machtbefugnisse verfügt und informell-faktischen Einfluss auf die Justiz ausübt. Soweit der eigene Machtanspruch nicht gefährdet ist, lassen solche autoritären Regime einen begrenzten gesellschaftlichen Pluralismus zu; dazu bleiben viele formale demokratische Institutionen wie etwa das Parlament bestehen. Zumeist fehlt auch eine konkrete gesamtgesellschaftliche Ideologie, was der Bevölkerung mehr oder weniger große private Freiräume gewährt. Wenn sich das autoritäre Vorgehen gegen gesellschaftliche, ethnische oder politische Minderheiten richtet, rechtfertigen die autoritären Machthaber ihr Handeln mit dem vermeintlichen oder tatsächlichen Willen einer numerischen Mehrheit des „Volkes" und sehen sich in diesem Sinn als echte „Demokraten". Dabei ist der Schutz von Minderheiten keine Frage der Arithmetik, sondern gehört zum substanziellen Kern liberal-demokratischer Gemeinwesen. ■

Demokratie

Eine kurze Entwicklungsgeschichte

Von der Versammlungsdemokratie Athens hin zu den ausgereiften Demokratien der Moderne: Anspruch und Wirklichkeit staatlicher Formen der demokratischen Selbstbestimmung änderten sich vor dem Hintergrund historischer Erfahrungen immer wieder: Ein historischer Streifzug.

Die moderne Demokratie beruht wesentlich auf zwei Ideensystemen, deren Wurzeln bis in die klassische Antike zurückreichen: zum einen das gleiche Recht aller Bürger, über die Politik ihres Gemeinwesens zu entscheiden, zum anderen der individuelle Schutz vor staatlichem Machtmissbrauch. Den Anfang machte Athen im 5. Jahrhundert v. Chr. Hier trat ohne jedes Vorbild eine neuartige radikaldemokratische Ordnung in Erscheinung, die je nach Perspektive als Schreckens- oder Idealvorstellung die verschiedenen praktischen Demokratiemodelle bis zur Gegenwart beeinflusst hat. Zum alleinigen Machtzentrum des kleinflächigen Stadtstaates (Polis) wurde die Volksversammlung, in der alle männlichen, freien und vollberechtigten Bürger Athens regelmäßig zusammenkamen, um ungeachtet ihrer sozialen Stellung über alle politischen Fragen zu beraten und abzustimmen. Es gab keine unabhängige Regierung, keine eigenständige Justiz, keine Amtselite. Mit wenigen fachlich bedingten Ausnahmen waren alle Ämter zeitlich befristet und größtenteils durch Los bestimmt, um keine Machtverfestigungen entstehen zu lassen. Ein eigenes Vermögen war zumindest in der Theorie für das öffentlich Engagement nicht notwendig, denn jeder Bürger wurde für die zeitweise Übernahme politischer Aufgaben bezahlt, und so

konnten, wie Aristoteles bemerkte, wirklich „alle über jeden herrschen und jeder wechselweise über alle". Da die Mehrheitsentscheidungen in der Volksversammlung absolut gesetzt wurden, waren die Beschlüsse oft rein stimmungsabhängig und sehr wechselhaft, was immer wieder zu innenpolitischen Krisen führte. Heute gilt die athenische Polis-Demokratie vielen als Ideal einer unmittelbaren und gleichberechtigten Teilhabe der ganzen Bevölkerung an den Entscheidungen. Doch die später viel rezipierten politischen Philosophen Griechenlands bewerteten die Demokratie abfällig als Willkürherrschaft des „Pöbels", was den Begriff fast zwei Jahrtausende lang unter den Gelehrten diskreditierte.

Die demokratietheoretischen Vorstellungen liberaler Aufklärer wie John Locke, Charles de Montesquieu, Alexander Hamilton oder James Madison kreisten so vor allem um die Frage, wie eine Herrschaft demokratisch legitimiert, gleichzeitig aber die Macht des Volkes begrenzt werden kann. Orientierungspunkt war hier weniger Athen als vielmehr Rom. Zwar war die römische Republik eher eine Aristokratie als eine Demokratie, doch schufen eine strikte Gesetzesherrschaft sowie die Mischverfassung mit ihrer Aufteilung der Macht auf verschiedene Organe die institutionellen Voraussetzungen für ein kontrolliertes und beständi-

WIE DEMOKRATISCH IST DIE WELT?

Der Democracy Index der Economist Intelligence Unit bemisst jährlich auf Basis von fünf Kategorien (Pluralismus, bürgerliche Freiheiten, Funktionsweise der Regierung, Kultur, Partizipation) die Demokratiequalität von Ländern weltweit. 2019 erfüllen danach gerade einmal 22 Länder den Anspruch einer vollständigen Demokratie, als demokratischste Länder wurden insbesondere die skandinavischen Länder, an erster Stelle Norwegen, Island und Schweden identifiziert. Deutschland nahm in dieser Rangliste den 13. Platz ein. Als unvollständige Demokratien gelten 54 Ländern, 37 bilden hybride Mischregime aus demokratischen und autoritären Elementen. Ebenfalls in 54 Ländern fehlen jegliche demokratischen Strukturen.

ges Regierungshandeln. In Kombination mit der griechischen Idee der Volkssouveränität wurden diese politischen Ordnungsprinzipen Ende des 18. Jahrhunderts zum Grundmuster moderner Demokratien ausgebaut. In der beispielgebenden demokratisch-liberalen Verfassung der neu gegründeten USA von 1787/88 bekamen die weißen, männlichen Bürger das Recht, regelmäßig Abgeordnete und Mandatsträger neu zu wählen, die dann in ihrem Namen Gesetze beschließen und die Regierung bestimmen. Dazu wurden die Machtbefugnisse institutionell auf die drei Gewalten Exekutive, Legislative und Judikative aufgeteilt. Diese sollen strikt getrennt voneinander agieren, sich dabei aber gegenseitig kontrollieren. Über allem stand der verfassungsrechtliche Schutz elementarer freiheitlicher Grundrechte (→ Seite 085). Im Jahr 1800 kam es in diesem konstitutionellen Rahmen zum weltweit ersten demo-

kratischen Wechsel einer Regierung. Erste Parteien entstanden, die Interessen bündelten und im politischen Willensbildungs- und Entscheidungsprozess vermittelten.

Das US-Modell einer gewaltenteiligen repräsentativen Demokratie war Vorbild für die bürgerlichen Revolutionäre in Frankreich, die ab 1789 einen nachhaltigen politischen Umbruch in Europa einleiteten. Doch erst im Lauf des 20. Jahrhunderts haben sich demokratische Herrschaftsformen fast überall in Europa durchgesetzt. In England war bereits 1688 das adelige Parlament gegenüber dem König zum eigenen Souverän geworden, wodurch das Land einen eigenen, weitgehend evolutionären Weg zur bürgerlichen Demokratie einschlug. In Frankreich kam es dagegen 1792 zur kurzzeitigen Etablierung einer Republik, die jedoch nach wenigen Jahren im revolutionären Terror unterging. Hier wollten radikale Refor-

LEGISLATIVE

EXEKUTIVE

DEUTSCHLAND

- BUNDESTAG
- BUNDESRAT
- PARLAMENTE DER LÄNDER
- KREISTAG
- GEMEINDERAT

- BUNDESREGIERUNG
- LANDESREGIERUNG
- KREISVERWALTUNG

EU

- RAT
- PARLAMENT
- KOMMISSION

- RAT
- KOMMISSION

USA

YEA! NAY!

- KONGRESS
  (REPRÄSENTANTENHAUS UND SENAT)

PRÄSIDENT

JUDIKATIVE

- BUNDESVERFASSUNGSGERICHT
- GERICHTE DER LÄNDER

- EUROPÄISCHER GERICHTSHOF
(EUGH)

- OBERSTER GERICHTSHOF

mer mit Verweis auf den vermeintlichen Volkswillen nach Rousseau (→ Totalitarismus, Seite 074) eine auf sozialer wie politischer Gleichheit aufbauende demokratische Ordnung erzwingen – unter Missachtung von Mehrheitsverfahren und Menschenrechten. Die folgenden Gewalterfahrungen schürten selbst bei progressiven Kräften lange Zeit die Skepsis gegenüber einer politischen Teilhabe der gesamten Bevölkerung. Konservativ-monarchistische Exekutivmächte gewährten zwar vielerorts bürgerliche Freiheitsrechte, konnten aber lange Zeit ihre Vorherrschaft gegenüber demokratisch gewählten Parlamenten verteidigen. Zudem war das Wahlrecht teilweise noch bis 1918 an Besitz und Stand gebunden. Erst nach dem Ende des Zweiten Weltkriegs 1945 wurde in der zweiten Hälfte des 20. Jahrhunderts die Demokratie in weiten Teilen der Welt zur allgemein angestrebten Staats- und Lebensform. Während sich im kommunistischen Machtbereich noch über Jahrzehnte als sog. Volksdemokratien getarnte Parteidiktaturen halten konnten, etablierten sich zunächst im Westen und dann ab 1989/91 weltweit Demokratien mit allgemeinen, freien und geheimen Wahlen, ausgebautem Rechts- und Sozialstaat sowie mehr oder weniger selbstbewussten Zivilgesellschaften. Sie alle folgen dem Modell einer Parlaments- oder Präsidialdemokratie mit einem jeweils unterschiedlichen Maß an direkten politischen Partizipationsmöglichkeiten. Gerade in der Folge der rebellischen 1960er-Jahre wurden Elemente direkter Demokratie vielerorts ausgeweitet. Laut Demokratie-Index von 2019 stellt knapp die Hälfte aller Länder auf der Welt mehr oder weniger ausgebildete Demokratien dar. Wie gefährdet Demokratien jedoch sind, zeigt der wachsende Populismus, der teils offen die Systemfrage stellt. Bei allen Mängeln bleibt aber die Demokratie die einzige Herrschaftsform, in der die Menschen ihre Angelegenheiten grundsätzlich selbst in die Hand nehmen können. ■

Volkssouveränität

Modelle repräsentativer oder direkter Demokratie

Als „Regierung des Volkes, durch das Volk und für das Volk" definierte einst US-Präsident Abraham Lincoln das Wesen der Demokratie. Dabei kann diese höchst unterschiedliche Ausformungen annehmen. Entscheidend ist jedoch, dass sich jede hoheitliche Handlung letztlich auf eine Legitimation durch die Bürger zurückführen lässt.

Demokratie meint die „Herrschaft des Volkes": So unzweideutig die Definition ist, so umstritten ist seit jeher die Frage, wie dieser hohe Anspruch konkret in die Wirklichkeit umgesetzt werden kann. In der Gegenwart stehen sich vor allem zwei Idealtypen der Demokratie gegenüber, auch wenn sie in real existierenden demokratischen Staaten teilweise miteinander verschränkt sind: Auf der einen Seite findet sich die direkte Demokratie, in der über Volksabstimmungen oder in Gestalt von Volksversammlungen die Staatsbürger unmittelbar politische Entscheidungen über konkrete Fragen treffen können. Auf der anderen Seite steht die repräsentative Demokratie, in der die Staatsbürger in regelmäßigen allgemeinen, freien, gleichen und geheimen Wahlen Vertreter wählen, die in ihrem Namen Entscheidungen fällen und deren Handeln von einer kritischen Öffentlichkeit kontrolliert und diskutiert wird. Üben die Bürger in direktdemokratischen Verfahren politischer Teilhabe die Staatsgewalt selbst aus, nehmen sie

in Repräsentationsformen eher die Rolle von kritischen Beobachtern ein, die am Ende eines bestimmten Zeitraums in einem Wahlakt darüber entscheiden können, ob sie die ihnen verantwortlichen Politiker austauschen wollen oder nicht.

Beide Modelle fußen auf einem unterschiedlichen Verständnis von Demokratie und bergen jeweils andere Risiken und Gefahren: Direkte Demokratiemodelle orientieren sich an der Idee einer echten „Volksherrschaft", einer Herrschaftsform, in der die Regierten gleichzeitig die ei-

gentlichen Regierenden sind. In diesem Sinne versuchten etwa die kurzlebigen sozialistischen Räterepubliken in Ungarn und Bayern nach dem Ersten Weltkrieg eine direkte Demokratie über ein Rätesystem zu verwirklichen. Demnach erhielten die auf der Lokalebene gewählten Räte bindende Weisungen der Bürger und delegierten diese zu Räten auf der nächsthöheren Ebene, die sie genau umsetzen sollten. Auch dem sowjetischen Verfassungssystem lag ursprünglich diese Räteidee zugrunde, die aber durch die kommunis-

> **Die Verfassung, nach der wir leben, vergleicht sich mit keiner der fremden; viel eher sind wir für sonst jemand ein Vorbild als Nachahmer anderer. Mit Namen heißt sie, weil der Staat nicht auf wenige Bürger, sondern auf eine größere Zahl gestellt ist, Volksherrschaft. Nach dem Gesetze haben in den Streitigkeiten der Bürger alle ihr gleiches Teil, der Geltung nach aber hat im öffentlichen Wesen den Vorzug, wer sich irgendwie Ansehen erworben hat, nicht nach irgendeiner Zugehörigkeit, sondern nach seinem Verdienst.**

Der Athener Staatsmann Perikles in einer Rede über die Demokratie

tische Parteidiktatur ad absurdum geführt wurde. Nicht zuletzt aufgrund solcher historischen Erfahrungen bauen heute praktisch alle Demokratien auf Repräsentationssystemen auf, in denen nur noch einzelne Instrumente direkter Demokratie integriert sind. Dabei zeigen sich in den jeweiligen nationalen Ausgestaltungen durchaus große Unterschiede. In Präsidialdemokratien wie etwa in Frankreich oder den USA wird ein Präsident als Zentrum der Exekutivgewalt von der Bevölkerung direkt oder indirekt über Wahlmänner bestimmt. Beide Staatsoberhäupter verfügen deshalb in ihrer Amtsführung über eine starke Legitimation. In parlamentarischen Demokratien wie der Bundesrepublik Deutschland wird der Regierungschef durch die Mehrheit der Abgeordneten bestimmt. Diese werden von den Bürgern gewählt und sind in ihren Entscheidungen theoretisch nicht weisungsgebunden. Die meisten demokratischen Repräsentativverfassungen kennen zusätzliche plebiszitäre Elemente: Hierzu gehören Petitionen, mit denen Bürger ein bestimmtes An-

liegen dem Parlament zur Kenntnis bringen, oder Volksbegehren, die in einer konkreten Frage ab einer bestimmten Anzahl von Unterstützern die Ausarbeitung eines Gesetzes verlangen.

Nichtsdestotrotz setzen liberal-repräsentative Demokratien prinzipiell eher auf eine Kontrolle von Eliten und gesellschaftlichen Pluralismus (→ Seite 085) als auf die Durchsetzung eines vermeintlich einheitlichen „Volkswillens". Die Gefahr, dass sich dadurch an Einzelinteressen orientierte Elitenkartelle bilden und der Instinkt für Bedürfnisse der breiten Bevölkerung verloren geht, ist nicht von der Hand zu weisen. Dabei haben sich unter den Bedingungen der digitalen Kommunikationsrevolution die Möglichkeiten der direkten Teilhabe am politischen Diskurs stark erweitert. Die Kontrolle und Beobachtung der Herrschenden durch eng vernetzte, selbstbewusste Bürger ist schärfer und unerbittlicher denn je. Jenseits der klassischen Institutionen war die demokratische Vielfalt nie größer. ∎

Pluralismus und Grundrechte

Das Konzept der offenen Gesellschaft

Ohne Anerkennung von sozialer Vielfalt und von Menschenrechten ist keine freiheitliche Demokratie vorstellbar. Ein offenes politisches System kann gesellschaftliche Dynamiken aufnehmen und Fehlentwicklungen korrigieren, bleibt aber stets gefährdet.

Ob Demokratie wirklich gelingt, ist abhängig von der grundlegenden Akzeptanz eines gesellschaftlichen Pluralismus und der prinzipiellen Einigkeit über die Verfahren, wie unterschiedliche Interessen und Zielsetzungen geklärt werden können. Ohne dass Menschen anderen Meinungen, Interessen und Lebensentwürfen die gleiche Berechtigung zusprechen wie den eigenen, ist kein freies politisches und gesellschaftliches Zusammenleben möglich. Die freiheitlich-demokratische Ordnung basiert im Gegensatz zu autoritären-diktatorischen Regimen auf der Grundannahme, dass keine einzelne Person und keine Institution das für alle Menschen Beste im Voraus erkennen kann, sondern sich „richtige" Entscheidungen erst aus dem Ausgleich der legitimen Einzelinteressen aller ergeben und selbstverständlich wieder verändert werden können: Mehrheiten bestimmen in einer Demokratie idealtypischerweise die Richtung der Politik. Der freiheitliche Staat hat zuvorderst die Aufgabe, die gesetzlichen und institutionellen Voraussetzungen dafür zu schaffen, dass sich alle Menschen an diesen gesellschaftlichen Aushandlungsprozessen beteiligen können.

Zentrales Kennzeichen eines freiheitlichen Staates ist die Garantie von einklagbaren individuellen Grundrechten wie Meinungs-, Glaubens-, Gewissens- und Vereinigungsfreiheit sowie das Verbot von Diskriminierung jedweder Art. Zudem muss strukturell gewährleistet sein, dass die Macht von Instanzen, Institutionen und Organen ausbalanciert ist und Gegenmacht organisiert werden kann. Denn eine gesellschaftliche Minderheit wird nur dann in konkreten Einzelfragen Mehrheitsentscheidungen akzeptieren, wenn sie darauf vertrauen kann, dass sie eine faire Chance hatte, selbst zu einer Mehrheit zu finden.

Für diese pluralistische Organisation von Gesellschaft hat der österreichisch-britische Philosoph Karl Popper den Begriff der „offenen Gesellschaft" geprägt. Deren größte Stärke ist es, im freien Wettstreit neue Wege zu beschreiten und Irrtümer friedlich korrigieren zu können. Im Gegensatz zu den geschlossenen, „totalitären" Gesellschaften, die sich abkapseln, unterliegen „offene" Gesellschaften ständigen Wandlungsprozessen, weil sich das Etablierte stets gegenüber dem Neuen bewähren muss. ◼

Kapitel 4

Institu-
tionen,
Instanzen
und
Strukturen

Die Qual der Wahl(-systeme)

Mehrheitswahl oder Verhältniswahl?

Demokratische Macht wird gewöhnlich durch Mehrheitsentscheidungen in einer Wahl zwischen politischen Alternativen legitimiert. Dabei unterscheiden sich die angewandten Wahlmodelle teils erheblich und charakterisieren so das jeweilige nationale Regierungs- und Parteiensystem.

Deutschland	personalisiertes Verhältniswahlrecht	Listenwahl, bei der gleichzeitig ein Teil der Abgeordneten vom Wähler direkt gewählt wird
Großbritannien, USA	relatives Mehrheitswahlrecht in Einerwahlkreisen	Einstufiges Wahlverfahren. Der Wähler entscheidet in festgelegten Wahlkreisen direkt über die Abgeordneten. Gewählt ist der Kandidat, der die meisten Stimmen erhalten hat.
Frankreich	romanisches Mehrheitswahlrecht in Einerwahlkreisen	Zweistufiges Wahlverfahren; erreicht ein Kandidat in einem ersten Wahlgang nicht die absolute Mehrheit, treten die Kandidaten mit den meisten Stimmen in einer Stichwahl an, dann entscheidet relative Mehrheit
Italien	Grabenwahlsystem	Nebeneinander von zwei unterschiedlichen Wahlsystemen, meist Mehrheits- und Verhältniswahlrecht
Israel	reines Verhältniswahlrecht	Wähler stimmen nur für Parteien und nicht für Kandidaten; der Mandatsanteil der Parteien im Parlament ist proportional zum Anteil der Stimmen bei der Wahl

Die Entscheidungsträger in den relevanten politischen Institutionen eines Landes wählen zu dürfen ist eine der wichtigsten Teilhabemöglichkeiten einer Bevölkerung an der politischen Willensbildung. Das Wesen demokratischer Wahlen besteht darin, frei und in regelmäßen Abständen zwischen echten politischen Alternativen entscheiden zu können und damit letztlich auch „schlechte Herrscher ohne Blutvergießen, ohne Gewalt loszuwerden", wie der österreichisch-britische Philosoph Karl Popper anmerkte. Wahlen funktionieren so gleichsam als Bindemittel zwischen Staat und Gesellschaft: Sie koppeln die Rekrutierung der politischen Elite auf allen Ebenen an die regelmäßige Interessenartikulation der Bevölkerung und legitimieren politische Machtausübung für einen bestimmten Zeitraum. Im Zuge jahrhundertelanger Auseinandersetzungen mit überkommenen Obrigkeiten ist in Demokratien ein Wahlrecht erkämpft worden, das auf dem Prinzip der Gleichheit und Freiheit aufbaut. Alle gesunden, volljährigen Staatsbürgerinnen und Staatsbürger haben ungeachtet von Geschlecht, Herkunft oder Bildung das Recht zu wählen bzw. gewählt zu werden. Dabei hat jede Stimme das gleiche Stimmgewicht. Um die Freiwilligkeit der Stimmentscheidung zu gewährleisten, muss das Wahlgeheimnis gesichert sein: Anonymität als Schutz der individuellen Freiheit vor gesellschaftlichem Gruppendruck. So gibt es auch nur in wenigen Demokratien eine Wahlpflicht. Die zwischen einzelnen Ländern bestehenden traditionellen Niveauunterschiede der Wahlbeteiligung hängen auch mit unterschiedlichen Modalitäten der Wählerregistrierungen zusammen: Während in Deutschland alle Wahlberechtigten automatisch eine Wahlbenachrichtigung erhalten, müssen etwa in den USA die Wähler selbst aktiv werden, um sich in das Wahlregister eintragen zu lassen.

Freie, gleiche, geheime und allgemeine Wahlen gehören zum Grundprogramm aller echten Demokratien. Länderspezifische Unterschiede zeigen sich jedoch in den jeweiligen Wahlverfahren, mit denen man die abgegebenen Stimmen in Entscheidungen über Ämterbesetzung oder Sitzverteilung in Repräsentativgremien überträgt. Typischerweise wird zwischen Mehrheits- und Verhältniswahlrecht differenziert, wobei die Modelle in vielen Ländern teilweise in komplexer Form miteinander kombiniert werden. In Mehrheitswahlsystemen ist das Staatsgebiet in Wahlkreise aufgeteilt, in denen verschiedene Kandidaten von Parteien um jeweils einen zu vergebenden Parlamentssitz wetteifern. Derjenige Parteivertreter gewinnt das Mandat, der entweder die relative oder die absolute Mehrheit der Stimmen in dem Wahlkreis gewinnt. Unabhängig von der konkreten Gesamtstimmenzahl im Land gewinnt diejenige Partei die meisten Parlamentssitze, deren Kandidaten die Mehrzahl der Wahlkreise errungen haben. Da das Verfahren nur den Sieger belohnt und damit große Parteien klar bevorteilt, sind die Länder mit betontem Mehrheitswahlrecht wie etwa Großbritannien und die USA ausgesprochene Wettbewerbsdemokratien zwischen zwei großen Parteien. Auch der US-Präsident wird nach dem „Winner-takes-it-all"-Prinzip gewählt. Zielen Systeme des Mehrheitswahlrechts auf Machteffizienz, streben Modelle der Verhältniswahl eine genaue Spiegelung der politischen Präferenzen der Wählerschaft an. Sie stellen sicher, dass die Parteien proportional zu ihren in den Wahlen erreichten Stimmen im Parlament vertreten sind. Wenn Partei „A" 15 und Partei „B" 30 Prozent der Stimmen bekommen hat, müssen diese Parteien auch 15 bzw. 30 Prozent der Sitze im Parlament erhalten. Die Folge ist häufig eine stärkere parteipolitische Zersplitterung des Parlaments, was zu komplizierten Regierungskoalitionen führen kann. In Ländern mit einem ausgeprägten Verhältniswahlrecht wie Italien oder Deutschland geht daher die Tendenz eher zu einer Konkordanzdemokratie, die stärker auf Kompromissfindung als auf Konflikt aufbaut. ▪

Gewaltenteilung

Die Ausbalancierung von Macht

Die Gewaltenteilung ist Kern rechtsstaatlicher Demokratien und dient der Machtkontrolle wie -begrenzung. Dabei werden abseits der traditionellen Institutionen zivilgesellschaftliche Instanzen immer wichtiger. Eine kurze Geschichte der politischen Machtverteilung.

Die Idee der Gewaltenteilung zielt auf eine Mäßigung politischer Herrschaft ab, um den Missbrauch von individueller und gesellschaftlicher Freiheit zu verhindern. Sie war in der Antike eng mit einer politischen Ordnungsvorstellung verbunden, die vom gesamtgesellschaftlichen Nutzen einer engen Verzahnung unterschiedlicher politischer Organisationsformen ausging: Griechische Polittheoretiker versprachen sich gesellschaftlichen Frieden und politische Beständigkeit von einer „gemischten Verfassung", die Elemente der drei „guten" Verfassungsformen Monarchie, Aristokratie und Politie ausgleichend miteinander kombiniert und damit die relevanten gesellschaftlichen Gruppen harmonisch in das Gemeinwesen integriert. Polybios erklärte etwa die Stabilität des Römischen Reichs mit dessen republikanisch-aristokratisch-demokratischer Mischverfassung.

Die aufklärerischen Konzeptionen von John Locke und vor allem von Charles de Montesquieu übernahmen diese tradierte Vorstellung einer verfassungsmäßig austarierten Machtbalance und kombinierten sie mit der modernen Idee der

bürgerlichen Freiheit sowie dem neuen Konzept der institutionellen Gewaltentrennung. Locke war einer der Ersten, die verlangten, dass das Recht, Gesetze zu machen, nicht in der Hand desjenigen liegen darf, der die Gesetze ausführt, da dies fast automatisch zu Machtmissbrauch führen wird. Vielmehr sollte die Legislative durch ein Parlament und die Exekutive durch einen

Monarchen vertreten sein, die Staatsgewalt also institutionell aufgefächert werden. Montesquieu entwickelte Lockes Ansatz zur Theorie der staatlichen Gewaltenteilung weiter: In einem rechtmäßigen Staat, so Montesquieu, müssen die drei zentralen Staatsgewalten Legislative (Gesetzgebung), Exekutive (Regierung und Verwaltung) und Judi-

kative (Rechtsprechung) grundsätzlich von unterschiedlichen Staatsorganen ausgeübt werden und sich in einem abgestimmten Gleichgewicht gegenseitig kontrollieren. In seinem Modell bilden eine Volks- und Adelskammer gemeinsam die Legislative, ein Monarch nimmt die Exekutive wahr und unabhängige Gerichte sorgen für die Rechtsprechung.

Die Gründerväter der USA passten Montesquieus Theorie der Gewaltenteilung republikanischen Vorstellungen an und bauten sie in der Verfassung von 1787/88 zu einem umfassenden System von sog. Checks and Balances (→ Präsidialdemokratie, Seite 110) aus, das zum Vorbild vieler föderal strukturierter Demokratien wurde. Die horizontale Machtaufteilung auf drei selbstständige Staatsorgane – Kongress, Präsident und Supreme Court – wurde ergänzt durch eine vertikale Differenzierung zwischen der Zentralebene und den Mitgliedsstaaten. Hinzu kam im Sinne einer weiteren Dezentralisierung die Übertragung mehrerer rechtlicher und staatlicher Aufgaben auf verschiedene vertikale Kompetenzebenen, auf denen eigenständige Entscheidungen getroffen werden können. Gerade in Deutschland ist der Föderalismus (→ Seite 100) mit seiner Unterscheidung von Befugnissen zwischen Bund und Einzelstaaten ein zentrales Element der angestrebten Machtbalance.

Heute gilt die Übernahme der Exekutive, Legislative und Judikative durch idealerweise voneinander unabhängige Staatsorgane als substanzielles Prinzip der Demokratie. Sie ist in praktisch allen schriftlichen demokratischen Verfassungen an vorderster Stelle verankert. Dabei findet eine Machtkontrolle zwischen Exekutive und Legislative in den meisten Demokratien kaum mehr in der ursprünglich angedachten Form statt. Beide Gewalten sind gerade in parlamentarischen Systemen personell und funktional eng miteinander verbunden. Die Kontrolle der tendenziell immer mächtigeren Regierung (→ Parlamente, Seite 094) in Demokratien ist heute faktisch Aufgabe vor allem der parlamentarischen Opposition – und einer pluralistischen Zivilgesellschaft mit ihrer großen Vielfalt an Verbänden, Bürgerinitiativen, Vereinen und Stiftungen. Diese Akteure können über eine mediale Öffentlichkeit Druck auf Politik ausüben. Freie Medien gelten deswegen auch als inoffizielle „Vierte Gewalt". ▨

Regierungen

Macht und Ohnmacht der Exekutive

Auch in gewaltenteiligen Demokratien fokussiert sich das politische Anspruchsdenken der Bevölkerung vor allem auf die Regierung. Dabei ist die Frage der tatsächlichen und möglichen Leistungsfähigkeit von Regierungen umstritten. Wie regierbar sind komplexe demokratische Gesellschaften überhaupt?

Die Regierung als allumfassende Staatsgewalt, die das Land mit klarem politischen Ziel lenkt und führt – dieses traditionelle, sich historisch am Absolutismus orientierende Verständnis von Regierung spiegelt sich heute noch in dem Selbstbild von Diktatoren und Autokraten wider. Die Herrscher inszenieren sich gerne als durchsetzungsstarke Alphatiere, deren politischer Wille Gesetz ist. Die Vorstellung von einer politisch allzuständigen Regierung ist auch in Demokratien höchst lebendig und wird dabei nicht zuletzt von den Boulevardmedien befeuert. Ob deutscher Bundeskanzler, britischer Premierminister, italienischer Ministerpräsident oder französischer oder US-amerikanischer Präsident: Der jeweilige nationale Regierungschef ist immer noch die zentrale Projektionsfigur, die für das Gelingen oder Scheitern von politischen Maßnahmen, für politisches Handeln und Unterlassen persönlich verantwortlich gemacht wird. Von vielen wird die Regierung mit dem Staat schlechthin gleichgesetzt, was der komplexen Wirklichkeit in gewaltenteiligen Demokratie nicht entspricht. Wie viel Macht hat eine Regierung wirklich in einer demokratischen Gesellschaft?

Verfassungsrechtlich ist die Regierung die politische Spitze der Exekutive, der die Leitung und Gesamtkoordinierung eines staatlichen Gemeinwesens obliegt. Oberstes Regierungsorgan ist in der Regel das Kabinett, ein Gremium von Fachministern, dem der entweder direkt von der Bevölkerung oder von der Volksvertretung gewählte Regierungschef vorsitzt. Eigentliche Regierungsaufgabe ist die Ausführung der Gesetze durch einen weitverzweigten, höchstqualifizierten Verwaltungsapparat. Gerade durch ihre fachliche Expertise spielen Regierungs- und Ministerialbehörden oft eine Initialrolle bei der inhaltlichen Konzipierung und Ausrichtung von allen relevanten Politikfeldern. Insbesondere in außenpolitischen Fragen agieren sie oft verfassungsrechtlich oder faktisch quasi allein federführend.

Wenn die Regierung über parteipolitische Mehrheiten in den relevanten Zustimmungs- und Kontrollgremien verfügt, hat sie tendenziell einen breiten politischen Gestaltungsspielraum, wobei eine gewisse „Schwerregierbarkeit" für jede Demokratie geradezu systemtypisch ist. Bis ein Gesetzesentwurf tatsächlich Gesetz wird, muss er zahlreiche politische Institutionen durchlaufen. Die Klagemöglichkeiten von Bürgern sowie in föderalen Staaten das Mitspracherecht von Einzelländern mit unterschiedlichen Eigeninteressen führen dazu, dass oft schwierige neue Kompro-

missbildungen nötig sind und Gesetzesvorhaben dann nicht unwesentlich verändert, wenn nicht ganz fallengelassen werden. Dazu hat die Entgrenzung von Politik infolge der Globalisierung die realen Handlungsoptionen von nationalen Regierungen noch stärker eingeschränkt, was mit der Erwartungshaltung der Bevölkerung an staatliche Leistungen und Regelungen kollidiert. Ein jahrezehntelanger Ausbau des Wohlfahrts- und Interventionsstaats hat zumeist zu einer Aufblähung des Beamtenapparats geführt, was paradoxerweise eine zentrale, politisch eindeutige Steuerung immer schwieriger macht. Angesichts der oft langwierigen, nicht selten intransparenten Entscheidungsprozesse in polyzentrischen pluralen Demokratien hat die Regierung faktisch nicht immer die Durchsetzungskraft, die sie oft selbst gerne gegenüber ihren Bürgern suggeriert. Können vielstimmige, auf Langsamkeit aufbauende Demokratien mit autoritären Regimen, die auf vermeintliche Effizienz und Unterordnung abzielen, überhaupt auf Dauer mithalten? In den jüngsten Krisen haben demokratische Regierungen jedoch immer wieder bewiesen, dass sie durchaus wirkungsvoll und schnell handeln können. Sowohl in der Finanzkrise 2008 als auch in der Pandemie-Krise 2020 wurden vielerorts im rechtlichen Schnellverfahren Gesetze und Maßnahmen auf den Weg gebracht, die signifikante Einschnitte im gesellschaftlichen Ordnungsgefüge bedeuteten. Krisen sind auch in Demokratien die Stunde der Exekutive. ∎

Parlamente

Die Herzkammern der Demokratie

Das Parlament ist das zentrale, gewählte Repräsentationsorgan in jeder Demokratie und in parlamentarischen Regierungssystemen zudem die wichtigste Schnittstelle zwischen Regierung und Bevölkerung. Mit der Gesetzgebung obliegt der Volksvertretung der Kernbereich demokratischer Praxis.

Der Kampf um die politische Demokratie war stets eng mit dem Bestreben der Bürger verbunden, ein Mitspracherecht bei der Gestaltung von Gesetzen zu erlangen, denen sie unterworfen sind. Außerdem ging es immer auch um das Geld, das die Obrigkeit dem Volk abverlangte. So waren es nicht zuletzt Steuererhöhungen, die im letzten Drittel des 18. Jahrhunderts die Revolution in den britischen Kolonien Nordamerikas auslösten. Die dortigen Siedler wollten keine Steuern mehr zahlen, die weit weg von einem Parlament beschlossen wurden, an dessen Zusammensetzung und Entscheidungsbildung sie nicht beteiligt waren. „Keine Steuern ohne Mitbestimmung" lautete ihr Schlachtruf, der schließlich zur staatlichen Selbstständigkeit und Gründung der USA führte. Dabei konnten sich die Kolonisten in ihren Forderungen auf die britische Verfassungspraxis selbst berufen, die die Einführung von neuen Abgaben an die Zustimmung des Parlaments band.

In England hatte sehr früh eine vorsichtige Demokratisierung der Legislative eingesetzt, die institutionell mit der Ausbildung eines Parlaments einherging (→ Seite 104). Bereits 1215 wurden in der sog. Magna Carta der Königsmacht rechtliche Grenzen gesetzt und Privilegien des Adels festgeschrieben, was zu einem stän-

dig tagenden adeligen Kontrollausschuss führte. Diese Art eines vormodernen Parlaments wandelte sich im Laufe der Jahrhunderte in einem evolutionären Prozess von einem Beratungsgremium über eine eigenständige Entscheidungsinstanz des Adels hin zu einem von der gesamten Bevölkerung gewählten demokratischen Souverän mit dem Recht, eigenverantwortlich den Staatshaushalt aufzustellen und Gesetze zu verabschieden. Gleichzeitig löste sich das Kabinett der Minister vom unmittelbaren Einfluss des Monarchen und entwickelte die moderne, in parlamentarischen Systemen typische Abhängigkeit der Regierung vom Vertrauen des Parlaments. Nicht nur in Großbritannien etablierte sich die Volksvertretung schließlich als das entscheidende politische Gravitationszentrum der Demokratie. Seine zentralen Machtbefugnisse sind nach wie vor die Gesetzgebung und das Budgetrecht.

Auch wenn sich Verfahrens- und Arbeitsweisen je nach historischer Genese teils erheblich unterscheiden – in allen demokratischen Ländern ist das Parlament das eigentliche Organ der Volksrepräsentation und durch eine Wahl der Bevölkerung unmittelbar demokratisch legitimiert. Als oberste Gesetzgeber bestimmen die Abgeordneten stellvertretend für die Bevölkerung zumindest in der Theorie frei und all-

>> **Seiner Funktion nach darf der Abgeordnete kein Zyniker sein, schließt doch Zynismus die Zustimmung zur Zerstörung ein und enthält so eine Absage an den Humanismus, dem sich das Parlament verdankt und den es immer wieder auf den neuesten Stand bringen sollte.** <<

Roger Willemsen in *Das Hohe Haus. Ein Jahr im Parlament*

gemeinverbindlich über die Regelung aller politischen Anliegen. Öffentliche Debatten sollen die politischen Konflikte transparent machen. In diesem Sinn fungiert das Parlament auch als Schaufenster praktizierter Demokratie sowie als institutionelle Schnittstelle zwischen Volk und Staatsmacht. Über Sprechstunden, öffentliche Termine und Veranstaltungen in Wahlkreisen sind die Parlamentarier in dauerndem Kontakt mit Bürgern, Organisationen und Akteuren im vorpolitischen Raum. So können sie die Anliegen in die parlamentarischen wie innerparteilichen Entscheidungsprozesse einbringen und erhalten Rückmeldung über die Wirkung verabschiedeter Gesetze.

Die Rolle der Parlamente und die jeweiligen Gesetzgebungsverfahren sind in präsidialen und parlamentarischen Regierungssystemen sehr verschieden. In Präsidialdemokratien wie in Frankreich oder den USA ist die Legislative institutionell, personell und funktional klar von der Exekutive getrennt, deren Spitze durch Direktwahl originär demokratisch legitimiert ist. Dagegen sind in parlamentarischen Regierungssystemen wie in Deutschland, Großbritannien oder Italien Regierung und Parlament eng miteinander verbunden. Hier obliegt es dem Parlament, die Regierung zu bilden und zu kontrollieren. Ebenso rekrutiert die Exekutive ihr Personal zum Großteil aus dem Parlament und ist vom Vertrauen der Mehrheit abhängig. Wo der eine Teil des Parlaments die Politik der Regierung mitträgt, entwirft der andere Teil inhaltliche Alternativen und kann durch Ausschüsse oder andere Informations- und Kontrollinstrumente Regierungsmitglieder zur Auskunft zwingen.

Diese institutionellen Unterschiede zeigen sich auch in der Art der Zusammenarbeit im Gesetzgebungsverfahren. So hat etwa in den USA allein der Kongress das Initiativrecht für Gesetze. Dem Präsidenten bleibt die Möglichkeit des aufschiebenden Vetos, das jedoch mit einer Zweidrittelmehrheit in beiden Kammern zurückgewiesen werden kann. Diesem Prinzip der relativen Konfrontation steht in parlamentarischen Systemen das Prinzip der Kooperation entgegen. Hier können Gesetzesvorlagen sowohl von der Regierung als auch vom Parlament – und in Bundesstaaten zumeist auch von den Gliedstaaten – eingebracht werden. Die letzte Entscheidung über einen Gesetzesbeschluss fällt die Mehrheit im Parlament. Dem geht ein oft langwieriger innerparlamentarischer Verhandlungsprozess voraus, der in der Regel einem bestimmten Ablauf folgt: Der Gesetzentwurf wird nach seiner Erarbeitung in einer ersten Lesung vom Parlament diskutiert und dann in die Fachausschüsse verwiesen, wo Experten und Sachverständige ihn in teils öffentlichen Anhörungen beraten. Mit einer Empfehlung kommt die Vorlage ins Plenum zurück, wo der Entwurf in zweiter und dritter Lesung diskutiert und anschließend zur Abstimmung gestellt wird. Das Prozedere weist von Land zu Land andere Schwerpunkte auf. Wo wie im US-Kongress die Gesetzesarbeit vor allem in den Ausschüssen stattfindet, spricht man von einem Arbeitsparlament. Wenn das Gewicht wie im britischen Unterhaus auf der Plenardebatte liegt, wird gerne von einem Redeparlament gesprochen. Dieses älteste demokratische Parlament der Welt legt besonderen Wert auf eine medienwirksame Öffentlichkeit: Die Bevölkerung soll sehen können, wie in ihrem Namen um Gesetze gerungen wird. ▪

Der Rechtsstaat

Das schwierige Verhältnis von Justiz, Politik und Bürgern

Demokratien sind Rechtsstaaten, in denen Politik und Gesellschaft an eine menschenrechtsorientierte Rechtsordnung und an Urteile einer unabhängigen Rechtsprechung gebunden sind. Dabei werden die nur juristischen Grundsätzen verpflichteten Richter durch Politiker besetzt – ein unauflösbarer Widerspruch?

Im modernen Verständnis sind Politik und Recht untrennbar aufeinander bezogen. Ziel jeder Politik ist es (oder sollte es zumindest sein), gesellschaftliche Einzelinteressen im Kontext allgemein verbindlicher Rechtsnormen zu berücksichtigen: sie nicht zu bevorzugen, aber auch nicht ohne Weiteres unberücksichtigt zu lassen. Rechtsnormen bilden in den meisten Ländern die Grundlagen für die Rechtsprechung in konkreten Rechts- und Streitfragen. Recht ist so letztlich Hauptgegenstand wie Ergebnis jeder Politik.

Was hierbei Demokratien und Diktaturen grundlegend unterscheidet, ist die Antwort auf die Frage, was Vorrang haben soll: Recht oder Politik. Hat sich die Politik am Recht auszurichten oder doch umgekehrt? Dient das Recht in Diktaturen nur als Instrument eines absolut gesetzten politischen Willens, unterwirft sich die Politik in Demokratien freiwillig der Herrschaft des Rechts – in dreifacher Hinsicht. Zunächst sind alle gesetzten Regelungen an die Übereinstimmung mit höherrangigen moralischen Werten gebunden, worunter zentral die unveräußerlichen Menschenrechte wie das Recht auf Leben, Freiheit und Unversehrt-

heit sowie die bürgerlichen Abwehrrechte gegenüber dem Staat wie das Recht auf Meinungsfreiheit fallen. Zweitens kann neues Recht nur geschaffen werden, wenn wie bei der Gesetzgebung strenge Verfahrensvorschriften eingehalten werden. Vor allem aber hat drittens jeder Bürger das Recht, gegen staatliche Gesetze zu klagen und vor Gericht zu ziehen. Grund- und Freiheitsrechte sowie Rechts- und Verfahrenssicherheit stellen also die beiden wesentlichen Elemente des modernen Rechtsstaats dar, die in Demokratien der staatlichen Macht Grenzen setzen und jede Politik binden. Schließlich bleibt durch die Rechtsschutzgarantie des Einzelnen jedes Handeln der politischen Organe rechtfertigungspflichtig und damit das Prinzip der individuellen Freiheit gewahrt. In Demokratien steht das Recht also ideell über der Politik.

Die Rechtmäßigkeit politischer Herrschaft zu kontrollieren und konkret über Legalität von Gesetzen und Vorschriften zu entscheiden obliegt in Demokratien in der Praxis den Gerichten, die als dritte Gewalt in der Theorie politisch wie institutionell völlige Unabhängigkeit genießen und

auf juristische Fachexpertise aufbauen. Urteilt die Justiz in Diktaturen nach politischen Vorgaben, hat sie in Demokratien allein die konkrete Gesetzeslage zu bewerten. Dabei kommen in den westlichen Ländern traditionell unterschiedliche Rechtssysteme zur Anwendung: einerseits das in Kontinentaleuropa übliche, am Römischen Recht geschulte Civil Law, das die Rechtsprechung in erster Linie an dem geschriebenen Gesetzestext und der Intention des Gesetzgebers ausrichtet. Andererseits das aus England stammende, besonders in angelsächsischen Ländern übliche Common Law, das sich vor allem an Prinzipien, Richtlinien und Urteilen tradierter Rechtsprechung orientiert. Dabei trennt insbesondere das Civil Law eindeutig zwischen dem Privatrecht, das die Rechtsbeziehungen der Menschen untereinander regelt, und dem öffentlichen Recht, das die Rechtsbeziehungen des Einzelnen zu den öffentlichen Gewalten wie Staat, Gemeinden oder öffentliche Körperschaften (Hochschulen, Krankenkassen etc.) ordnet.

Die verabschiedeten Gesetze letztgültig auf ihre Verfassungskonformität zu überprüfen fällt in den Zuständigkeitsbereich des obersten nationalen Verfassungsgerichts, das in den angelsächsischen Ländern gleichzeitig das oberste Gericht des Landes darstellt. Dabei zeigt sich an dieser Stelle deutlich, wie in der Praxis das Justizsystem nicht klar vom Politsystem zu trennen ist, wie sehr Recht und Politik eine Symbiose bilden. Denn die stark politisch eingefärbten Prozeduren bei der Ernennung der obersten Richter stellen faktisch das theoretische Gebot der institutionellen Unabhängigkeit immer wieder infrage. So werden die Bundesrichter des US-amerikanischen Supreme Court, die auch über das Handeln des Präsidenten urteilen, vom Präsidenten selbst ernannt und müssen vom Senat bestätigt werden – in dem ggf. die Regierungspartei die Mehrheit besitzt. Auch in Deutschland erfolgt die Berufung der Verfassungsrichter sowie der obers-

ten Richter der Bundesgerichtshöfe durch den Bundesfachminister sowie ein Wahlgremium aus Mitgliedern des Bundestags und des Bundesrats. Allein durch die formalen Abläufe sind Entwicklungen wie in Polen und Ungarn, wo eine deutliche Politisierung der Justiz zu beobachten ist, kaum zu verhindern. Doch sind Vorschläge, dass juristische Experten selbst höchste Richterämter besetzen, bislang stets vor allem mit dem Verweis auf die besondere politische Verantwortung abgewiesen worden. Wer über die höchte Entscheidungsgewalt verfüge, müsse breit demokratisch legitimiert sein – und das sei eben nur mittelbar über die unmittelbar demokratisch legitimierten Mandatsträger möglich, lautet die Argumentation. Letztlich gilt wohl auch für die Rechtsprechung: Ob Demokratie gelingt, hängt immer in besonderem Maße von der demokratischen Gesinnung der Entscheidungsträger ab.

Doch nicht nur die juristischen Eliten, sondern auch die Bürger tragen Verantwortung für die Glaubwürdigkeit und Integrität des Rechtsstaats. Jeder Bürger hat die Möglichkeit, hoheitliche Entscheidungen über das Verwaltungsgericht anzufechten, wenn er sich in seinen Rechten verletzt glaubt. Damit jeder Einzelne sein Widerspruchsrecht faktisch geltend machen kann, gewähren die meisten Staaten Bedürftigen staatliche Zuschüsse. Entsprechend nehmen die Klagen in den westlichen Ländern ständig zu, was etwa die Durchführung von komplexen staatlichen Großprojekten wie den Bau von Stromtrassen oder Flughäfen immer schwieriger macht. Dass staatliches Handeln letztlich nicht strukturell verunmöglicht wird und Rechtssysteme auch arbeitspraktisch nicht zusammenbrechen, verlangt letztlich von jedem Einzelnen die Überwindung rein egoistischen Denkens. Gemeinsinn und ein Gefühl für die Verhältnismäßigkeit bleiben zivilgesellschaftliche Werte, auf denen der Rechtsstaat zwar aufbaut, die er aber nicht selbst erschaffen kann. ▪

Föderalismus und Subsidiarität

Politik der Bürgernähe und lokale Demokratie von unten

Föderalistische Staaten wie die Bundesrepublik Deutschland integrieren die regionale Vielfalt gezielt in das nationale Politsystem und schaffen so unmittelbare Partizipationsmöglichkeiten der Bevölkerung. Auch die Europäische Union strebt danach, den Kommunen vor Ort möglichst viel Gestaltungsspielraum zu lassen.

Die Ursprünge der kommunalen Demokratie in Europa liegen in den Städten des Mittelalters, wo sich die Eliten früh weitgehende politische und wirtschaftliche Freiheitsrechte erstreiten konnten. Dort entstanden Gemeinwesen, die mit eigener Rechtsordnung und eigenen Vertretungsorganen die gemeinsamen Belange des gemeinschaftlichen Zusammenlebens relativ autonom regelten. So bildeten sich regionale und lokale Eigenheiten heraus, die – oft eingebettet in ein größeres politisches System – teilweise bis heute weiterbestehen. Während mancherorts im Zuge der modernen Staatsbildungsprozesse einzelne Städte zu zentralen politischen, kulturellen und ökonomischen Kraftzentren aufstiegen, bildeten sich an anderer Stelle Politstrukturen heraus, die relativ eigenständige urbane Machtzentren auf unteren Organisationsebenen zuließen. Heute stehen Einheitsstaaten wie Frankreich dezentral organisierten Bundesstaaten wie den USA, Deutschland oder der Schweiz gegenüber.

Letztere delegieren im Sinne einer vertikalen Gewaltenteilung (→ Seite 090) die staatlichen Aufgaben und Steuereinnahmen zwischen dem übergeordneten Gesamtstaat, den teilsouveränen Einzelstaaten (Bundesstaaten, Bundesländern, Kantonen) sowie den kleinflächigen Kommunen und Gemeinden.

Der stufenweise Staatsaufbau der Bundesrepublik Deutschland in Bund, Länder und Kommunen folgt dem Subsidiaritätsprinzip, wonach es gesamtstaatliche Eingriffe nur dann geben soll, wenn die nächst tiefere Hierarchieebene die erforderlichen Leistungen nicht erbringen kann. Auf jeder politischen Ebene gibt es durch Wahlen legitimierte Volksvertretungen sowie Regierungsgremien und Verwaltungsbehörden, die – mit jeweils eigenen Kompetenzen ausgestattet – über ihre jeweiligen Belange entscheiden. So bestimmt etwa die deutsche Bundespolitik die gemeinsame Außenpolitik sowie in der Regel die überregionale Grundausrichtung in den meisten

FÖDERALISMUS IN CORONA-ZEITEN

· · · · · · · · · · · · · · · · · · · ·

Die Vor- und Nachteile eines föderalistischen Systems ließen sich im Jahr 2020 während der Corona-Krise gut in Deutschland beobachten. Aufgrund umfangreicher Kompetenzen und Zuständigkeiten der einzelnen Bundesländer konnten Landesregierungen die Schutzmaßnahmen relativ passgenau am regionalen Infektionsgeschehen ausrichten. Allerdings führte die starke Ausdifferenzierung zu einer von den Bürgern kaum mehr zu überblickenden und schwierig zu kommunizierenden Vielfalt an Verhaltensregeln: War in einer Region etwa der Besuch von Warenhäusern erlaubt, konnte er nur wenige Kilometer entfernt verboten sein.

Politikfeldern; den Ländern obliegt vor allem die Hoheit über den Bildungs- und Kulturbereich, während den Kommunen die Organisation der öffentlichen Daseinsvorsorge vor Ort wie Abfallbeseitigung, öffentlicher Nahverkehr, Sportstätten oder Straßenreinigung zufällt. Im Gegensatz zu den Kommunen verfügen die Bundesländer mit dem Bundesrat sogar über ein eigenes Verfassungsorgan, über das sie am Entstehungsprozess zahlreicher Bundesgesetze mitwirken. Dafür sind die Kommunen räumlich, sozial und personell am engsten mit dem demokratischen Souverän, dem Bürger, verbunden. Gerade Kommunalpolitik erfüllt theoretisch das Versprechen des Föderalismus, eine bürgernahe Demokratie zu ermöglichen. Die vor Ort wichtigsten Politiker sind die Kommunalabgeordneten, von denen außer den Führungskräften alle ehrenamtlich arbeiten, sowie der in der Regel direkt gewählte Bürgermeister. Sie sind zwar in erster Linie mit der konkreten Umsetzung der von Bund und Ländern beschlossenen Maßnahmen vor Ort betraut, sollen aber im Rahmen der Gesetze über die ureigenen Angelegenheiten der örtlichen Gemeinschaften eigenverantwortlich bestimmen können. Viele Gemeindeordnungen sehen die Möglichkeit vor, direkte Bürgerentscheide durchzuführen. Wenn auch eine echte Bürgerdemokratie in der Realität oft an fehlenden Finanzierungsmöglichkeiten und an der administrativen Überforderung angesichts einer Masse an weisungsgebundenen Pflichtaufgaben scheitert, bleibt das demokratietheoretische Ideal der Subsidiarität gerade für legitimationsschwache Großorganisationen wie die Europäische Union sehr attraktiv. Im EU-Vertrag von Lissabon 2009 wurde die Bedeutung der kommunalen Selbstverwaltung besonders herausgestellt. Sie sei als Teil der europäischen Identität nicht nur schützenswert, sondern ausbaufähig. ◼

Verfassungsschutz und Geheimdienst

Wie geheim darf eine Demokratie sein?

Auch demokratische Staaten unterhalten Nachrichtendienste, die Geheimaktionen gegen innere und äußere Feinde durchführen bzw. decken dürfen. Wie widersprüchlich letztlich das Verhältnis zwischen demokratischer Öffentlichkeit und Geheimdiensten bleibt, zeigt der offizielle Umgang mit sog. Whistleblowern.

Sie werden wie der fiktive britische Spion James Bond zu selbstlosen Helden für die gute Sache verklärt oder operieren wie die US-amerikanische CIA und der israelische Mossad als finstere Mächte in verschiedensten Weltverschwörungstheorien: Agenten wie allgemein Geheimdienste haben stets die Vorstellungswelt der Menschen beflügelt, weil sie definitionsgemäß im Dunkeln operieren. Ihre Aufgabe ist das Sammeln und Auswerten von Informationen, die die Sicherheitsinteressen des Staates berühren. Da sie prinzipiell nach dem Opportunitätsprinzip arbeiten, können verdeckte Aktionen erfolgen und dabei bürgerliche Grundrechte wie das Fernsprech- oder Briefgeheimnis außer Kraft gesetzt werden. Bieten Geheim- und Nachrichtendienste den Machthabern in Diktaturen ein naheliegendes Instrument der Herrschaftssicherung, stellen sie freie Gesellschaften, die prinzipiell auf kritischer Öffentlichkeit aufbauen, vor ein kaum aufzulösendes Dilemma: Wie lässt sich ein Geheimdienst demokratisch kontrollieren? Selbst wenn ihre Effizienz als sicherheitspolitische Frühwarnsysteme gerne in Zweifel gezogen wird, die prinzipielle Existenzberechtigung von Geheimdiensten in Demokratien stellen nur noch wenige politische Kräfte grundsätzlich infrage. Jeder demokratische Staat verfügt über mehrere Nachrichtendienste, die innenpolitisch vor allem auf den Schutz der Verfassungsordnung und außenpolitisch insbesondere auf die Abwehr ausländischer Spionage jeder Art abzielen. Im Zuge des weltweiten „Kriegs gegen den Terror" ab 2001 sind im Westen vielerorts die Kompetenzen der Geheimdienste kontinuierlich erweitert worden. Um Willkür und Machtmissbrauch zu verhindern, sind die Dienste theoretisch zahlreichen Kontrollmechanismen unterworfen. In Deutschland gibt es sogar ein eigenes parlamentarisches Gremium. Allerdings ist die Wirksamkeit umstritten, da auch die Kontrolle der geheimdienstlichen Aktivitäten weitgehend unter Ausschluss der Öffentlichkeit erfolgt. Und wie man von offizieller Seite reagiert, wenn unliebsame Informationen ungewollt an die Öffentlichkeit kommen, zeigt der Fall des „Whistleblowers" Edward Snowden. In der Überzeugung, damit verfassungsfeindliches Handeln der USA aufzudecken, spielte der ehemalige IT-Mitarbeiter der CIA im Jahr 2013 britischen und US-amerikanischen Medien geheime Dokumente zu, die das bisher unbekannte Ausmaß der Internetüberwachung durch westliche Geheimdienste belegten. Aus Furcht vor einer langen Gefängnisstrafe suchte Snowden vergebens politischen Schutz in EU-Ländern. Trotz weltweiter Unterstützung lebt er bis heute im Asyl in Russland. So gehen öffentliche Wahrnehmung und Selbstverständnis auseinander: In der Eingangshalle des CIA-Hauptquartiers in Langley bei Washington, D.C. steht bis heute der zweifelhafte (Bibel-)Wahlspruch: „Die Wahrheit wird euch frei machen." ■

Parlaments- demokratie (1)

Das politische System des Vereinigten Königreichs

Die parlamentarische Monarchie des Vereinigten Königreichs von Großbritannien und Nordirland ist ein historisch gewachsenes Politgebilde eigener Art. Es verbindet traditionelle Feudalinstitutionen mit einer fast allmächtigen Parlamentsregierung, was das tiefe Vertrauen der Briten in die eigene demokratische Tradition dokumentiert.

Das Königreich England war stets die Hegemonialmacht auf den Britischen Inseln und ist mit seiner Hauptstadt London noch heute das Kraftzentrum von Großbritannien und Nordirland. Das Vereinigte Königreich bildet den staatlichen Rahmen der vier Nationen England, Wales, Schottland und Nordirland und stellt als Erbmonarchie mit einem parlamentarischen Regierungssystem die politische Ausformung der besonderen britischen Demokratiegeschichte dar. Bereits im Mittelalter begann im Königreich England ein fast evolutionärer Prozess der Demokratisierung, der kontinuierlich die politische Macht immer mehr von der Krone zum Parlament verschob. Mit der Wandlung zu einer echten Volksvertretung im Jahr 1928 wurde das Londoner Parlament zum machtpolitischen Kern einer parlamentarischen Monarchie, die bis heute keine in einem Dokument ausformulierte Verfassung kennt. Die Funktionen der wesentlichen politischen Institutionen

Monarch, Regierung und Parlament sowie ihre Beziehungen zueinander haben sich im Verlauf der Jahrhunderte aus Gesetzes- und Gewohnheitsrecht entwickelt. Da so jedes Gesetz quasi Verfassungsrang hat, geht alle Macht letztlich von der gesetzgebenden Gewalt aus. Das britische Regierungssystem fußt heute wesentlich auf dem theoretischen Grundsatz der absoluten Parlamentssouveränität. In seinem monarchischen Gewand will es althergebrachte Traditionen mit der politischen Dynamik offener Gesellschaften versöhnen.

Monarch und Oberhaus stellen die Kontinuität mit der aristokratischen Vergangenheit her, üben aber kaum noch einen politischen Einfluss aus. Der Monarch ist das formelle Staatsoberhaupt des Königreichs und nimmt ausschließlich repräsentative Aufgaben wahr. Das Oberhaus, das House of Lords, ist der adelige Teil des Zweikammerparlaments, wobei seine Mitglieder heute weniger dem

> **(Der König stimmt zu, dass die)** Befugnis zur Aussetzung der Gesetze oder ihrer Anwendung durch königliche Autorität ohne Zustimmung des Parlaments illegal ist; dass (...) die Erhebung von Abgaben und deren Nutzung durch die Krone ohne Zustimmung des Parlaments für längere Zeit (...) illegal ist; dass Einrichtung und Unterhalt einer stehenden Armee innerhalb des Königreichs während Friedenszeiten außer mit Zustimmung des Parlaments gegen das Gesetz ist; dass die Wahl von Mitgliedern des Parlaments frei sein sollte; dass die Freiheit der Rede und Debatte oder des Verfahrens im Parlament nicht beeinträchtigt oder an irgendeinem Gericht oder Ort außerhalb des Parlaments in Frage gestellt werden sollte. **«**

Aus der *Bill of Rights*, 1689, die als Geburtsurkunde des britischen Parlamentarismus gilt

Erbadel als vielmehr einem auf Lebenszeit verliehenen Verdienstadel angehören; hinzu kommen Vertreter der Kirche. Das Oberhaus kann Gesetze vorschlagen und für eine kurze Zeit blockieren. Die eigentliche Gesetzgebungskompetenz liegt aber beim direkt nach dem Mehrheitswahlrecht (→ Seite 088) gewählten Unterhaus, dem House of Commons, das allerdings gegenüber der Exekutive in den letzten Jahrzehnten immer mehr an realer Macht eingebüßt hat. Die eigentliche politische Ausrichtung des Landes bestimmt in erster Linie der Vorsitzende der Mehrheitspartei im Unterhaus, der in dieser Funktion vom Monarchen zum Regierungschef ernannt wird und mithilfe der Parlamentsmehrheit fast uneingeschränkt seine Politik durchsetzen kann. So kann der Premierminister nach Belieben ihm genehme Unterhausabgeordnete zu Ministern ernennen. Der Regierung steht die Fachexpertise der Ministerialbürokratie zur Verfügung, die daher der zentrale Gesetzesinitiator ist. Die extrem starke Stellung der Regierung ermöglicht bei klaren Mehrheitsverhältnissen im Parlament schnelles und stringentes politisches Handeln, ist aber auch überspitzt als „temporäre Vertrauensdiktatur" bezeichnet worden. Die parlamentarische Kontrolle fällt naturgemäß der Oppositionspartei zu, die vor allem durch die öffentliche Auseinandersetzung im Unterhaus mit der Regierungspartei bei den Wählern dafür werben kann, eine bessere Regierungspolitik zu bieten. Um ein effektives Gegengewicht zur Regierung zu bilden, wurde 2009 die Kompetenz der letztinstanzlichen Rechtsprechung vom Oberhaus auf eine eigens dafür geschaffene, unabhängige Institution übertragen, den Obersten Gerichtshof.

Die hohe Anpassungsfähigkeit an die jeweils zeitgenössischen Bedürfnisse der Bevölkerung schien bisher zu den besonderen Stärken des britischen Politikmodells zu gehören. Ob das heute noch gilt, ist unklarer denn je. Die epochale, aber überaus knappe Entscheidung für den EU-Austritt in einem Referendum 2016 stürzte nämlich das auf der Grundlage der Parlamentssouveränität aufbauende System in eine tiefe Sinnkrise, da es direktdemokratische Instrumente eigentlich nicht vorsieht. Weil es lange Zeit eine Parlamentsmehrheit gegen den „Brexit" gab, war das Land phasenweise politisch gelähmt. Hinzu kommen noch die immer stärker werdenden Separationsbewegungen, die die englische Vormacht infrage stellen und das Vereinigte Königreich in seiner gesamten Existenz gefährden. ∎

Parlaments-demokratie (2)

Das politische System der Bundesrepublik Deutschland

Nach dem Zweiten Weltkrieg etablierte sich in Westdeutschland eine freiheitlich-demokratische Grundordnung, die 1990 auf das Gebiet der ehemaligen DDR übertragen wurde und heute zu den stabilsten der Welt gehört. In dem komplexen parlamentarischen System geht die zentrale Macht vom Regierungschef, dem Bundeskanzler, aus.

„Bonn darf nicht Weimar werden", lautete das Leitmotiv der staatstragenden Politiker in der westdeutschen Bonner Nachkriegsdemokratie. Bei dem 1948 verabschiedeten Grundgesetz für die von den Westalliierten geschenkte Demokratie wirkten nicht nur der verbrecherische Nationalsozialismus, sondern auch die Erfahrungen aus der gescheiterten ersten Weimarer Demokratie als Negativfolien nach. Wo in der Weimarer Verfassung starke Elemente der direkten Demokratie eingebaut waren, setzte man nun konsequent auf demokratische Repräsentationsformen. Im Gegensatz zum früheren, politisch einflussreichen, direkt gewählten Reichspräsidenten ist die Rolle des Bundespräsidenten auf notarielle und zeremonielle Aufgaben beschränkt. Er wird von der Bundesversammlung gewählt, in der sich extra zu diesem Zweck die Bundestagsabgeordneten sowie Vertreter der Landesparlamente zusammenfinden.

Unter den Staatsorganen auf Bundesebene wird nur der Bundestag als parlamentarische Volksvertretung unmittelbar von der Bevölkerung gewählt. Um eine Parteienzersplitterung wie in Weimar zu verhindern, werden bei der Sitzverteilung nach den Wahlen nur Parteien berücksichtigt, die mindestens fünf Prozent der Stimmen (oder drei Direktmandate) erringen konnten. Vor allem sind die Grundrechte und Menschenrechte, die in der Weimarer Verfassung noch über ein Gesetz des Parlaments einfach außer Kraft gesetzt werden konnten, zum unveränderbaren Verfassungskern und Fundament aller Entscheidungen staatlicher Organe erklärt worden. „Die Würde des Menschen ist unantastbar. Sie zu achten und zu schützen ist Verpflichtung aller staatlichen Gewalt", heißt es im Artikel 1 des Grundgesetzes. Die ersten 20 Artikel des Grundgesetzes verpflichten die Politik unter anderem zur Bindung an Recht und Gesetz (Rechtsstaats-

(1) Die Würde des Menschen ist unantastbar. Sie zu achten und zu schützen ist Verpflichtung aller staatlichen Gewalt. (2) Jeder hat das Recht auf die freie Entfaltung seiner Persönlichkeit, soweit er nicht die Rechte anderer verletzt und nicht gegen die verfassungsmäßige Ordnung oder das Sittengesetz verstößt. (3) Alle Menschen sind vor dem Gesetz gleich. (4) Die Freiheit des Glaubens, des Gewissens und die Freiheit des religiösen und weltanschaulichen Bekenntnisses sind unverletzlich. (5) Jeder hat das Recht, seine Meinung in Wort, Schrift und Bild frei zu äußern und zu verbreiten und sich aus allgemein zugänglichen Quellen ungehindert zu unterrichten. Die Pressefreiheit und die Freiheit der Berichterstattung durch Rundfunk und Film werden gewährleistet. Eine Zensur findet nicht statt. (6) Ehe und Familie stehen unter dem besonderen Schutze der staatlichen Ordnung. (7) Das gesamte Schulwesen steht unter der Aufsicht des Staates. (8) Alle Deutschen haben das Recht, sich ohne Anmeldung oder Erlaubnis friedlich und ohne Waffen zu versammeln. (9) Alle Deutschen haben das Recht, Vereine und Gesellschaften zu bilden. (10) Das Briefgeheimnis sowie das Post- und Fernmeldegeheimnis sind unverletzlich. (11) Alle Deutschen genießen Freizügigkeit im ganzen Bundesgebiet. (12) Alle Deutschen haben das Recht, Beruf, Arbeitsplatz und Ausbildungsstätte frei zu wählen. Die Berufsausübung kann durch Gesetz oder auf Grund eines Gesetzes geregelt werden. (12a) Männer können vom vollendeten achtzehnten Lebensjahr an zum Dienst in den Streitkräften, im Bundesgrenzschutz oder in einem Zivilschutzverband verpflichtet werden. (13) Die Wohnung ist unverletzlich. (14) Das Eigentum und das Erbrecht werden gewährleistet. (15) Grund und Boden, Naturschätze und Produktionsmittel können zum Zwecke der Vergesellschaftung durch ein Gesetz, das Art und Ausmaß der Entschädigung regelt, in Gemeineigentum oder in andere Formen der Gemeinwirtschaft überführt werden. (16) Die deutsche Staatsangehörigkeit darf nicht entzogen werden. (16a) Politisch Verfolgte genießen Asylrecht. (17) Jedermann hat das Recht, sich einzeln oder in Gemeinschaft mit anderen schriftlich mit Bitten oder Beschwerden an die zuständigen Stellen und an die Volksvertretung zu wenden. (17a) Gesetze über Wehrdienst und Ersatzdienst können bestimmen, daß für die Angehörigen der Streitkräfte und des Ersatzdienstes während der Zeit des Wehr- oder Ersatzdienstes das Grundrecht, seine Meinung in Wort, Schrift und Bild frei zu äußern und zu verbreiten (Artikel 5 Abs. 1 Satz 1 erster Halbsatz), das Grundrecht der Versammlungsfreiheit (Artikel 8) und das Petitionsrecht (Artikel 17), soweit es das Recht gewährt, Bitten oder Beschwerden in Gemeinschaft mit anderen vorzubringen, eingeschränkt werden. (18) Wer die Freiheit der Meinungsäußerung, insbesondere die Pressefreiheit (Artikel 5 Abs. 1), die Lehrfreiheit (Artikel 5 Abs. 3), die Versammlungsfreiheit (Artikel 8), die Vereinigungsfreiheit (Artikel 9), das Brief-, Post- und Fernmeldegeheimnis (Artikel 10), das Eigentum (Artikel 14) oder das Asylrecht (Artikel 16a) zum Kampfe gegen die freiheitliche demokratische Grundordnung mißbraucht, verwirkt diese Grundrechte. Die Verwirkung und ihr Ausmaß werden durch das Bundesverfassungsgericht ausgesprochen. (19) Soweit nach diesem Grundgesetz ein Grundrecht durch Gesetz oder auf Grund eines Gesetzes eingeschränkt werden kann, muß das Gesetz allgemein und nicht nur für den Einzelfall gelten. Außerdem muß das Gesetz das Grundrecht unter Angabe des Artikels nennen.

Die Grundrechte im Deutschen Grundgesetz

prinzip) sowie zur Herstellung einer gerechten Sozialordnung (Sozialstaatsprinzip). Wenn es in Artikel 20 heißt: „Die Bundesrepublik Deutschland ist ein demokratischer und sozialer Bundesstaat", ist das eine unumstößliche Wertaussage über eine politische Ordnung, die selbst von einer parlamentarischen Mehrheit nicht geändert werden kann (Ewigkeitsklausel). Das nach dem Vorbild des US-amerikanischen Supreme Court eingerichtete Bundesverfassungsgericht darf das gesamte Staatshandeln auf seine Verfassungsmäßigkeit überprüfen. Es ist bei Kompetenzstreitigkeiten zwischen Staatsorganen genauso wie bei Individualklagen von Bürgern gegen die Staatsgewalt die letztgültige Entscheidungsinstanz. Das Bundesamt für Verfassungsschutz, der Inlandsgeheimdienst, dokumentiert verfassungsfeindliche politische Aktivitäten und bietet damit die Grundlagen für mögliche Parteienverbote.

Deutschland, das ursprünglich aus vielen Kleinstaaten und -reichen gegründet wurde, ist auch heute noch in vielem dezentral organisiert. Der föderale Bundesstaat Bundesrepublik Deutschland besteht seit dem Beitritt der ehemaligen DDR zum Geltungsbereich des Grundgesetzes im Jahr 1990 aus 16 Bundesländern mit jeweils eigener Verfassung, eigenem Parlament und eigener Regierung. Wenn auch die höchste Staatsgewalt beim Bund liegt, sind die Länder über das Verfassungsorgan des Bundesrats, in dem die weisungsgebundenen Vertreter der jeweiligen Regierungen sitzen, an den politischen Willensbildungsprozessen des Bundes, insbesondere konkret an den Gesetzgebungsverfahren beteiligt. Die Ländervertretung kann neben dem Bundestag und der Bundesregierung Gesetzesinitiativen einbringen und gegebenenfalls für die Belange der Bundesländer besonders relevante Gesetzesvorhaben zu Fall bringen. Werden sich Bundestag und Bundesrat nicht einig, wird ein Vermittlungsausschuss einberufen.

Im Zentrum des Gesetzgebungsverfahrens wie des gesamten politischen Systems steht allerdings der Bundestag, der die Bevölkerung in ihrer Gesamtheit repräsentiert und sich entsprechend der jeweiligen Parteizugehörigkeit seiner Abgeordneten in Fraktionen und Gruppen aufteilt. Das Parlament diskutiert und stimmt letztendlich über die Gesetzesvorlagen ab. Beraten wird aber hauptsächlich in den nicht-öffentlichen, themenspezifischen, ständigen Fachausschüssen, wo Empfehlungen ausgesprochen werden. Eine weitere zentrale Funktion besteht in der Kontrolle der Bundesregierung, unter anderem durch Anfragen oder Einsetzen von Untersuchungsausschüssen, was aber vornehmlich die Aufgabe der Opposition ist. Wie in jeder Parlamentsdemokratie ist in Deutschland die Exekutive unmittelbar mit der oder den Mehrheitsfraktion/en im Parlament verwoben. Die Regierungspolitik wird von ihr/ihnen in der Regel loyal mitgetragen. Der Mehrheitsfraktion entstammt in der Regel auch die mächtigste Person des Verfassungssystems, der Bundeskanzler. Er wird vom Bundestag auf Vorschlag des Bundespräsidenten gewählt und ist dem Parlament gegenüber verantwortlich.

Der Bundeskanzler steht der Bundesregierung vor. Er bestimmt die Grundlagen der Bundespolitik, schlägt die Ernennung und Entlassung der zuständigen Ressortminister dem Bundespräsidenten vor und hat die Politik der Bundesregierung zu verantworten. In der über 70-jährigen Geschichte der Bundesrepublik Deutschland gab es erst sieben Bundeskanzler und eine Bundeskanzlerin – eine vergleichsweise geringe Anzahl. Das Konstrukt des konstruktiven Misstrauensvotums macht es schwer, einen Kanzler abzuwählen. Denn es bindet den Sturz des Regierungschefs an die Wahl eines neuen. Erfahrungsgemäß fällt es der Parlamentsmehrheit leichter, sich auf die Abwahl eines Kanzlers als auf die Benennung eines neuen zu einigen. So sollen überhastete und vorschnelle Regierungswechsel verhindert werden. Auch in diesem Fall dienten die Erfahrungen aus der Weimarer Demokratie als Warnung. ▪

Präsidial-
demokratie

Das Regierungssystem der USA

Das US-Politsystem gilt als Prototyp der Präsidialdemokratie, die auf einer zentralen Führerfigur aufbaut. Im Gegensatz zu vielen anderen amerikanischen Präsidialsystemen wird der US-Präsident allerdings durch ein komplexes System der Machtkontrolle institutionell in Schach gehalten.

Trug der US-Präsident im „Kalten Krieg" im Westen den inoffiziellen Titel „Führer der freien Welt", gilt der jeweilige Amtsinhaber bis heute im allgemeinen Verständnis als der global einflussreichste Politiker. Der alle vier Jahre direkt gewählte Präsident regiert die größte Volkswirtschaft der Welt und verfügt verfassungsrechtlich über weitreichende Befugnisse: Der Präsident vereint die Funktion des Staatsoberhauptes, des militärischen Oberbefehlshabers und des Regierungschefs in einer Person. Ihm direkt unterstellt ist das White House Office, das ihn in allen Politikfeldern berät und Vorschläge ausarbeitet. Doch so sehr auch ein autokratischer Amtsinhaber wie Donald Trump aus der Perspektive des Auslands Allzuständigkeit suggerieren mag, so sehr hängt sein tatsächlicher Gestaltungsspielraum doch von seiner Durchsetzungsfähigkeit gegenüber den anderen nationalen Machtinstitutionen ab. Verfassungsrechtlich ist er alles andere als ein Alleinherrscher.

Denn das Präsidentenamt ist eingewoben in ein vielschichtiges System der Gewaltenteilung (→ Seite 090) und -verschränkung, das auf dem Prinzip aufbaut, dass sich die Gewalten gegenseitig kontrollieren sollen und gleichzeitig zur politischen Kooperation gezwungen sind. In der bis heute gültigen Verfassung von 1787/88 definiert sich die USA als Präsidialrepublik und zugleich als föderaler Bundesstaat (→ Seite 100), bestehend aus mittlerweile 50 Einzelstaaten – mit strikter horizontaler wie vertikaler Gewaltenteilung. Die ausführende Gewalt obliegt dem Präsidenten, die gesetzgebende Gewalt dem Kongress, die oberste Recht sprechende Gewalt dem Supreme Court. Dazu haben die Einzelstaaten gegenüber der Zentralgewalt in vielen Bereichen autonome Entscheidungskompetenzen, wobei die gewaltenteilige Grundstruktur jedes Einzelstaates die des Bundes widerspiegelt.

Die zentrale Kontrollinstanz des Präsidenten ist neben dem Supreme Court, der jedes Gesetz nach Antrag letztgültig auf seine Verfassungsmäßigkeit untersucht, vor allem das Zweikammerparlament. Der Kongress besteht aus dem Senat, in dem die Einzelstaaten vertreten sind, und dem Repräsentantenhaus, der gesamtnationalen Abgeordnetenversammlung. Der Kongress darf zum

Beispiel Untersuchungsausschüsse einsetzen, um die Rechtmäßigkeit von Regierungshandlungen zu überwachen. Bei schweren Vergehen oder Verbrechen kann der Kongress sogar ein Absetzungsverfahren, das sog. Impeachment, gegen den Präsidenten oder ein anderes Mitglied der Exekutive einleiten. Gleichzeitig sind Regierung und Parlament, die personell streng voneinander getrennt sind, aufeinander angewiesen, wenn sie die eige-

ne politische Agenda durchsetzen wollen. So gestaltet die Regierung die Außenpolitik und hat allein das Recht, internationale Verträge abzuschließen, doch kann nur das Parlament Verträge ratifizieren. Auch darf die Regierung dem Parlament kein Gesetz vorschlagen, sondern muss bei den einzelnen Abgeordneten werben, selbst initiativ zu werden. Auf diese Weise sind Präsident und Kongress einander Partner wie Gegner. ▪

Parlamentarisch-präsidiale Demokratie

Das Regierungssystem von Frankreich

Die 1958 verabschiedete Verfassung der Fünften Republik billigt dem Staatspräsidenten einen großen Teil der Regierungsmacht zu. Zusammen mit dem Premierminister bildet er eine doppelköpfige Exekutive, die bei gleicher politischer Stoßrichtung ein stringentes Regierungshandeln ermöglicht.

Begann die Französische Revolution 1789 mit der Erklärung der gewählten Bürgervertreter zur repräsentativen Nationalversammlung, so endete sie zehn Jahre später mit der Machtübernahme des „demokratischen Diktators" Napoleon Bonaparte, der sich wenig später zum „Kaiser der Franzosen" krönte. Von diesen beiden Gravitationspunkten der Revolution blieb die turbulente Verfassungsgeschichte Frankreichs bis weit ins 20. Jahrhundert wesentlich geprägt. Die Konfliktlinien verliefen zwischen einem starken Parlamentarismus und einem plebiszitären Autoritarismus. Gegen die traditionell republikanische Idee einer fast allmächtigen Abgeordnetenversammlung blieb stets der Wunsch nach einem politisch starken Souverän an der Staatsspitze lebendig. Die von Charles de Gaulle durchgesetzte und bis heute gültige Verfassung der Fünften Republik kann als Mischung beider Traditionslinien gelten. Im Zusammenspiel von Premierminister und Staatspräsident ist die Exekutivmacht allerdings faktisch deutlich größer als der Spielraum des Parlaments. Die politisch prägende Figur ist eindeutig der Präsident, der nach außen als oberster Repräsentant der Republik die traditionelle Staatsautorität und die Einheit der Nation verkörpert – ein republikanischer, demokratisch legitimierter Monarch auf Zeit, der geschichtsbewusst im königlichen Élysée-Palast residiert.

Die Verfassung verleiht dem alle fünf Jahre in direkter Volkswahl gewählten Präsidenten erhebliche Vollmachten. Als Hüter der Verfassung gewährleistet er das Funktionieren der öffentlichen Gewalten; in Ausnahmesituationen kann er alle Macht auf sich konzentrieren. Er bestimmt allgemein die Richtlinien der Politik und gestaltet ihre Umsetzung aktiv mit, wobei er im Bereich der Innenpolitik im Sinne der Gewaltenteilung (→ Seite 090) die Macht mit anderen Verfassungsorganen teilen muss. Insbesondere in der Außen- und Si-

> **(Ich werde) dafür sorgen, dass unser Land in demokratischer Hinsicht wieder vitaler wird. Die Bürger werden mitgestalten können. Sie werden gehört werden. [...] Wir können uns nicht mehr hinter Gebräuchen oder Gewohnheiten verstecken, die manchmal nicht mehr zeitgemäß sind. Wir müssen den tiefen Sinn und die Würde dessen wiederfinden, was uns heute vereint: gerecht und effektiv für unser Volk handeln.**

Emmanuel Macron bei seiner Amtseinführung, 2017

cherheitspolitik hat der Präsident jedoch faktisch völlige Bewegungsfreiheit, nicht zuletzt weil er allein über den möglichen Einsatz von Atomwaffen entscheiden kann.

Als zentrales Bindeglied zwischen dem Präsidenten und dem Parlament fungiert der Premierminister, der die Regierung anführt und rein formal die „Politik der Nation" bestimmt. Er wird nicht wie in Parlamentsdemokratien wie Großbritannien oder Deutschland von den Abgeordneten gewählt, sondern vom Staatspräsidenten ernannt. Weil die meisten Exekutivmaßnahmen des Präsidenten vom Premierminister gebilligt werden müssen, spricht man von einer doppelköpfigen Exekutive. Dabei muss der Premierminister sein Handeln gegenüber dem Parlament verantworten, das ihm das Misstrauen aussprechen und ihn so stürzen kann. Deshalb ernennt der Präsident in der Regel denjenigen zum Regierungschef, der die Mehrheit im Parlament hinter sich hat. Wenn der Präsident und die Mehrheitsfraktion im Parlament bzw. der Premierminister nicht demselben politischen Lager angehören, spricht man von einer „Cohabitation", die zu einem innenpolitischen Stillstand führen und den Machtradius des Präsidenten erheblich einschränken kann.

Allerdings hat der Präsident das Recht – wenn auch nur höchstens alle zwei Jahre –, die Nationalversammlung aufzulösen und so Neuwahlen herbeizuführen. Verfolgen Staatsoberhaupt und Regierungschef eine gemeinsame politische Richtung, was die Regel ist, hat der Premierminister vor allem die Aufgabe, im Auftrag des Präsidenten dem Parlament Gesetzesentwürfe anzutragen. Die vornehmliche Aufgabe des alle fünf Jahre gewählten Zweikammerparlaments bleibt die Gesetzesberatung und -verabschiedung. Dabei darf der Präsident die Unterzeichnung eines Gesetzes ablehnen und die Angelegenheit zur erneuten Beratung an beide Kammern, den Senat und die Nationalversammlung, verweisen. Der Präsident ist in jedem politischen Bereich die zentrale Figur, die innerhalb einer Wahlperiode von keiner Institution zu Fall gebracht werden kann. Letztlich bildet die stärkste politische Opposition zuverlässig die in der französischen Bevölkerung stark ausgeprägte Widerstandskultur. Massenstreiks und Großdemonstrationen haben bisher schon viele angekündigte Reformvorhaben der Präsidenten aufgehalten: Auch das ist ein langfristiges Erbe der großen Revolution. ◾

Konkordanz- und Basisdemokratie

Das politische System der Schweiz

Wer an die Möglichkeiten der direkten Demokratie glaubt, verweist gerne auf die Schweiz, wo die Bürger tatsächlich mehr als andernorts unmittelbar politische Entscheidungen treffen können. Doch wird auch in der Alpenrepublik ein Großteil der Gesetzesarbeit von Repräsentationsorganen geleistet.

Die Idee von Selbstständigkeit und Unabhängigkeit durchzieht die Geschichte der Schweiz und manifestiert sich in einem einzigartigen Regierungssystem. Den kleinen Bergstaat im Herzen Europas einen weder gemeinsame Sprache noch Religion, sondern nur der politische Wille, der ganz wesentlich aus der Bewahrung der eigenen, urdemokratischen Traditionen besteht. Im Jahr 1848 schlossen sich mehrere seit Jahrhunderten locker verbundene Kantone in den Westalpen zu einem parlamentarisch verfassten Bundesstaat zusammen, der ersten (Männer-)Demokratie in Europa. Bis heute beruht das politische System der Schweiz auf Konsensbildung, einem ausgeprägten Föderalismus und – seit einer Verfassungsrevision 1874 – vor allem auf der unmittelbaren Beteiligung der erwachsenen Bürger an den zentralen politischen Entscheidungsprozessen. Wie in keinem anderen politischen System der Moderne werden die Wahlberechtigten über direktdemokratische Verfahren in politische Entscheidungsprozesse eingebunden. Damit ist in der Schweiz das Volk neben Regierung und Parlament ein eigenständiges politisches Staatsorgan. Es darf jedoch nicht vergessen werden, dass der Großteil der politischen Arbeit weiterhin in den demokratischen Repräsentativformen wie Nationalrat und Ständerat von Berufspolitikern, die ihr Mandat von den Bürgern erhalten haben, erledigt wird. Auch in der Schweiz findet sich im demokratischen Sinne der Gewaltenteilung das klassische institutionelle Geflecht aus Exekutive, Legislative und Judikative.

So bestimmen die Wähler alle vier Jahre die Zusammensetzung der parlamentarischen Bundesversammlung, die in zwei Kammern aufgeteilt ist: den Nationalrat, der die Gesamtbevölkerung repräsentiert, und den Ständerat, der die 26 Kantone vertritt. Als Legislative beschließen die Parlamentarier die Gesetze und den Bundeshaushalt. Zudem wählen sie alle vier Jahre ein siebenköpfiges Kollegialgremium als Regierung, das alle wichtigen politischen Parteien berücksichtigt und in erster Linie Verwaltungsaufgaben ausführt. Die Rolle einer wirklichen Opposition übernehmen nicht selten die Bürger selbst, die letztlich entscheiden, ob die verhandelten Gesetze tatsächlich in Kraft treten. So darf jeder Bürger ein Referendum gegen ein neues Gesetz oder bestimmte Staatsverträge initiieren. Die konkreten Bedingungen für eine solche Volksabstimmung sind in der Verfassung festgelegt, die selbst durch eine erfolgreiche Volksinitiative auf Wunsch der Bürger geändert werden kann. In diesem Fall ist aber nicht nur die Zustimmung der Mehrheit der Bevölkerung, sondern auch die der Kantone notwendig. Bis vor Kurzem wurden in vielen Regionen und Kommunen teils aus dem Spätmittelalter stammende basisdemokratische Traditionen gepflegt. Der Kanton Appenzell Innerrhoden mit seinen gut 16.000 Einwohnern wählt heute noch seine Vertretung im Ständerat auf dem Dorfplatz per Handheben der Stimmberechtigten. ◾

Defekte bzw. gelenkte Demokratie

Das politische System Russlands

Nur in wenigen postkommunistischen Ländern hat sich die liberale Demokratie bis heute etablieren können. Unter Wladimir Putin entwickelt sich Russland in Richtung einer Präsidialautokratie, in der Autoritarismus und soziale Kontrolle den Sinn der formalen demokratischen Institutionen untergraben.

Dreißig Jahre nach dem Ende des Kalten Kriegs hat sich die westliche Hoffnung auf eine nachhaltige Demokratisierung der Gesellschaften des einstigen Ostblocks als Illusion erwiesen. In einzelnen postkommunistischen Ländern haben autoritäre Kräfte liberale Freiheiten eingeschränkt und unterhöhlen damit die eingeführten demokratischen Institutionen. Die Russische Föderation als größter und wichtigster Nachfolgestaat der Sowjetunion wird nach einer ersten Amtszeit von 2000 bis 2008 seit 2012 wieder von Wladimir Putin, einem populären ehemaligen sowjetischen Geheimdienst-Offizier, regiert. Nach Meinung vieler kritischer Beobachter hat Putin inzwischen ein autoritäres Regime errichtet, das sich im Inneren auf die Bereicherung einer oligarchischen Wirtschaftselite stützt und nach außen antiwestliche Großmachtpolitik in alter Sowjettradition betreibt. Regelmäßig ist der „starke Mann" Putin bei Wahlen als klarer Sieger, 2018 sogar mit über 76 Prozent der Stimmen im Amt bestätigt worden.

In den Jahren hat er die Politstrukturen immer mehr auf seine Machtinteressen und die seiner Günstlinge ausgerichtet. Bereits nach der sich am französischen Modell orientierenden Verfassung von 1993 hat der direkt vom Volk für sechs Jahre gewählte Präsident eine überragende Machtposition inne und bestimmt zentral die Richtung der Innen- wie Außenpolitik. Allerdings obliegt die Gesetzgebung im Sinne der Gewaltenteilung offiziell allein den beiden Parlamentskammern: dem Föderationsrat und der Staatsduma, die bei schweren Verstößen mit Zweidrittelmehrheit sogar ein Amtsenthebungsverfahren gegen den Präsidenten einleiten kann. Da allerdings die 2001 gegründete, sozial sehr heterogene Sammlungsbewegung „Einiges Russland", die ideologisch vor allem die Unterstützung von Putin eint, stets eine große Mehrheit in der Staatsduma hat, bleiben die verfassungsrechtlichen Waffen des Parlaments ungenutzt. Mit dem Ausbau der Präsidialadministration zu einer Nebenregierung,

die über Dekrete und Verfügungen am Parlament vorbei faktisch Gesetze beschließen kann, ist eine superpräsidentielle Herrschaft entstanden, die mit einer durchgreifenden Kontrolle der traditionell sowieso nicht ausgeprägten Zivilgesellschaft sowie Einschnitten bei demokratischen Grundrechten wie der Versammlungsfreiheit einhergeht. Über eine politisch weitgehend gleichförmige Medienlandschaft und einen undurchsichtigen Sicherheitsapparat werden Opposition und gesellschaftliche Minderheiten systematisch an den Rand gedrängt und diskriminiert. Ein Ende der Ära Putin ist nicht abzusehen. Anfang 2020 wurde eine neue Verfassung verabschiedet, die ihm theoretisch eine Amtszeit bis 2036 sichert. ◼

Kapitel 5

Akteure, Interessen und Meinungen

Die Parteien

Politische Organisatoren der Gesellschaft

Ohne Parteien könnten moderne Demokratien nicht funktionieren: Sie wandeln soziale Gruppeninteressen in politische Entscheidungsalternativen um und rekrutieren durch Wahl demokratisch legitimiertes Führungspersonal. Dabei unterliegen sie jedoch einem ständigen historischen Wandel.

Politische Parteien sind formelle Gruppen von gleichgesinnten Menschen, die sich die Durchsetzung gemeinsamer politischer Vorstellungen zum Ziel gesetzt haben und deshalb in der Regel staatliche Machtpositionen anstreben. Parteien im heutigen Sinn entstanden im Gefolge der Französischen Revolution, als die Einführung von Wahlen für Parlamentsabgeordnete und wichtige Ämter breiten Bevölkerungsschichten neue Möglichkeiten der politischen Teilhabe eröffnete. Je mehr sich die politischen Machtstrukturen demokratisierten, desto wichtiger wurde die Rolle von Parteien als zentrale Bindeglieder zwischen Gesellschaft und Staat sowie als politische Repräsentanten des gesellschaftlichen Willens. Aus sich wandelnden sozialen Konfliktkonstellationen entwickelten sich immer wieder neue politische Parteien, die neue Interessen aus einem bestimmten weltanschaulichen Blickwinkel artikulierten und gesellschaftlich organisierten. So gingen etwa anfangs aus dem die Französische Revolution charakterisierenden Konflikt

Bürgertum gegen Adel liberale und konservative, später aus der in der Industrialisierung aufkommenden Auseinandersetzung Kapital gegen Arbeit sozialistische Parteien hervor. In den letzten Jahren sind vielerorts wegen eines vermeintlichen Gegensatzes Umweltbewegung versus Ökonomie ökologische Parteien erstarkt. Auf diese Weise etablierten sich vor allem in den europäischen Demokratien weltanschaulich sehr ähnlich strukturierte Parteiensysteme, die im Detail national unterschiedlich akzentuiert sind.

Egal ob sie eher rechte, liberale, linke, grüne oder gar anarchistische Überzeugungen vertreten – die politischen Parteien bündeln gesellschaftliche Interessen und übertragen sie in konkrete politische Forderungen, die dann in der Öffentlichkeit beworben werden bzw. über deren Umsetzung im Parlament verhandelt wird. Dazu rekrutieren sie politisches Führungspersonal und treffen damit eine Vorauswahl für staatliche Ämter. Insbesondere in ausgeprägten Parlamentsdemokratien, in denen vom Volk gewählte Repräsentanten Entscheidungen treffen, bleiben Parteien das zentrale Instrument für die Bürger, um die eigenen Interessen über innerparteiliche Abstimmungsverfahren in das zentrale politische Entscheidungssystem zu tragen. Umgekehrt können Parteien den Bürgern die letztlich getroffenen Entscheidungen kommunizieren und sie so in die politische Ordnung einbinden – Parteien fungieren in diesem idealen Sinn als doppelte Demokratievermittler und sichern damit wesentlich die Legitimität des politischen Systems. Auch deshalb werden Parteien in vielen kontinentaleuropäischen Ländern mit öffentlichen Geldern unterstützt. Finanzieren die Parteien in den angelsächsischen Ländern ihre Ausgaben immer noch allein aus Mitgliedsbeiträgen und privaten Spenden, fließen etwa in Deutschland – proportional zu ihrer Repräsentation in Parlamenten bzw. ihrer in Wahlen erreichten Stimmenzahl – auch Steuergelder in die Parteikassen. Dabei dürfen bestimmte Obergrenzen an Zuwendungen nicht überschritten werden. Über Sinn und Unsinn wie über den Umfang staatlicher Parteienfinanzierung wird heftig gestritten.

Kein moderner Staat kommt mehr ohne Parteien aus. Auch in Diktaturen wird Herrschaft meist über Parteistrukturen organisiert. Dabei beansprucht in der Regel eine einzelne Staatspartei die gesamtgesellschaftliche Gestaltung für sich, was schon dem Wortsinn von „Partei" (von lateinisch pars, „Teil") widerspricht, nämlich nur Teil eines Ganzen zu sein. Demokratien gehen dagegen von einem gesellschaftlichen Pluralismus aus, was die Existenz von mehreren Parteien voraussetzt. Dabei entscheidet nicht zuletzt das favorisierte Wahlsystem (→ Seite 088) über das Ausmaß der nationalen Ausdifferenzierung der Parteienlandschaft. In Ländern wie Großbritannien oder den USA mit stark ausgeprägtem Mehrheitswahlrecht hat sich ein System etabliert, das von zwei konkurrierenden Großparteien dominiert wird, während sich in Ländern mit starkem Verhältniswahlrecht wie Deutschland ein Mehrparteien-System ausgebildet hat, das auch Kleinparteien reelle Chancen auf eine Teilhabe an der politschen Macht bietet und so die Gründung neuer Parteien begünstigt.

Allerdings haben sich in allen demokratischen Ländern Charakterzüge und Organisationsmerkmale der Parteien im Laufe der Zeit stark verändert; zudem bleiben nationale Eigenheiten bestehen. So waren bis Anfang des 20. Jahrhunderts die allermeisten Parteien elitär strukturiert, wenig organisiert und verstanden sich in erster Linie als Wahlbündnis. In den USA sind bis heute die beiden großen Parteien weltanschaulich nur eher lose miteinander verwobene, politisch nicht zentral gesteuerte Bündnisse unterschiedlicher Strömungen. Die „Republikaner" und die „Demokraten" kennen keine feste Parteimitgliedschaft und dienen Politikern zuvorderst als Organisationsplattformen persönlicher Wahlkämpfe. Das unterscheidet sie

(1) Die Parteien wirken bei der politischen Willensbildung des Volkes mit. Ihre Gründung ist frei. Ihre innere Ordnung muss demokratischen Grundsätzen entsprechen. Sie müssen über die Herkunft und Verwendung ihrer Mittel sowie über ihr Vermögen öffentlich Rechenschaft geben.

(2) Parteien, die nach ihren Zielen oder nach dem Verhalten ihrer Anhänger darauf ausgehen, die freiheitliche demokratische Grundordnung zu beeinträchtigen oder zu beseitigen oder den Bestand der Bundesrepublik Deutschland zu gefährden, sind verfassungswidrig.

(3) Parteien, die nach ihren Zielen oder dem Verhalten ihrer Anhänger darauf ausgerichtet sind, die freiheitliche demokratische Grundordnung zu beeinträchtigen oder zu beseitigen oder den Bestand der Bundesrepublik Deutschland zu gefährden, sind von staatlicher Finanzierung ausgeschlossen.

Artikel 21, Deutsches Grundgesetz

deutlich von den immer noch recht hierarchischen Parteiorganisationen vor allem in Westeuropa. Dort entstanden insbesondere im sozialistischen wie im konfessionellen Lager ab den 1920er-Jahren mitgliederstarke Massenparteien, die nicht nur über einen ausgeprägten Funktionärsapparat verfügten, sondern auch mit eigenen Medien und Vereinen kulturell fest in ein bestimmtes soziales Milieu eingebunden waren. Die sozialistischen Arbeiterparteien etwa galten über Generationen gleichsam als lebensweltliche Solidargemeinschaften, denen man sein Leben lang treu blieb. Mit der Erosion fester sozialer Milieus nach 1945 begann die gesellschaftliche Öffnung der Parteien. Aus engen Weltanschauungsgemeinschaften wurden vermehrt ideologisch und sozial heterogene Volksparteien, die programmatisch breite Wählerschichten ansprechen wollen, inzwischen aber von vielen Bürgern als schwerfällig, konturlos und austauschbar wahrgenommen werden. In den letzten Jahren leiden die traditionellen Großparteien unter massivem Mitglieder- und Wählerschwund. Die augenfällige Integrationsschwäche des gewachsenen Parteiensystems verweist auf massive gesellschaftliche Umbrüche, die nach neuen politischen Ausdrucksformen suchen. ■

Verbände und Vereine

Sprachrohre der Gesellschaft

Mehr Geld, mehr Schutz, mehr Freiheit: Um über die verschiedenen Anliegen von Bürgern entscheiden zu können, muss die Politik sie kennen und verstehen. Zahllose Verbände und Vereine machen die individuellen Interessen in der Öffentlichkeit bekannt und umgarnen Medien und Parteien.

Ideal jeder demokratischen Politik ist es, die rechtlichen und sozialen Rahmenbedingungen dafür zu schaffen, dass prinzipiell jeder Bürger ein Leben in Würde, Sicherheit und Selbstbestimmung führen kann. Dabei wird im Sinn des Pluralismus (→ Seite 085) akzeptiert, dass die Menschen in Abhängigkeit von Beruf, sozialer Stellung, Lebensideal oder persönlicher Disposition jeweils unterschiedliche, ja manchmal auch gegenteilige Interessen haben, höchst eigene Ziele verfolgen und vor anderen sozialen Schwierigkeiten stehen. „Das Geld reicht nicht!" – In diesem Fall hat etwa ein Arbeitnehmer andere Interessen und Problemlagen im Kopf als ein Arbeitgeber. „Das kann nicht gerecht sein!" – Damit verbindet ein Dauerarbeitsloser, der Sozialhilfe bezieht, ganz andere Vorstellungen als der überarbeitete Manager, der immer mehr Steuern zahlen muss. „Ich bin auch da!" – Soziale Minderheiten haben einen ganz anderen Blick für Diskriminierung als die dominierende Mehrheitsgesellschaft. Dabei erfährt ein Rollstuhlfahrer wiederum andere Benachteiligungen als ein Homosexueller. Soziale Bedürfnisse und Erwartungen an Politik sind so vielfältig wie die individuellen Lebenssituationen.

Alle Einzelinteressen sind prinzipiell legitim und schützenswert, jede Problemlage bedenkenswert, solange keine elementaren Grundrechtsverletzungen vorliegen. Inwieweit sie allerdings Eingang in die demokratischen Aushandlungsprozesse der politischen Willensbildung finden, hängt wesentlich davon ab, wie sichtbar sie gesellschaftlich sind. Nur wenn sich der Einzelne mit anderen, die ähnliche gesellschaftliche Ziele verfolgen oder gleiche Existenz- und Arbeitsbedingungen teilen, zusammenschließt, geraten seine Interessen in den politischen Fokus. Dabei gilt für alle Interessengruppen: Je mitgliederstärker sie sind, je höher der Organisations- und Vernetzungsgrad, desto stärker und schlagkräftiger können sie sich im öffentlich-politischen Raum artikulieren. Dabei ist der Lärm dort schon sehr hoch …

Es gibt Tausende von politisch aktiven Interessenverbänden, die sich nach Größe, Tätigkeitsbereich und Motivation unterscheiden lassen und alle gesellschaftlichen Bereiche abdecken. Von

ADAC Allgemeiner Deutscher Automobil-Club

BITKOM Bundesverband Informationswirtschaft, Telekommunikation und neue Medien

Börsenverein des Deutschen Buchhandels

Bundesarbeitsgemeinschaft der Freien Wohlfahrtspflege

Bundesärztekammer

Bundesverband der Deutschen Industrie (BDI)

Bundesverband der Deutschen Volksbanken und Raiffeisenbanken (BVR)

Bundesverband der Freien Berufe

Bundesverband deutscher Banken (BdB)

Deutscher Bauernverband

Deutscher Gewerkschaftsbund

Deutscher Industrie- und Handelskammertag

Deutscher Kulturrat

Deutscher Mieterbund

Handelsverband Deutschland - HDE

Kassenärztliche Vereinigung

Sozialverband VDK

Haus & Grund Deutschland – Zentralverband der Deutschen Haus-, Wohnungs- und Grundeigentümer

Verbraucherzentrale Bundesverband (vzbv)

Zentralverband des Deutschen Handwerks (ZDH)

Aktuell verzeichnet die Liste der Verbände und Vereine des Deutschen Bundestags 2302 Einträge.

zentraler gesamtgesellschaftlicher Bedeutung sind vor allem die großen Wirtschaftsverbände, die Arbeitgeberverbände und die Gewerkschaften, die die Interessen eines Großteils der Berufstätigen vertreten und in Deutschland über die Tarifverträge sogar eigenmächtig branchenspezifische Arbeitsbedingungen regeln dürfen. Dazu kommen die großen Fachverbände sowie Berufs- und Standesorganisationen wie der Beamten- oder der Bauernbund. Einflussreich sind auch die großen Sozialverbände wie die Arbeiterwohlfahrt oder die Diakonie sowie die großen speziellen Interessenverbände wie der Mieterbund oder die Autoverbände. Tendenziell schichtübergreifend sind die Organisationen, die allgemeine gesellschaftspolitische oder idealistische Ziele verfolgen, etwa der Tierschutzbund, der Familienverband oder der Kinderschutzbund.

Egal, wie sehr sie sich in Relevanz und Einfluss unterscheiden: Die Vorgehensweise von Interessengruppen, um sich politisch Gehör zu verschaffen, ist prinzipiell ähnlich. Mit einem breiten Spektrum an Instrumenten versuchen sie, ihre Ziele in die Öffentlichkeit und besonders in die Parteien hineinzutragen. Sie sprechen Medien an, stellen Redaktionen zielgruppengerechte Informationen zur Verfügung, organisieren Demonstrationen oder gegebenenfalls Streiks, um den Druck auf die Politik zu erhöhen. Ihre natürlichen Ansprechpartner sind die ihnen jeweils politisch nahestehenden Parteien, die direkt auf die politische Willensbildung und die Besetzung politischer Ämter Einfluss nehmen. Oft leisten Interessengruppen Parteispenden, was natürlich den finanzstarken Großverbänden ein stärkeres Gewicht verleiht. Außerdem gibt es häufig personelle Überschneidungen zwischen Verbänden und Parteien. Letztlich aber bilden alle Verbände, Vereine und ähnlich organisierte Gruppen zusammen eine gesellschaftliche Infrastruktur, auf der eine stabile pluralistische Demokratie aufbaut. ▪

Lobbyismus

Machen Verbände ihre eigenen Gesetze?

Dass Politiker vor dem Beschluss von Gesetzen auf Expertenwissen angewiesen ist, liegt auf der Hand. Eine zu starke Verflechtung von Entscheidern und Interessenverbänden birgt aber neben möglicher Korruption die Gefahr, dass Partikularinteressen mit Allgemeininteressen verwechselt werden.

Die Regierungssitze dieser Welt werden von den Repräsentationsbüros aller wichtigen großen Interessenverbände belagert. Dort versuchen Lobbyvertreter oder Public-Relation-Agenten, kontinuierlich und beharrlich zum Beispiel durch Vorträge oder informelle Gespräche politische Entscheider und wichtige Multiplikatoren von den jeweiligen Anliegen ihrer Unternehmen, Gewerkschaften, Sozialverbände etc. zu überzeugen. Das ist nicht verboten, im Gegenteil – die politische Zusammenarbeit von Politik, Wirtschaft und Gesellschaft ist in pluralistischen Demokratien ausdrücklich erwünscht. Tatsächlich ist die Beteiligung von Interessenvertretern an Gesetzgebungsverfahren in vielen Ländern explizit vorgesehen. Ganz offiziell sollen diese ihre Fachkenntnisse und Sichtweisen in parlamentarischen Ausschüssen und Anhörungen einbringen. Die Sachverhalte sind in allen Bereichen so komplex, die zu behandelnden Fragen so zahlreich und umfangreich, dass es oft an Spezial- und konkretem Praxiswissen fehlt, das nötig ist, um reelle Auswirkungen von Gesetzen abschätzen zu können. So kommt es nicht selten vor, dass Lobbyisten ganze Vorlagen für Gesetze formulieren. Entscheidungen sollen aber allein von der Politik getroffen werden. An dieser Stelle drohen die Grenzen zwischen legitimer Fachberatung und versuchter Manipulation zum eigenen Vorteil zu verschwimmen. Die Gefahr ist nicht von der Hand zu weisen, dass Politiker gezielt für Partikularinteressen instrumentalisiert werden und so einseitige, fehlerhafte Gesetze entstehen, die bestimmte Branchen und Unternehmen bevorzugen. Da auch die Politik vom Geben und Nehmen lebt, ist in diesem Zusammenhang der Korruption Tür und Tor geöffnet. Onlineplattformen wie LobbyControl oder Abgeordnetenwatch.de setzen den Politbetrieb inzwischen aber unter ständige öffentliche Beobachtung. Mittlerweile gibt es in fast allen Ländern zumindest offiziell das Bemühen, mehr Lobbytransparenz herzustellen. In den USA und vielen anderen Ländern müssen sich Lobbyisten offiziell registrieren lassen und ihre Aktivitäten dokumentieren. Im Jahr 2019 beschloss das EU-Parlament, dass alle Lobbyinterventionen im Entstehungsprozess eines Gesetzes öffentlich abrufbar gemacht werden müssen – ein „legislativer Fußabdruck". Oft ist allerdings gerade im nationalen Bereich eine klare Trennung schwer möglich. Zu symbiotisch ist die Beziehung zwischen Parteien und Verbänden. Noch immer sind viele Parlamentarier wie selbstverständlich gleichzeitig Mitglied mehrerer Verbände. ▪

Opposition und Widerstand

Wie viel Gegnerschaft verträgt die Demokratie?

Der Widerspruch gegen die Regierungsmacht ist in einer Demokratie parlamentarisch fest institutionalisiert. Auch der einzelne Bürger hat das Recht zum Protest. Wo die Grenzen der Legitimität von sozialen Protesten liegen, ist immer wieder Teil eines offenen gesellschaftlichen Aushandlungsprozesses.

Ein elementarer Unterschied zwischen Demokratie und Diktatur betrifft den Umgang mit Kritik. Wo in Diktaturen der Widerspruch gegen staatliche Autoritäten, ihre Personen und Institutionen verboten ist oder schlicht verleugnet wird, ist er in Demokratien ausdrücklich erwünscht. Opposition wird bewusst in das politische System integriert und auch als Möglichkeit begriffen, die tatsächliche Wirkungslogik von politischen Maßnahmen zu überprüfen und sie gegebenenfalls neu zu justieren. Die Legitimität von Opposition setzt allerdings die Akzeptanz prinzipieller Regeln des demokratischen Systems voraus. Dabei war es eine bemerkenswerte Integrationsleistung vieler westlicher Demokratien nach dem Zweiten Weltkrieg, der offenen Systemkritik etwa in den 1960er-Jahren mit mehrheitlich gebilligten strukturellen Reformen zu begegnen. Auf diese Weise ließen sich mittel- und langfristig immer wieder kritische Teile der Gesellschaft mit ihren Anliegen in die allgemeine politische Entwicklung einbinden. Weil Opposition der Demokratie hilft, mit gesellschaftlichen Veränderungen Schritt zu halten, kann legale Opposition systemstabilisierend wirken. Funktionierende Demokratien sind so langfristig stabiler als Diktaturen, die in erster Linie auf Repression und Gesellschaftskontrolle aufbauen, was auf Dauer meist zu hohe Systemkosten verursacht.

Prinzipiell gibt es in Demokratien zwei Formen von legaler Opposition: die parlamentarische Opposition, die die Regierungsarbeit kritisch begleitet und politische Alternativen aufzeigt, sowie die außerparlamentarische Opposition, die den gesellschaftlichen Protest von außen in die politischen Institutionen und Instanzen hineinträgt und damit potenziellen Reformbedarf anzeigt. Dabei artikuliert sich an den politisch-ideologischen Rändern regelmäßig offener Widerstand, der bis zur Fundamentalablehnung reichen kann und die demokratische Verfassungsordnung im Extremfall mit Gewalt über-

>> Ich bestreite (...) nicht, dass ich Sabotageakte geplant habe. Ich habe dies aber nicht aus einer Lust an Gewalt und Zerstörung heraus getan. (...) Ich habe gegen weiße Vorherrschaft gekämpft und ich habe gegen schwarze Vorherrschaft gekämpft. Ich habe das Ideal der Demokratie und der freien Gesellschaft hochgehalten, in der alle Menschen in Harmonie und mit gleichen Chancen zusammen leben. Das ist ein Ideal, für das ich zu leben und das ich zu verwirklichen hoffe. Doch, Euer Ehren, wenn es sein soll, bin ich auch bereit, für dieses Ideal zu sterben. <<

Nelson Mandela in seiner Verteidigungsrede vor Gericht am 20. April 1964

winden will: Systemsturz statt systemimmanenter Opposition.

Das moderne Verständnis einer parlamentarischen Opposition als institutionalisierte Gegenmacht zur Regierung formierte sich ab der ersten Hälfte des 18. Jahrhundert in Großbritannien. Im Mutterland des Parlamentarismus hatte die über 20-jährige Regierungszeit des ersten Premierministers Robert Walpole zu Korruption und Vetternwirtschaft geführt. So wuchs die allgemeine Erkenntnis, dass es regelmäßiger Regierungswechsel bedürfe, um Amtsmissbrauch und Machtarroganz strukturell zu verhindern. Der parlamentarischen Minderheit wurde die Kernaufgabe zuerkannt, vor dem Forum der Öffentlichkeit ein planvoll koordiniertes Gegenprogramm zur Regierungspolitik zu entwickeln. Welche hoheitliche Funktion bis heute der Opposition im britischen Parlamentarismus zukommt, zeigt sich in ihrer seit dem 19. Jahrhundert üblichen Bezeichnung als „His/Her Majesty's Most Loyal Opposition". Seit 1937 ist der „Leader of the Opposition" ein offizielles Amt, das öffentlich besoldet wird. Wie in anderen parlamentarischen Systemen ohne explizite institutionelle Gewaltenteilung fällt auch in Großbritannien der Opposition vorrangig die Aufgabe der Regierungskontrolle zu. In Deutschland hat die parlamentarische Minderheit weitreichende verbriefte Rechte, etwa das auf die Einrichtung von Untersuchungsausschüssen. Vor allem aber soll die parlamentarische Opposition als Schnittstelle zwischen institutionalisiertem Politsystem auf der einen und sozialen Bewegungen und Protestmilieus auf der anderen Seite fungieren. Ihre Qualität zeigt sich nicht zuletzt in ihrem Gespür für Entwicklungen von gesellschaftlichen Stimmungen und Tiefenströmungen. Denn einschneidende politische Veränderungen gehen auch in Demokratien meist weniger vom Parlament als von der Straße aus.

Der Blick in die Geschichte zeigt, dass wesentliche Freiheits- und Beteiligungsrechte durch gewaltsame Aufstände, Arbeitsniederlegungen und Massenkundgebungen immer wieder gegen den Willen der Herrschaftseliten erkämpft werden mussten. In den meisten demokratischen Ländern haben sich die Beschäftigten das Recht erstritten, für bessere Arbeitsbedingungen oder Entlohnung zu streiken. Heute gelten in den Demokratien Versammlungs- und Vereinigungsfreiheit, von der in den demokratischen Metropolen dieser Welt ausgiebig Gebrauch gemacht wird. An Gründen,

auf soziale Missstände aufmerksam zu machen und eine politische Lösung einzufordern, fehlt es nicht. Dabei wird es immer schwieriger, in einer stark individualisierten Gesellschaft mit den eigenen Anliegen dauerhaft in das Bewusstsein von Bevölkerung und Politik vorzudringen. Dass man zunehmend die Hilfe der Medien braucht, um öffentliche Wirksamkeit zu erreichen, ist ein Erbe der linksakademischen 1968er-Bewegung, die politisch zwar von der Überwindung der „bürgerlichen" Demokratie träumte, aber gezielt die „bürgerlichen" Medien zur Mobilisierung von Öffentlichkeit einsetzte. Sitzblockaden, Besetzungen von Gebäuden oder Erzwingen von spontanen Diskussionen waren neue politische Aktionsformen des zivilen Ungehorsams, die oft kreativen Happenings glichen und zu Tumulten und in der Folge zu Medienberichten führten. Diesen Ansatz, durch Störungen des öffentlichen Lebens oder politische Provokationen mediale Aufmerksamkeit auf sich zu ziehen, verfolgen heute prinzipiell alle linksorientierten Protestbewegungen: von „Extinction Rebellion" über die „Femen" bis zur „Antifa". Sie bedienen sich dabei der neuen medialen Freiheit des Onlinezeitalters, insbesondere der sozialen Netzwerke. Der kometenhafte Aufstieg der jungen schwedischen Klimaaktivistin Greta Thunberg zu einer internationalen Politikone der Jugendgeneration innerhalb weniger Monate wäre ohne die gewaltige Multiplikationskraft von zahllosen interaktiven Austausch- und Vernetzungsplattformen kaum denkbar. Wie schwer sich auch demokratisch legitimierte Machteliten mit den neuen Medienmöglichkeiten der digitalen Revolution tun, zeigt der problematische Umgang mit dem libertären Internetaktivisten Julian Assange, der 2006 die digitale Enthüllungsplattform WikiLeaks gegründet hat, um politische Geheimaktionen offenzulegen. Ob diese Form von Kritik Landesverrat ist oder zwingender Bestandteil einer neuen digitalen Öffentlichkeit, wird kontrovers diskutiert. ∎

Neue soziale Bewegungen

Bürger übernehmen die politische Initiative

Entstanden aus linken Protestmilieus sind punktuell wie lokal agierende Bürgerinitiativen in den westlichen Demokratien zu einer anerkannten Form politischer Beteiligung geworden. Soziale Bewegungen gelten heute als Seismograf und gleichzeitig Motor gesellschaftlicher Veränderungsprozesse.

Die weltweiten Proteste und Initiativen der 68er-Rebellen schufen die Grundlagen für neue basisdemokratische Beteiligungsformen in den westlichen Demokratien. Nach dem Scheitern gesamtgesellschaftlicher Großutopien verlagerte sich der Protest auf näherliegende Ziele in der unmittelbaren Nachbarschaft. Linke Aktivisten schlossen sich zu basisdemokratischen Initiativgruppen zusammen, die in loser Selbstorganisation durch Versammlungen, Demonstrationen, zivilen Ungehorsam und Medienarbeit Aufmerksamkeit auf ein bestimmtes konkretes Einzelanliegen lenkten und damit Druck auf die politischen Verantwortlichen ausüben wollten. Ziele konnten etwa die Abwehr von Raketenstationierung oder die Verhinderung des Baus eines Atomkraftwerks sein. Aus der Vernetzung von solchen zumeist lokalen Bürgerinitiativen entwickelten sich zu Einzelthemen überregional agierende, locker miteinander verbundene Aktionsbündnisse, die allgemeinere Ziele wie den Ausstieg aus der Atomkraft oder das Recht auf Abtreibung formulieren konnten. Im Gegensatz zu Parteien kannten sie aber keine festen Kriterien für Mitgliedschaft oder Kompetenzaufteilung. Wegen ihrer unbestimmten Organisationsform bürgerte sich deswegen die Bezeichnung „soziale Bewegungen" ein. Die Friedens-, Anti-Atomkraft-, Frauen- und Umweltbewegung sorgten von der Basis aus für eine erhebliche Mobilisierung der Bürger und beeinflussten ab den 1980er-Jahren maßgeblich das politische Meinungsklima im Westen. Später gingen sie oft in den neuen grünen Parteien (→ Seite 040) auf, die die Anliegen in die parlamentarische Arena trugen. Aus diesen inzwischen etablierten grün-bürgerlichen Milieus rekrutiert auch die weltweite Klimaschutzbewegung „Fridays for Future" ihre jungen Anhänger, die in Form und Stil vielen als zeitgemäße Alternativbewegung in der Ära des Internets erscheint.

Dabei entstehen soziale Bewegungen keineswegs nur im linken politischen Lager. Wie einst in den USA die populistische Tea-Party-Bewegung, haben rechte Gruppennetzwerke inzwischen auch in Europa, etwa die deutsche migrationsfeindliche PEGIDA-Bewegung, teils erhebliche Mobilisierungserfolge in der Gesellschaft erzielen können – mit politischer Breitenwirkung. Sie wollen durch Protest sozialen Wandel nicht herbeiführen, sondern verhindern oder rückgängig machen. Auch Bürgerinitiativen sind keiner bestimmten ideologischen Richtung mehr zuzuord-

nen und inzwischen im kommunalen Bereich als Instrument der politischen Beteiligung fest etabliert. Wenn sie auch offiziell als Ausdruck des bürgerschaftlichen Engagements bis zur EU-Ebene gefördert werden, sind sie doch vielen Politikern ein Dorn im Auge, weil sie vermeintlich rein egoistische Interessen vor Ort bündeln und die Umsetzung von national notwendigen Projekten wesentlich erschweren. ▪

Stiftungen

Die Macht der Zivilgesellschaft

Großstiftungen gelten als Beleg einer selbstbewussten Bürgergesellschaft und haben inzwischen eine erhebliche politische Wirkungsmacht.

Zivilgesellschaft: Ein Begriff, den Politikern gerne in den Mund nehmen, wenn sie von der Substanz der Demokratie sprechen. Der Terminus nimmt Bezug auf die republikanische Tradition der Bürgertugend und steht für das Ideal von aktiven Staatsbürgern, die sich eigenverantwortlich, freiwillig und ohne eigene wirtschaftliche Interessen für gemeinnützige Ziele im Gemeinwesen engagieren. In den USA im Sinne des Kommunitarismus (→ Seite 033) oft als bürgernahe Alternative zu einem anonymen bürokratischen Staatsapparat verstanden, werden Eigenbeteiligung der Bürger und starke repräsentative zivilgesellschaftliche Strukturen in Europa eher als Ergänzungen zum Sozialstaat begriffen. Wer für den kranken Nachbarn die Einkäufe besorgt, in Schulen nachmittags Hausaufgaben betreut, als Wahlhelfer Stimmen auszählt oder sich in Bürgerinitiativen gegen Fremdenhass einsetzt, füllt die Werte der Demokratie erst mit Leben. Dabei ist die Art des bürgerschaftlichen Engagements von den eigenen Gemeinwohlvorstellungen und der eigenen Lebenssituation abhängig. Wer mehr Geld und Zeit hat, kann in der Regel mehr leisten.

Der großzügige finanzielle Einsatz für das Gemeinwohl durch sehr vermögende Bürger wurde früher als Philanthropie bezeichnet, was wörtlich „Menschenliebe" heißt. Mit privatem Geld werden noch heute Stiftungen eingerichtet, die sich langfristig bestimmten gemeinnützigen Zwecken verschreiben: etwa wissenschaftliche bzw. medizinische Forschung fördern, Bildungsstätten betreiben oder sozial Schwache unterstützen. In der EU gibt es über 100.000 unabhängige, meist lokal agierende Bürgerstiftungen. Darunter sind viele große Unternehmen, die mit kapitalstarken Stiftungen Aufgaben des Gemeinwohls finanzieren und oft internationale Allianzen eingehen.

Dass milliardenschwere Stiftungen wie in Deutschland die Bertelsmann-Stiftung oder in noch größerer Dimension etwa die Bill-Gates-Stiftung und die Open Society Foundations von George Soros mit ihren Aktionen Politik anstoßen wollen und das aufgrund ihres Vermögens, das einem Staatshaushalt gleichkommt, auch können, wird insbesondere im kapitalismuskritischen Europa mit Skepsis beobachtet. Die großen Privatstiftungen der Welt können politisches Handeln beeinflussen, müssen sich dabei aber im Gegensatz zu Regierungen nicht öffentlich rechtfertigen, wodurch nie ganz klar ist, ob die Ziele nicht doch vor allem den Interessen der Spender oder Unternehmen dienen, die sie finanzieren. Weil Stiftungsgründungen mit vielen Steuervorteilen verbunden sind, werde dem Staat darüber hinaus Geld entzogen, das ihm bei der eigenen Erfüllung von politischen und sozialen Aufgaben fehle, lautet eine andere Argumentation. ◼

Denkfabriken

Die politischen Strategen im Hintergrund

„Thinktanks" sollen neue Lösungsideen für politische Probleme entwickeln. An der Schnittstelle zwischen Politik und Wissenschaft entwickeln Stiftungen oder Institute Zukunftsszenarien, Projekte und Konzepte – und wollen der Politik so Sinn und Richtung vorgeben.

Die Qualität von Politikern bemisst sich wesentlich an ihren Fähigkeiten, mögliche Lösungen von komplexen Sachverhalten in ihren Auswirkungen auf die Gesellschaft politisch zu beurteilen sowie darauf aufbauend wertebasierte, verbindliche Entscheidungen zu treffen und öffentlich zu begründen. Spitzenpolitiker müssen also keine Fachleute, sondern eher Generalisten mit einem klaren politischen Wertekompass sein. Über Behörden oder Netzwerke sollen sie sich vielfältigen Zugang zu Fachkompetenz und Sachverstand verschaffen. Neben dem wünschenswerten Input von Lobbygruppen aus der Praxis sind zur politischen Beurteilung von Sachfragen besonders Gutachten aus der Wissenschaft notwendig, die Problemanalysen aus verschiedenen Perspektiven bieten, realistische Handlungsalternativen aufzeigen und mögliche zukünftige Entwicklungen reflektieren. Zu diesem Zweck haben sich rund um den Politbetrieb zahlreiche Institute etabliert, die solche Politikkonzepte bzw. -strategien erarbeiten, teils öffentlich bewerben und damit die politische Meinungsbildung beeinflussen. Diese akademischen, oft privat finanzierten „Denkfabriken", wie sie oft genannt werden, lassen sich in zwei Grundtypen unterscheiden: zum einen die tendenziell überparteilichen und zum anderen die eher politideologisch festgelegten.

Zu den Ersteren gehören politisch unabhängige akademische Forschungseinrichtungen, auf deren wissenschaftliche Fachexpertise in einzelnen Ländern auch die Regierung und das Parlament Zugriff haben. Im Bereich der Außen- und Sicherheitspolitik können in diesem Zusammenhang beispielsweise das angesehene und höchst einflussreiche US-amerikanische Center for Strategic and International Studies in Washington, D.C., das traditionsreiche Londoner Chatham House sowie die deutsche Stiftung Wissenschaft und Politik (SWP) genannt werden. Die in Berlin ansässige SWP, die größte Institution ihrer Art in Europa, wird in ihrem Kern aus öffentlichen Mitteln finanziert und ist unmittelbar in das nationale politische Entscheidungssystem integriert. Ein französisches Pendant stellt das Institut Montaigne dar, das in erster Linie nationale wie europäische Themen bearbeitet und wesentlich von Vertretern der Wirtschaft und Zivilgesellschaft getragen wird. Die Mehrzahl der Denkfabriken verfolgt allerdings einen meist klar identifizierbaren weltanschaulichen Ansatz. Sie sehen ihre Aufgabe vor allem darin, bestimmte Themen aus einer eindeutigen politischen Zielperspektive zu durchdenken und mittels Lobbying und Öffentlichkeitskampagnen auf konkrete Änderungen von Politik hinzuwirken. So gilt etwa das American Enterprise Institute als intellektuell-strategischer Kopf der neokonservativen Strömungen innerhalb der Republikanischen Partei; in Deutschland wiederum will die hauptsächlich von Arbeitgeberverbänden finanzierte Initiative Neue Soziale Marktwirtschaft unternehmerisches Denken und marktwirtschaftliche Positionen in Politik und Bevölkerung verankern.

Eine Besonderheit und eine Art Zwitterwesen unter den Thinktanks stellen in Deutschland die staatlich finanzierten politischen Stiftungen dar, die den Parteienpluralismus widerspiegeln und vornehmlich durch Bildungsarbeit das demokratische Bewusstsein in der Bevölkerung stärken sollen. Sie sind weltanschaulich klar einer Partei zugeordnet, nehmen aber rechtlich völlig auto-

nom ihre öffentlichen Aufgaben wahr, die neben der Qualifizierung von politischen Akteuren auch der Förderung des internationalen Dialogs dienen. In diesem Sinn betreiben die CDU-nahe Konrad-Adenauer-Stiftung genauso wie die SPD-nahe Friedrich-Ebert-Stiftung oder die Grünen-nahe Heinrich-Böll-Stiftung politikwissenschaftliche Forschungsarbeit und führen Symposien und Diskussionsveranstaltungen durch. Aufgrund der oft engen persönlichen wie weltanschaulichen Verbindungen zu den Parteien sind diese Stiftungen faktisch eng in die intellektuelle Mitgestaltung der politischen Entscheidungsprozesse eingebunden. ■

Massenmedien und Politik

Eine andere Geschichte der Macht

Massenmedien entfalten politische Wirkung, weil sie gesellschaftliche Haltungen formen und öffentliche Handlungen mitbestimmen. Aufschluss über die Herrschaftsverhältnisse in einer Gesellschaft gibt stets auch die Antwort auf die Kernfrage: Wer hat die Macht über die Medien?

Medien sind Mittel und Mittler sozialer Kommunikation und damit konstitutiv für die Ausbildung eines gesamtgesellschaftlichen Bewusstseins. So ging die Weiterentwicklung von Gesellschaften immer mit dem Siegeszug neuer Medien einher. Was ab dem 16. Jahrhundert zunächst Printmedien waren, im 20. Jahrhundert dann audiovisuelle Medien und seit der Jahrtausendwende die Digitalmedien: Immer wieder revolutionierten technische Innovationen das gesamtgesellschaftliche Selbstgespräch und ermöglichten neue Solidarisierungsprozesse größerer Gruppen, was ihnen potenziell politische Gestaltungskraft verlieh. In diesem Sinn haben Medien oft geschichtliche Abläufe beeinflusst bzw. als Katalysator für sozialen Wandel teils erheblich beschleunigt. Ohne Flugschriften und Zeitungen hätten etwa die Reformation im 16. Jahrhundert, aber auch die Aufklärung im 18. Jahrhundert nicht wirksam werden können, die jeweils zu Umwälzungen von überkommenen Herrschaftsverhältnissen führten. Wer über die inhaltliche Gestaltung und Produktion von Medien entscheiden kann, hat ein Herrschaftsinstrument in der Hand. Das Ringen um die politische Macht war daher immer auch ein Kampf um die Kontrolle von und die Deutungshoheit über Massenmedien. Bis heute definiert wesentlich die Frage der Medienorganisation den Unterschied zwischen demokratischen und autoritären/diktatorischen Staaten: Wie staatsunabhängig dürfen die Medien hier jeweils agieren?

Am Anfang stand die Revolutionierung des Buchdrucks durch Johannes Gutenberg um 1450, die das Zeitalter der Massenmedien einleitete. Das rückblickend vom französischen Schriftsteller Victor Hugo so genannte „größte Ereignis der Geschichte" ermöglicht es erstmals, beliebige Texte und Bilder in rasanter Geschwindigkeit in Umlauf zu bringen und eine vorher nicht gekannte Zahl von Menschen zu erreichen. Mit den neuen Foren der Öffentlichkeit ergaben sich neuartige Werbe- und Propagandamöglichkeiten, die prinzipiell jedem offenstanden, der lesen und schreiben konnte, und so prinzipiell herrschaftsgefährdend waren. Schnell versuchten die Herrschenden, Medien in ihrem Sinn einzusetzen. So wurden etwa Staatszeitungen gegründet, die die Bevölkerung mit obrigkeitskonformen Informa-

DIE GRÖSSTEN MEDIENKONZERNE DER WELT 2018

. . . .

1. AT&T Inc. (USA)	144,6 Mrd
2. Alphabet Inc. (USA)	115,9 Mrd.
3. Comcast Corporation (USA)	80,0 Mrd.
4. The Walt Disney Company (USA)	50, 3 Mrd.
5. Facebook, Inc. (USA)	47,3 Mrd.
6. Tencent Holdings Ltd. (China)	40,1 Mrd.
7. News Corp. Ltd./21st Century Fox (USA)	33,4 Mrd.
...	
17. Bertelsmann SE & Co. KGaA (D)	17, 7 Mrd.
...	
32. ARD (D)	6,9 Mrd.
...	
35. BBC (GB)	5, 7 Mrd.

tionen versorgen sollten. Dazu wurden missliebige Stellungnahmen in der Öffentlichkeit durch Eingriffe von Behörden unterbunden. Im Zuge der im 19. Jahrhundert in Europa langsam einsetzenden Demokratisierung der politischen Strukturen wurde früher oder später in den einzelnen Ländern die staatliche Vorzensur fallengelassen, also Pressefreiheit eingeführt. Die zunehmenden politischen Partizipationsrechte breiter Bevölkerungsschichten steigerten allgemein das Informationsbedürfnis, und es kam zu einer explosionsartigen Steigerung an Presseerzeugnissen, die um die Gunst des Publikums kämpften. In Demokratien entstanden politisch unterschiedlich ausgerichtete Medienkonzerne, in deren Publikationen sich die politischen Meinungskämpfe widerspiegelten. Mit Radio und Film kamen neue Medienformen hinzu, die eine direkte Informationsübermittlung mit akustischen bzw. visuellen Inszenierungsmöglichkeiten verbanden und so eine starke gemeinschaftsstiftende Kraft entwickelten. Gerade diktatorische Regime wie das der

Nationalsozialisten in Deutschland setzten auf die massenwirksame Suggestionskraft von Radio und Film, um die eigene Bevölkerung im ideologisch gewünschten Sinn zu indoktrinieren. Nicht zuletzt aufgrund dieser Erfahrung von totalitärer Propaganda stehen heute noch Teile des nationalen Fernsehens und Radios in Deutschland unter gesellschaftlicher Kontrolle (→ Seite 144). Dabei ist aber die Unabhängigkeit von Staatsinteressen gesichert, was die Quintessenz für Medien in Demokratien ist. Während in Diktaturen Staatsmedien Information und Meinungsbildung steuern wollen, sollen in pluralistisch organisierten Demokratien Medien untereinander im Wettbewerb stehen und sich in Privatinitiative stets weiterentwickeln. Jedem Bürger ist es freigestellt, zum Medienproduzenten zu werden, was im Internet-Zeitalter immer einfacher wird (→ Seite 150). Dabei haben diktatorische Regime wie das in der Volksrepublik China inzwischen technische Wege gefunden, auch die Internetkommunikation massiv zu zensieren. ■

Politische Intellektuelle

Die schwierige Gratwanderung zwischen Geist und Macht

Die klassische Figur des kritischen Intellektuellen, der im Namen aller Menschen für Gerechtigkeit und Menschenrechte kämpft, hat im gesellschaftlichen Diskurs an Bedeutung verloren. Kann es überhaupt noch Intellektuelle im Zeitalter der vielen Wahrheiten geben?

Als erster wirkungsmächtiger Intellektueller im europäischen Kulturkreis kann der altgriechische Philosoph Platon gelten. In der Neuzeit übten etwa der französische Aufklärer Voltaire und der politische Philosoph Karl Marx großen politischen Einfluss aus. Sie alle waren in erster Linie Gelehrte, Wissenschaftler, Schriftsteller, die sich mit der Kraft des Wortes mehr oder weniger nachhaltig in allgemeinpolitischen Fragen engagierten, dabei aber doch immer eine gewisse Distanz zur aktiven Politik beibehielten, selbst wenn sie – was selten genug vorkam – ein politisches Amt bekleideten. Oft waren sie politische Wortführer, die im Name großer Ideen und Ideale als Propheten, Visionäre, Richtungsgeber oder charismatische Vorkämpfer auftraten, auch wenn sie persönlich meist gesellschaftliche Außenseiter blieben – Sonderlinge, die sich kollektiven Zwängen entzogen und selbst politischen Freunden manchmal als weltfremde Idealisten galten, als hochfliegende Denker ohne Bodenhaftung, wie

etwa der griechische Naturphilosoph Thales von Milet, der beim versonnenen Blick in die Sterne in eine Grube im Boden gefallen sein soll.

Für den Soziologen Karl Mannheim ermöglichte aber genau diese soziale Entrücktheit Intellektuellen einen ungeschönten, scharfsinnig-kritischen Blick auf die gesellschaftlichen Zustände. Die dialektische Verortung von Intellektuellen zwischen revolutionärem Engagement und sozialer Distanz brachte im 19. Jahrhundert der Prototyp des unabhängigen politischen Intellektuellen, der deutsch-französische Dichter Heinrich Heine, mit folgenden Versen selbst auf den Punkt: „Ich bin ein Wolf und werde stets / Auch heulen mit den Wölfen – / Ja, zählt auf mich und helft Euch selbst". Gegen Mannheims Begriff von der „freischwebenden Intelligenz" richtet sich die auf den marxistischen Vordenker Antonio Gramsci zurückgehende Vorstellung vom „organischen Intellektuellen", der klassengebunden die kulturelle Hegemonie der jeweiligen gesellschaftlichen Herrschaftsschicht herstellt und verteidigt, also dem Intellektuellen, der wortgewaltig die Politik der Regierung verteidigt und ideologisch rechtfertigt. Auf der einen Seite also Apologet gesellschaftlicher Verhältnisse, auf der anderen deren visionärer Überwinder: Stets haben sich politische Intellektuelle zwischen diesen beiden Polen bewegt. Das Verhältnis zwischen Geist und Macht war selten spannungsfrei und oft von Anziehung wie Ablehnung geprägt. Als Spezialisten für das Allgemeine bleiben politische Intellektuelle immer Individualisten: Sie „leben für und durch die Ausübung der Intelligenz", so der französische Philosoph und Soziologe Raymond Aron, und fühlen sich deswegen nur zwischen den Stühlen wirklich wohl.

Die Rolle des modernen Intellektuellen als Ankläger der Macht prägte der französische Schriftsteller Émile Zola, als er 1898 in einem offenen Brief unter dem Titel „J'Accuse…!" die antisemitischen Motive für die Verurteilung des jüdischen Hauptmanns Alfred Dreyfus aufdeckte. Der durch Zola ausgelöste Aufschrei gegen die katholisch-nationalistischen Eliten demokratisierte die Französische Republik nachhaltig. Seitdem war der „Intellektuelle" ein Synonym für tendenziell linke Gesellschaftskritik im Namen von Moral und universeller Wahrheit. Galt er Linken und Linksliberalen zumeist als ein – wenn auch oft kritischer – Mitstreiter für gesellschaftlichen Fortschritt und Gerechtigkeit, war er für Rechte und Nationalisten ein personifiziertes Feindbild, das für alles Verachtenswerte stand: für „Zersetzung", für Internationalismus und Haltlosigkeit. Paradoxerweise war dieser rechte Antiintellektualismus meist selbst intellektueller Natur, was aber nichts an der Frontstellung zwischen Links und Rechts änderte, die für die Auseinandersetzung um die kulturell-politisch-ideologische Hegemonie bis 1989 charakteristisch blieb. Dabei gab es in den einzelnen Kulturkrisen durchaus Unterschiede in den Formen der intellektuellen Kritik: Im deutschsprachigen Raum begründe-

ten unter anderen Kurt Tucholsky, Erich Kästner und Karl Kraus eine Tradition der politischen Satire, die mit ätzendem Sprachwitz die Mächtigen aller Gesellschaftsbereiche aufs Korn nahm und in der Bundesrepublik Deutschland etwa vom politischen Kabarettisten Dieter Hildebrandt weitergeführt wurde. Einen letzten Höhepunkt erlebte die linksintellektuelle Gesellschaftskritik in den 1960er- und 70er-Jahren, als in Deutschland Schriftsteller wie Heinrich Böll und Günter Grass oder in Frankreich vor allem Jean-Paul Sartre den antiautoritären Jugendprotest mehr oder weniger aktiv mitorchestrierten. Dabei war Sartre lange Zeit ein Bewunderer der Sowjetunion Stalins und stand damit für das, was Julien Benda bereits 1927 den „Verrat der Intellektuellen" an den universalen Werten von Demokratie und Gerechtigkeit nannte: nämlich die fragwürdige Faszination vieler Intellektueller für machtpolitische Ideologien im 20. Jahrhundert, die sie wortreich legitimierten und damit letztlich totalitäre Herrschaftsstrukturen unterstützten. Mit dem realen Scheitern der kommunistischen Großutopie ging ab den 1990er Jahren nicht nur ein zentraler ideologischer Bezugspunkt, sondern auch der Glaube an die besondere moralische Urteilskraft von Linksintellektuellen verloren, die ihnen die Autorität verlieh, im Namen aller Menschen zu sprechen. Der bis dahin für Intellektuelle charakteristische Gestus der Eindeutigkeit wirkte im Zeitalter der Liberalisierung und Pluralisierung von Lebensentwürfen ohne ironische Brechung seltsam unzeitgemäß. Dazu macht die gegenwärtig immer stärkere Fragmentierung der Medienöffentlichkeit den Anspruch auf eine gesamtgesellschaftliche Sprecherrolle auch strukturell fast unmöglich. Kennzeichnend ist mittlerweile eine bunte ideologische Vielfalt von affirmativen Medienintellektuellen, die parallel auf verschiedenen Publikationskanälen ihr Publikum finden – teilweise ohne sich füreinander zu interessieren, ja manchmal ohne voneinander zu wissen. ▪

Die vierte Gewalt

Funktion und Rolle von Medien

Freie und unabhängige Medien sind konstitutiv für eine demokratische Gesellschaft. Allen Umbrüchen zum Trotz gelten für Printmedien wie elektronische Medien ihre Kernaufgaben weiter: die Herstellung von Öffentlichkeit, Information und Meinungsbildung sowie Kritik und Kontrolle.

Regierungsformen lassen sich nicht zuletzt durch ihren Umgang mit Medien charakterisieren. In Diktaturen will der Staat die Bevölkerung im gewünschten Sinn lenken und beeinflussen, weswegen die staatlichen Behörden genau über die Inhalte aller wichtigen Medien wachen. In Demokratien sollen Medien dagegen frei und prinzipiell unabhängig von Staats- und Fremdinteressen arbeiten. Journalisten können in Deutschland frei über alle Themen berichten, die von allgemeiner, politischer, wirtschaftlicher oder kultureller Bedeutung sind. Dabei konkurrieren die Medienangebote untereinander und sorgen so für eine bunte Vielfalt, die im Prinzip alle Gesellschaftsgruppen zu Wort kommen lässt.

Die staatliche Kontrolle von Medieninhalten vor ihrer Veröffentlichung wäre Zensur und die ist in vielen Demokratien verboten, während jedoch der Vertrieb bei groben Gesetzesverstößen wie Gewaltverherrlichung oder Verletzung des Persönlichkeitsrechts gerichtlich gestoppt werden kann. Es gilt: Nur wenn Medien ungefiltert Meinungen und Stimmungen der Bevölkerung widerspiegeln dürfen, können sie ihre buchstäbliche Grundfunktion als Mittler zwischen der Bevölkerung und der Staatsmacht wirklich erfüllen. Der besondere Freiraum der Medien wird durch

die Grundrechte der Informations- und Meinungsfreiheit garantiert. Zeitungen, Radio, Fernsehen und Onlinemedien stehen unter dem besonderen Schutz des Staates, weil sie in dreifacher Hinsicht zur Funktionsfähigkeit von Demokratien beitragen: Sie stellen eine Öffentlichkeit her, sie ermöglichen eine Meinungsbildung und sie kontrollieren politische wie wirtschaftliche Macht.

Ohne Medien gibt es keinen umfassenden Dialog zwischen den Wählern und den gewählten Politikern sowie zwischen den Bürgern untereinander. Dabei liefern die Medien zunächst vor allem Informationen und schaffen damit die Voraussetzungen, dass Bürger das politische Geschehen verfolgen und eigenständig beurteilen können. Große Medienhäuser mit vielköpfigen Redaktionen recherchieren Fakten und Zusammenhänge, trennen aus der Informationsmasse das Wesentliche vom Unwesentlichen und bereiten so Themen auf, die sie möglichst ausgewogen und allgemeinverständlich darstellen.

Dazu bringen sie unterschiedliche Positionen der Bürger zu den einzelnen Themen angemessen und gleichberechtigt zur Sprache. Im Idealfall bilden die Medien alle in der Gesellschaft vertretenen Meinungen ab und moderieren auf diese Weise quasi das Selbstgespräch einer frei-

en Gesellschaft. Medien machen Meinungen und Haltungen der Bevölkerung öffentlich, wodurch Zeitgeist und politische Willensbildung maßgeblich beeinflusst werden. Auch Journalisten sind Bürger und dürfen ausdrücklich eigene Standpunkte artikulieren, wobei diese als subjektive Meinungsäußerungen klar erkennbar gemacht werden sollten. Insbesondere namhafte und angesehene Journalisten großer Medien mit hoher Reichweite wirken als Multiplikatoren meinungsbildend und tragen damit zur Ausbildung einer "herrschenden Meinung" bei, die als "veröffentlichte Meinung" nicht unbedingt deckungsgleich mit der wirklichen öffentlichen Meinung sein muss, die sich eher in allgemeinen Wahlen oder Abstimmungen äußert.

Die wichtigste Funktion freier Medien liegt in der Kontrolle und Kritik politischer und wirtschaftlicher Organisationen. Sie sollen über Missstände und Missbrauch von Macht in Wirtschaftsunternehmen berichten, Korruption in Behörden aufdecken und das Tun der Politiker kritisch unter die Lupe nehmen. Allerdings wird selbst innerhalb der Branche immer öfter bezweifelt, ob die seriösen Medien ihre demokratischen Aufgaben als kritische Kontrollinstanz gegenüber den unterschiedlichen Interessenvertretern noch wirksam erfüllen können. Angesichts der rigorosen Sparpolitik von vielen Verlagen können sich nur noch wenige große Medienredaktionen aufwendige Recherchen leisten. ■

Medien und Staat

Wie viel Unabhängigkeit brauchen demokratische Medien?

Der Grad der Glaubwürdigkeit von Medien misst sich in Demokratien an ihrer politischen Unabhängigkeit. Dabei spielen in einzelnen westlichen Ländern öffentlich-rechtlich organisierte Anstalten auf dem Fernseh- und Radiomarkt eine wichtige, inzwischen aber hoch umstrittene Rolle.

In freien Gesellschaften garantieren Unabhängigkeit und pluralistische Vielfalt von Medien den offenen Deutungswettbewerb um die Wahrheit. Demokratische Politik muss die strukturellen Bedingungen schaffen, dass Medien ohne Vorgaben und frei nach selbst gesetzten Schwerpunkten arbeiten können. Weder staatliche Behörden noch rein wirtschaftliche Eigeninteressen dürfen bestimmen, was gesendet oder geschrieben wird.

Dabei unterscheiden sich die Strukturen der Mediensysteme in den einzelnen demokratischen Ländern nicht unerheblich, weil sie die jeweilige Gefahr von Abhängigkeiten anders gewichten. Während in den USA alle Medien völlig staatsunabhängig agieren, kennzeichnet die Fernseh- und Radiolandschaft etwa in Deutschland und Großbritannien eine Mischform aus privatwirtschaftlichen und öffentlich-rechtlichen Medien. In diesen Ländern hat die nationale Medienpolitik stärker mögliche kommerzielle Sachzwänge im Blick und setzt in diesen Segmenten auf einen Mix aus Staatsferne und politischen Eingriffsmöglichkeiten. Diese Struktur sieht sich allerdings einem zunehmenden Rechtfertigungsdruck ausgesetzt, denn gerade lineares Fernsehen verliert immer

mehr Zuschauer, vor allem jüngere, an die boomenden oft interaktiven Online-Medienformate, die praktisch jedem zu jeder Zeit zugänglich sind. Überall gerät die Funktion des klassischen Fernsehens als zentrales Leitmedium für Informationsvermittlung stark ins Wanken. Das gilt umso mehr für den Pressemarkt, der in fast allen Demokratien rein marktwirtschaftlich organisiert ist.

Im Printbereich werden Zeitungen und Zeitschriften von großen und kleinen privaten Medienunternehmen produziert und von Journalisten erarbeitet. Ob es sich dabei um marktschreierische, tendenziöse Boulevardzeitungen oder um seriöse, differenzierende Abonnementzeitungen handelt: Alle Medien, die nicht durch steuerähnliche Umlagen finanziert werden, leben weniger vom Einzel- und Abonnementsverkauf als vielmehr von ihren Werbeeinnahmen. Um die Werbebudgets der Anzeigenkunden konkurrieren aber heute nicht mehr nur die verschiedenen Medienunternehmen, sondern spätestens seit der Wirtschaftskrise ab 2007 graben sich auch die Medienkanäle gegenseitig das Wasser ab: Die Werbewirtschaft wandert immer stärker von Print- zu Onlineformaten ab. Das hat zwar dazu geführt, dass alle maßgeblichen

> **Bei dem uralten Duell zwischen physischer Gewalt und freiem Gedanken ist die Gewalt im letzten Gang immer unterlegen. Wo eine diktatorische Herrschaft verwehren will, daß Ideen ausgesprochen, geformt, niederge- schrieben, verbreitet werden, da gibt es bald Verwesung, Friedhofsgeruch.**

Carl von Ossietzky in *Die Weltbühne*, 1933

Zeitungen und Zeitschriften massiv in Onlineableger investiert haben, doch haben die wenigsten wirklich tragfähige Geschäftsmodelle und einen selbstbewussten Umgang mit den neuen sozialen Medien (→ Seite 150) gefunden. Immer noch schreiben große Medienhäuser mit ihren Onlinemedien rote Zahlen. Die Corona-Krise hat diese prekäre finanzielle Lage noch verschärft.

Rein privatwirtschaftlich arbeiten die großen Fernsehnetzwerke in den USA mit ihren zahllosen regionalen Ablegern. Die großen Nachrichtensender CNN, Fox News und MSNBC sind werbefinanziert und auch in ihrer politischen Orientierung Konkurrenten. Dagegen gibt es etwa in Deutschland neben zahlreichen Privatsendern auch dominante öffentlich-rechtliche Rundfunkanstalten, die hauptsächlich über allgemeine Gebühren finanziert werden und zu Ausgewogenheit und Überparteilichkeit verpflichtet sind. Wo die einen die Möglichkeiten umfangreicher kritischer Recherchen ohne Rücksicht auf Werbekunden er-

kennen und auf eine bessere, demokratisch notwendige Berücksichtigung von sozialen Minderheitsinteressen verweisen, betonen die anderen die Gefahr der parteipolitischen Einflussnahme sowie einer bürokratischen Gängelung von Redaktionen, die Innovation verhindere. Der polemische Vorwurf von „Staatssendern" verliert allerdings mit dem Blick auf die streng regulierten Staatsmedien in wirklich autoritär regierten Ländern jegliche Relevanz, was gerade für den arabischen Raum gilt. Dort nahm der vom Emirat Katar finanzierte Großnachrichtensender Al Jazeera lange Zeit als vermeintliche Bastion eines unabhängigen Journalismus eine Sonderstellung ein. Durch vergleichsweise ausgewogene Berichterstattung und tabulose Diskussionsformate bot er scheinbar einen ungefilterten Blick auf die politische Wirklichkeit in den arabischen Ländern. Inzwischen gilt jedoch insbesondere der arabische Muttersender vermehrt als Sprachrohr katarischer Interessen und Propagandaplattform von Islamisten. ◾

Medien und Politik

Die Gewaltenteilung der Mediendemokratie

Zwischen Politik und Medien herrscht in Demokratien ein spannungsreiches Abhängigkeitsverhältnis. Um gehört zu werden, müssen sich Politiker nach den medialen Aufmerksamkeitsgesetzen richten. Dabei versuchen sie selbst gezielt, die Medien für ihre eigenen Belange zu nutzen.

Fast alles, was die Bürger über das politische Geschehen wissen, erfahren sie aus den Medien. Nur wenn über ein Ereignis medial berichtet wird, findet es genug Publikum, um zum Politikum zu werden. Die Massenmedien haben also einen nicht zu überschätzenden Einfluss auf die politische Auseinandersetzung. Was von der Politik oft als Kompetenzüberschreitung empfunden wird, findet weltweit statt: Als gesellschaftlicher Diskurslenker können große Massenmedien einseitig parteiisch Stimmungen schüren und politische Vorhaben erzwingen. Deswegen müssen Politiker die Medien suchen. Tatsächliche finanzieren viele Politiker ein ganzes Team an Public-Relations-Mitarbeitern, um die Themen auf den verschiedenen Medienkanälen zielgruppengerecht zu platzieren. Gleichzeitig sind die Medien als „vierte Gewalt" immer bestrebt, diese Inhalte kritisch aus allen Blickwinkeln zu hinterfragen und mögliche Missstände oder Interessenkonflikte aufzudecken. In dem Maße, wie die Politik in die Medien drängt, fürchtet sie ihre vermeintliche und tatsächliche Macht. Medien und Politik stehen in einem permanenten Austausch- und Spannungsverhältnis zueinander. Ihre ziemlich neurotische Zwangsbeziehung basiert auf gegenseitigem Misstrauen und gegenseitiger Abhängigkeit.

Vor diesem Hintergrund hat der gegenwärtige radikale Umbruch in der Medienbranche ganz unmittelbare Folgen für die Politik. Die neue Konkurrenz durch soziale Netzwerke sowie sinkende Leser- und Nutzerzahlen haben den ökonomischen Druck auf die traditionellen Medienmacher massiv erhöht. Dies führt gerade im Onlinebereich zu einer Boulevardisierung selbst seriöser Medien. Um hohe Auflagen, Einschaltquoten und Klickzahlen zu generieren, sickern immer mehr Unterhaltungselemente in die politische Berichterstattung ein, die für das Publikum das Politikgeschehen nach dramaturgischen Erfordernissen als Schauspiel inszenieren. Parallel richten die politischen Verantwortungsträger ihre Öffentlichkeitsarbeit verstärkt nach Inszenierungsgeboten insbesondere der audiovisuellen Medien aus. Im Wissen, dass Persönlichkeiten leichter als abstrakte Sachverhalte medial zu vermarkten sind, wird Medientauglichkeit zu einem zentralen Auswahlkriterium für politische Spitzenpositionen. In Talkshows überzeugend auftreten zu können ist für die Außenwirkung von Politikern entscheidend geworden. Die Politik wird den Medien immer ähnlicher. Der frühere Reality-Show-Star Donald Trump wie der ehemalige Journalist Boris Johnson sind wohl die aktuell bekanntesten Beispiele für diesen Trend. ▪

Wahlkampf

Politik als Dauerwerbesendung

Ein Wahlkampf ist ein öffentlicher Wettbewerb um politische Macht. Die Auseinandersetzung von verschiedenen Parteien und Kandidaten um die Gunst der Wähler gilt allgemein als Hochamt der Demokratie. Dabei setzen moderne Wahlkampagnen vor allem auf professionelle Vermarktungsstrategien.

>> (Im Wahlkampf gilt es,) zumindest das Image der Kompetenz in vielen Bereichen aufzubauen. Werden Kompetenzschwächen offensichtlich, wird das Image irreparabel beschädigt. Schwindet der Schein, schwindet die Macht. <<

Silvano Moeckli in *So funktioniert Wahlkampf*

In Demokratien entscheidet die volljährige Bevölkerung regelmäßig in freien Wahlen über politische Alternativszenarien, die ihnen von unterschiedlichen Parteien und Kandidaten angeboten werden. Um genügend Wählerstimmen zu erzielen und über den Zugriff auf politische Ämter programmatische Gestaltungsmacht zu gewinnen, organisieren die jeweiligen Parteien und Kandidaten im Vorfeld einer Wahl einen sorgsam orchestrierten kommunikativen Feldzug: Hierbei sollen unter Berücksichtigung der aktuellen politischen Großwetterlage wie der vorhandenen Ressourcen zentrale Wahlaussagen in der Bevölkerung popularisiert und gleichzeitig direkt oder indirekt diejenigen der politischen Gegner entwertet werden. Wenn man sich in Wahlkampfzeiten die Werbespots der Parteien, die Auseinandersetzung in Fernsehdebatten und sozialen Netzwerken oder die Plakatschlachten um die Präsenz im Straßenbild vergegenwärtigt, wird klar, dass ein moderner Wahlkampf nur wenig mit dem aufklärerischen Ideal einer rationalen Auseinandersetzung um das bessere Argument zu tun hat. In einer Wahlkampagne geht es nicht um Wissensvermittlung, sondern um politisches Marketing, also um Kommunikation und Mobilisierung. Um in definierten gesellschaftlichen Zielgruppen die öffentliche Aufmerksamkeit für die eigenen Botschaften zu gewinnen, passt sich erfolgreiche politische Werbung den Inszenierungsgeboten von modernen Mediendemokratien an, die besonders nach Unterhaltung und Vereinfachung verlangen. Durch starke Personalisierung und bewusste inhaltliche Zuspitzung von politischen Zusammenhängen lässt sich das eigene Profil in Abgrenzung zum politischen Gegner klar schärfen. Nach dem Motto „Keep it short and simple" gilt es, die Dinge so anschaulich zu vereinfachen, dass die Adressaten nur noch zwischen vermeintlich Gut und Böse unterscheiden müssen. Damit soll der Zielwähler zur Stimmabgabe motiviert werden, das strategische Ziel jedes Wahlkampfs.

Seitdem im Zuge der Individualisierung die traditionellen Parteibindungen von Wählern abnehmen und sich die Bürger vor Wahlen immer kurzfristiger und spontaner für die eine oder andere Partei entscheiden, hat die Bedeutung einer professionellen, unter Marketingaspekten organisierten Wahlkampfkampagne für die Erzielung eines Wahlerfolgs nach allgemeiner Einschätzung eher zugenommen. Die Parteizentralen beauftragen inzwischen Heerscharen an externen Beratern, Forschern und Marketingspezialisten, die die Aufgabe haben, die zentralen Anliegen von Partei und Kandidaten in gut zu vermarktende, für den Wähler attraktive und in sich stimmige Politangebote umzuwandeln. Deren zentrale Aussagen sollen anschließend über die jeweiligen Kommunikationskanäle zielgruppengerecht in die Gesellschaft transportiert werden.

Als Grundregel für eine erfolgreiche Kampagne gilt die Harmonisierung der drei zentralen politischen Produkte, die vermarktet werden müssen: das Parteiimage, die Sachthemen und das Kandidatenimage. Als Prototyp einer erfolgreichen Wahlstrategie gilt die Kampagne von Barack Obama im US-Präsidentschaftswahlkampf 2008, als seine Botschaft des „besseren Amerika" mit seinem persönlichen Image (unverbraucht, frisch), dem Parteiimage (modern) und seinen Sachthemen (Gesundheitsreform, Ende von Guantanamo) perfekt zusammenspielte. Dass man allerdings mit Provokationen und dem bewussten Bruch gängiger Regeln genauso erfolgreich mediale Aufmerksamkeit erzielen kann, zeigt der überraschende Triumph von Donald Trump bei den Präsidentschaftswahlen 2016. Was beide Kampagnen bei allen Unterschieden einte: Ihre Protagonisten schafften es, sich selbst zu einer unverwechselbaren politischen Marke zu machen. Sowohl Obama als auch Trump hatten ein politisches Profil, das ein ganzes Land mobilisieren und polarisieren konnte. ◾

YouTube, Twitter, Facebook & Co.

Die großen Flüstertüten

Die sozialen Netzwerke haben die politische Kommunikation radikal individualisiert. Auch Politiker können sich jetzt abseits etablierter Medienkanäle eigene politische Öffentlichkeiten aufbauen – mit noch kaum absehbaren Folgen.

Nichts hat die Medien- und Politikwelt in den letzten Jahrzehnten so sehr verändert wie das Internet. Was lange Zeit als Spielwiese für Computerfreaks abgetan wurde, entwickelte sich in unglaublicher Geschwindigkeit zur zentralen Plattform neuer Medien, die die Kommunikation und den Zugang zu Informationen grundlegend gewandelt haben. Die Taktgeschwindigkeit von Innovationen ist so groß geworden, dass selbst Experten den Überblick zu verlieren drohen. Sicher ist: Insbesondere für junge Menschen und berufstätige Erwachsene ist das Internet zum zentralen Informations- und Unterhaltungsmedium geworden, auf das von überall mit stationären wie mobilen, tendenziell immer kleineren und leistungsfähigeren Computern zugegriffen werden kann. Im Internet wird gespielt, eingekauft, verabredet und – oft nebenbei – Politik konsumiert, kommentiert und manchmal auch betrieben.

Die großen Medienhäuser in der westlichen Welt verstehen sich längst als digitale Verlage und investieren massiv in die Onlineableger ihrer etablierten Medienmarken, deren Redaktionen rund um die Uhr Informationen, Analysen und Meinungen ins Netz hochladen. Politische Ereignisse finden so quasi medial in Echtzeit statt und können sofort kommentiert und eingeordnet werden – und das nicht nur von professionellen Journalisten, sondern von allen Internetnutzern auf zahllosen Kanälen. War der interessierte Leser, Zuhörer und Zuschauer klassischer Medien nur passiver Empfänger von Inhalten, kann er in Onlinemedien aktiv eingreifen und selbst über Inhalte entscheiden bzw. sie sogar selbst herstellen. Durch die ausgeprägte Interaktivität der Internetmedien verschwimmt die klassische Trennung zwischen Medienkonsumenten und Medienproduzenten. Mit nur geringem Aufwand kann der Nutzer eigene Nachrichtenseiten (Blogs) erstellen und dazu über verschiedene soziale Plattformen nach Belieben mit anderen Nutzern auf der ganzen Welt über Texte, Bilder oder Videos politisch kommunizieren und kooperieren – sei es nun über das soziale Netzwerk des US-amerikanischen Unternehmens Facebook, auf dem viele der insgesamt 2,5 Milliarden Mitglieder täglich ihren Newsfeed verfolgen und/oder in Fachgruppen aktiv sind, oder über den Microblogging-

» Es entsteht eine Demokratie, die danach strebt, populäre Meinungen ohne Filter und ohne Mediation widerzuspiegeln. Eine Demokratie, in der Leadership – als Fähigkeit, kollektive Gefühle zu interpretieren, aber auch bei Bedarf zu ignorieren – von Followship ersetzt zu werden scheint, von der Tendenz, den Meinungen der Mehrheit passiv zu folgen. Noch dazu eine fragliche Mehrheit, die vielleicht nur von denjenigen gebildet wird, die lauter schreien können und mehr Zeit dazu haben. «

Der italienische Politikwissenschaftler Giovanni Belardelli im *Corriere della Sera*, 2019

Dienst Twitter, wo Text-, Video- und Bildbotschaften in Kurzform an eine vernetzte Gemeinde verschickt werden können, oder über die weltweit größte Videoplattform YouTube, wo jeder sein eigenes Video einem potenziellen Millionenpublikum präsentieren kann. Zum ersten Mal scheint die Technik einen wirklichen politischen Dialog zwischen gleichberechtigten Bürgern zu ermöglichen. Denn die Kommunikationspartner sind absolut gleichrangig: Alle haben prinzipiell die gleichen Möglichkeiten zu kommunizieren, und die Kommunikation verläuft auf Augenhöhe.

Das politische Freiheitsversprechen eines herrschaftsfreien Diskurses hat viele Politiker auf eine größere Bürgernähe durch die interaktiven Medien hoffen lassen. Doch die oft pöbelhafte Diskussionskultur im Netz, die weniger durch Toleranz als durch Beleidigungen und Hetze gekennzeichnet ist („Shitstorm"), führt allgemein zur Ernüchterung. Die schnelle Kontaktaufnahme zu Politikern nährte bei vielen Bürgern eine unrealistische Erwartungshaltung an die Möglichkeiten von Politik, was sich oft in Frustration und Wut niederschlägt. Zumal bei vielen mit der engen medialen Verzahnung weniger ein neuer Gemeinsinn als vielmehr eine narzisstische Selbstüberhöhung einherzugehen scheint. Denn die radikale Demokratisierung der Medien hat auch zu einer radikalen Individualisierung des Medienangebots geführt. In den sozialen Netzwerken baut sich jeder Nutzer nach Interessen und Kontakten eine ganz eigene Öffentlichkeit auf, die von mathematischen Algorithmen nach individuellen Einstellungen und gespeicherten Interaktionen inhaltlich strukturiert wird. So gibt es neben der etablierten Öffentlichkeit der großen Medienmarken Abertausende von mehr oder wenigen kleinen persönlichen Teilöffentlichkeiten, die wesentlich das Weltbild mitprägen und dabei ganz neue Möglichkeiten der politischen Kommunikation ermöglichen. Politische Außenseiter können – so hat es der gegenwärtige US-Präsident Donald Trump vorgemacht – über die sozialen Medien

direkt ihre politischen Botschaften platzieren und so frei von kritischen Nachfragen gezielt eine Community aufbauen, die eine enorme politisch-propagandistische Wirkungsmacht entfalten kann.

Tatsächlich haben die sozialen Medien die bisherigen Machtverhältnisse zwischen Journalisten und Bürgern auf den Kopf gestellt, was unter anderem zu einer strategischen Neuausrichtung von Politikern in ihrem Verhältnis zu Medien geführt hat. Durch die neue Freiheit des Publizierens in den sozialen Netzwerken haben professionelle Journalisten ihr langjähriges „Gatekeeper"-Privileg verloren, zu entscheiden, was eine Nachricht ist und was wert ist, veröffentlicht und erörtert zu werden. Die etablierten Medien stehen immer stärker unter Rechtfertigungsdruck gegenüber einem maximal misstrauischen „Bürgerjournalismus", was insgesamt das Selbstverständnis der Branche ins Wanken bringt. Sahen sich Journalisten bisher als institutionalisierte Kritiker der Macht, als „vierte Gewalt" im Staat, werden sie jetzt von vielen Seiten selbst unter Ideologieverdacht gestellt und damit oft in die ungewollte Rolle gedrängt, die grundsätzliche Richtigkeit von demokratischen Institutionen und Verfahren verteidigen zu müssen. Gerade radikale politische Kräfte haben sich die enormen kommunikativen Eigendynamiken der interaktiven Medien zunutze gemacht und einflussreiche Paralleöffentlichkeiten miterschaffen. In ihnen soll durch gezielte Falschmeldungen die Glaubwürdigkeit des etablierten Journalismus untergraben werden, um das gesamte demokratische System zu diskreditieren. Die Agitation gegen die „Lügenpresse" oder „Systemmedien" spielte eine zentrale Rolle in den Mobilisierungskampagnen rechtspopulistischer bzw. rechtsextremer Strömungen. Zudem gibt es zahlreiche Hinweise darauf, dass Russland gezielt Desinformationen in den sozialen Netzwerken einsetzt, um so interne Konflikte in westlichen Gesellschaften anzuheizen und diese dadurch zu schwächen. ▪

Fußball und Politik

Mehr als ein Spiel

Fußball begeistert weltweit Millionen Menschen und gehört in vielen Ländern zum kollektiven Gedächtnis. Kaum jemand bestreitet mehr die gesellschaftliche Strahlkraft des Spiels mit den Massenemotionen, das längst ein Multimillionengeschäft ist und zurecht als politischer Machtfaktor begriffen wird.

Fußball und Politik ähneln sich. Wie der Fußball ist die Politik wesentlich von Kampf, Konkurrenz und Rivalität geprägt. Wie im Fußball geht es in der Politik elementar darum, besser und erfolgreicher als der Gegner zu sein. In diesem Sinne sei es die Rolle der Opposition, der Regierung immer wieder „die Bude voll[zu]ballern", wie der deutsche Oppositionsführer Thomas Oppermann während der Fußballeuropameisterschaft 2016 in den Medien volkstümlich kundgab. Die Affinität der Politiker zur weltweit populärsten Sportart ist in den meisten Fällen sicher aufrichtig. Aber wenn Politiker in den Aufsichtsräten der großen Vereine sitzen oder jedes Wochenende auf den Ehrentribünen mit der Elf in ihrem Wahlkreis mitfiebern, wollen sie natürlich in erster Linie politisch von der weitverbreiteten Begeisterung für einen Sport profitieren, dessen gesellschaftliche Bedeutung in den letzten Jahren eher zu- als abgenommen hat. Die Liebe zum Fußball scheint nicht nur Nationen zu vereinen, sondern auch innergesellschaftlich soziale, ökonomische oder kulturelle Schranken zu überwinden. In einer sich individualisierenden Welt stiftet der Sport eines der letzten vermeintlichen Gemeinschaftserlebnisse. Die alle vier Jahren stattfindenden Spiele der Fußballweltmeisterschaften versetzen ganze Gesellschaften besonders in Europa und Lateinamerika tagelang in einen Ausnahmezustand und können kollektiven Jubel bzw. kollektive Trauer auslösen. In Deutschland werden zwei Fußballereignisse zum nationalen Mythos heraufbeschworen. Der Außenseitertriumph bei der Weltmeisterschaft 1954 in der Schweiz verschaffte der vom Krieg traumatisierten Nation zum ersten Mal nach 1945 wieder ein positives Identitätserlebnis, an das man mit gutem Gewissen anknüpfen konnte. Bei der WM 2006 im eigenen Land konnte sich Deutschland als weltoffener Gastgeber präsentieren. Neben den alten Stereotypen wie Effektivität oder Organisationsfähigkeit traten bisher gänzlich unbekannte Eigenschaften der Deutschen hervor: Lässigkeit und Heiterkeit. Umfragen belegen, dass das Ansehen der Deutschen seit 2006 sprunghaft gestiegen ist. In diesem Fall zeigte sich tatsächlich die von den Offiziellen so gerne und oft beschworene völkerverbindende Kraft des Sports, der nationale Vorurteile abbauen

und politisch Grenzen überwinden will: Manchmal schafft Fußball tatsächlich das, woran Politik oft genug scheitert.

So hat sich der Fußball zu einer internationalen Hegemonialsportart entwickelt, die jede mediale, gesellschaftliche und wirtschaftliche Aufmerksamkeit auf sich zieht. Der Volkssport ist ein Big Business geworden, in dem Topspieler zu international umjubelten Popstars aufsteigen, in märchenhaftem Luxus leben und mit hohen

zweistelligen Millionenbeträgen zwischen Vereinen hin und her transferiert werden. Viele europäische Topvereine gehören inzwischen Kapitaleignern oder haben ihre Profiabteilung in Kapitalgesellschaften ausgelagert, die unter anderem durch den Verkauf von Übertragungsrechten und Unternehmensbeteiligungen immer mehr Geld bewegen und profitorientiert arbeiten. Zahlreiche Personen, die in und um den Fußball tätig sind, verfügen inzwischen über einen erheblichen und nur schwer kontrollierbaren gesellschaftlichen wie politischen Einfluss. Dies gilt insbesondere für Großverbände wie den offiziell immer noch als gemeinnütziger Verein firmierenden, milliardenschweren Weltfußballverband FIFA, dessen führende Funktionäre aus den verschiedenen Nationalverbänden über die Vergabe der Fußballweltmeisterschaft entscheiden und immer wieder in Korruptions- und Geldwäscheskandale verwickelt sind. Die Diskrepanz zwischen der konsequenten Durchkapitalisierung und der gesellschaftlichen Verantwortung des Profifußballs wird immer größer. Eine zunehmende Entfremdung zeigt sich auch zwischen den Vereinsvorderen auf den Haupttribünen und den alteingesessenen Fanszenen in den Stadien, von denen sich eine starke Minderheit immer häufiger gegen die Kommerzialisierung engagiert und dafür offene Vereinskonflikte in Kauf nimmt. Die Zeit der verlogenen „Elf-Freunde-müsst-ihr-sein"-Romantik ist längst vorbei. ■

Politik und Sprache

Der Kampf um das Wort

Von Talkshows über Parlamentsdebatten bis zu Reden und Interviews: Die Sprache ist zentrales Hand-werkszeug und Machtmittel der Politik. Nur wer seine Pläne allgemeinverständlich machen kann, wird Wähler mobilisieren. Nur wer Begriffe emotional richtig besetzt, gewinnt Mehrheiten.

Ohne Sprache gibt es keine Politik. Um ins Parlament gewählt zu werden und dort Politik mitentscheiden zu können, müssen Politiker Wählern vermitteln, was sie wollen und warum sie etwas machen. Es gilt, Absichten zu begründen, zu bewerben oder negative Folgen zu beschwören, wenn sie nicht umgesetzt werden. Im Parlament sind politische Entscheidungen Ergebnis wie Anlass von vielen Reden und Gegenreden. Öffentlich wie intern wird monatelang diskutiert: Argumente werden bewertet, Einwände entkräftet oder gegen Widersacher aggressiv polemisiert. Dazu kommentieren und interpretieren die Medien und berichten über gesellschaftliche Reaktionen, die wiederum zu neuen politischen Initiativen führen können.

Der Kreislauf von Politik basiert wesentlich auf Kommunikation und Sprache. Wie in kaum einem anderen Bereich ist in der Politik Sprache eine konkrete Form des Handelns. Sie macht substanziell den Inhalt von Politik aus und ist damit eng mit der Machtfrage verbunden. Richtig kommunizieren zu können entscheidet über Karrieren von Politikern und damit über die Umsetzung von Politik. Was macht politische Sprache aus und welcher rhetorischen Techniken bedienen sich Politiker?

Ein wesentliches Kennzeichen von politischer Sprache ist, dass sie weitgehend im öffentlichen Raum stattfindet und über Massenmedien vielfach weiterbreitet, interpretiert und bewertet wird. Damit die Botschaften in der Bevölkerung wirklich so verstanden werden, wie sie gemeint sind, braucht es Genauigkeit in der Wortwahl, besonders aber eine klare Alltagssprache. Eine kommunikative Hauptaufgabe von Politikern ist es, die Verwaltungssprache, mit der die politisch-rechtlichen Maßnahmen justiziabel gemacht werden, mit passenden Metaphern und Vergleichen aus der konkreten Lebenswelt in eine Sprache zu übersetzen, die die politischen Vorhaben jedem Laien verständlich machen und diese im ursprünglichen Sinn des Wortes mitreden lassen. Eine gemeinsame Sprache zu finden schafft zudem ein Gefühl der Nähe und fördert das Vertrauen zwischen Bevölkerung und Politik. Dass die Sprache von Politikern meist trotzdem oft unzugänglich wirkt und es von Phrasen, Floskeln und Sprechblasen nur so wimmelt – wenn etwa regelmäßig „Leitplanken des Handelns neu ausgerichtet" werden sollen, um „gemeinsam an der Zukunft zu arbeiten" und damit „ein Signal des Aufbruchs zu senden" –, so ist das nicht immer nur der fehlenden Redekompetenz von Politi-

kern zuzuschreiben. In unverfänglichen Gemeinplätzen zu reden, ohne wirklich etwas zu sagen, ist oft ein bewusster Akt der Vorsicht, um durch zu klare oder forsche Formulierungen keine Angriffsfläche für eine meist nicht kontrollierbare politische Debatte zu bieten. Jeder weiß: Der politische Gegner klopft die kleinste öffentliche Äußerung auf ihre Nützlichkeit im Machtkampf ab. Denn Politik ist nicht zuletzt eine semantische Auseinandersetzung um die inhaltliche Deutungshoheit über zentrale Begriffe und ideologische Signalwörter.

„Erst mit der Sprache geht die Welt auf", meinte der deutsche Hermeneutiker Hans-Georg Gadamer. Dass die Sprache die gesellschaftliche Wirklichkeit weniger abbildet als sie vielmehr weltanschaulich erst formt und strukturiert, ist eine Überzeugung, die von vielen Wissenschaftlern geteilt wird. Dass sich mit Sprache politisches Denken maßgeblich beeinflussen lässt, davon sind auch Parteien überzeugt. Sie sind deswegen immer bestrebt, zentrale politische Leitbegriffe wie Freiheit, Demokratie oder Gerechtigkeit, die im Sprachgebrauch positiv besetzt, aber vieldeutig sind, sprachlich eng mit den eigenen Parteiinhalten zu verknüpfen. Wenn Liberale auf Wahlplakaten mehr Steuergerechtigkeit verlangen, sind damit ganz andere Konzepte verbunden als mit der Forderung von Sozialdemokraten nach sozialer Gerechtigkeit. Neuroforscher sind sich sicher, dass in Debatten nicht Fakten ausschlaggebend sind, sondern welche wertenden Deutungsrahmen („Frames") die Politiker diesen Fakten verleihen. Politiker wollen über gewisse Sprachbilder bestimmten Sachverhalten eine gewünschte politisch-ideologische Richtung geben und so Vorstellungen im Bewusstsein ihrer Zuhörer verankern, die entscheidend die politische Meinungsbildung prägen. So sprechen etwa in Diskussionen um Militäreinsätze Gegner gerne ausdrücklich von „Krieg", während Befürworter eher Begriffe wie „Friedenseinsätze" verwenden.

Als Folge der Vorstellung von einer unmittelbaren Verbindung zwischen Sprache und Handeln haben Forderungen politisches Gewicht gewonnen, überkommene diskriminierende Bezeichnungen durch neutral oder positiv konnotierte Begriffe zu ersetzen, etwa „Zigeuner" durch „Sinti und Roma" oder „Ausländer" durch „Menschen mit Migrationshintergrund". Dies soll einen Bewusstseinswandel bzw. eine faktische Verhaltensänderung einleiten, was unter dem Schlagwort „politische Korrektheit" selbst zu einem Kampffeld geworden ist. In diesem Sinne polemisieren insbesondere rechtspopulistische Kräfte gern gegen eine vermeintliche „Sprachpolizei" oder „geistige Ajatollahs". Damit rücken sie das Streben nach einer nicht diskriminierenden Sprache rhetorisch in die Nähe des Totalitarismus oder antidemokratischen Fundamentalismus, was letztlich nur belegt, wie sehr gerade die Rechte an die Macht der Sprache glaubt. Mit Begriffen wie „Migrationskrise", „Flüchtlingsstrom" oder auch „Fake News" ist es ihr in den letzten Jahren zweifellos gelungen, öffentliche Debatten wesentlich mitzuprägen und ihnen politisch genehme Narrative gesellschaftlich zu verankern.

Nicht immer bedarf es allerdings vieler Worte, um den politischen Diskurs und das gesellschaftliche Bewusstsein nachhaltig zu bestimmen. Manchmal reicht auch eine einfache symbolische Geste wie die des deutschen Bundeskanzlers Willy Brandt, der 1970 mit einem Kniefall vor dem Denkmal für den Aufstand im Warschauer Ghetto die Welt im Namen Deutschlands um Vergebung für die Verbrechen im Zweiten Weltkrieg bat: „Am Abgrund der deutschen Geschichte und der Last der Millionen Ermordeten tat ich, was Menschen tun, wenn die Sprache versagt", erklärte Brandt später in seinen Memoiren. ▪

Herrschafts-architektur

Inszenierungen politischer Macht

Von der römischen Monumentalarchitektur bis zu den megalomanen Bauprojekten totalitärer Regime: Insbesondere Formen der klassischen Baukunst dienten Machteliten immer wieder als Repräsentation politischer Größe. Wie kann Macht in Demokratien symbolisiert werden?

Bereits die ersten chinesischen Kaiser ließen sich imponierende Palastanlagen bauen, im Mittelalter hielten die Könige in glanzvollen Pfalzen Hof, die absolutistischen Monarchen der Neuzeit residierten in riesigen Barock- und Rokokoschlössern und noch heute haben Regierungen vielerorts ihren Sitz in Prunkbauten der Vergangenheit: Der Anspruch von politischer Herrschaft manifestierte sich in der Geschichte immer wieder in ambitionierten Architekturen von Räumen und Orten.

Stilistisch als wegweisend erwiesen sich die Monumentalbauten des Römischen Reichs, die mit ihren Säulenordnungen an die griechische Tempelarchitektur anknüpften und deren gewaltige, bis heute einschüchternde Dimensionen die Bauvorstellungen vor allem autokratischer Herrscher bis in die Gegenwart wesentlich formten. Der besonders haltbare römische Beton ermöglichte stabile Bauten aus Bögen und Gewölben, über denen sich weiträumige Kuppeln spannen ließen. Nicht nur wurden so kolossale Triumphbogen erschaffen, ein Bautyp, der bis heute das Stadtbild vieler europäischer Metropolen wie etwa Paris oder London ziert. Gerade die Kuppelbauten als Inbegriff der Erhabenheit wie Symbol für majestätische

Weite und Größe setzten Maßstäbe für sakrale, aber auch weltliche Herrschaftsarchitektur. Als bauliche Verkörperung des Globus oder des Firmaments spielten Kuppeln auch in den megalomanischen Weltbeherrschungsarchitekturen der totalitären Regime im 20. Jahrhundert eine wichtige Rolle. Wenn die deutschen Nationalsozialisten ihre Nachkriegsplanungen für die „Welthauptstadt Germania" in die Tat hätten umsetzen können, stände heute im Zentrum Berlins eine gigantische Kuppelhalle, die etwa 180.000 Menschen Platz böte.

In Demokratien bestehen starke Vorbehalte gegenüber monumentaler Überwältigungsarchitektur, die auf Einschüchterung des Einzelnen abzielt und damit die Menschen als Untertanen und nicht als Bürger anspricht. Aber wie lässt sich die abstrakte demokratische Vision von Volkssouveränität baulich und ästhetisch abbilden? Das vereinigte demokratische Deutschland entschied sich für eine Synthese aus Tradition und Moderne: Auf dem Dach des historischen Reichstagsbaus in Berlin wurde eine transparente, öffentlich begehbare Kuppel aus Stahl und Glas installiert, in der die Bürger ihren Stellvertretern von oben herab bei der Plenumsarbeit zusehen können. ■

Kapitel 6

Staat und Gesell- schaft

Staatsvermögen

Die leidige Geschichte mit den Steuern

Seit jeher muss die Bevölkerung Herrschaft und Gemeinwesen durch Abgaben und Steuern mitfinanzieren. Mit dem kontinuierlichen Ausbau des Staatsapparats nahm der Zugriff auf das Geld der Bürger stetig zu. Heute fließen in EU-Ländern bis zu 40 Prozent der Wirtschaftsleistung in die Staatshaushalte.

„In dieser Welt ist nichts sicher, außer dem Tod und den Steuern", lautet ein berühmtes Bonmot von Benjamin Franklin, einem der Gründungsväter der USA. Was für die Anfangsjahre des modernen Staates galt, trifft heute erst recht zu. Schließlich beanspruchen die Bürger wie selbstverständlich, dass der Staat für sie elementare Leistungen der Daseinsvorsorge erbringt, etwa in Bereichen der Sozialabsicherung, öffentlichen Sicherheit, Infrastruktur oder Bildung. Dafür benötigt der moderne Interventionsstaat sehr viel Geld, das er sich von seinen Bürgern über Steuern zurückholt – auch dort, wo diese es in der Regel gar nicht merken. Wer in seiner Wohnung das Licht anknipst oder die Heizung aufdreht, wer im Supermarkt Lebensmittel kauft oder an der Tankstelle das Auto auftankt: Egal, was Staatsbürger alltäglich so tun, ihr Staat verdient inzwischen fast immer mit. Im Gegensatz zu den Besitz- oder Ertragssteuern, die wie die Einkommenssteuer konkret von einer Person oder einem Unternehmen erhoben und nach dem Einreichen einer Steuererklärung individuell festgelegt werden, sind Verbrauchssteuern wie zum Beispiel Stromsteuer, Energiesteuer, Umsatzsteuer oder Mineralölsteuer im Preis von Waren oder Dienstleistungen versteckt. Diese machen etwa in Deutschland

bereits knapp die Hälfte der gesamten Steuereinnahmen aus. Während die prozentuale Festlegung der direkten Steuern regelmäßig zum Gegenstand öffentlicher Diskussionen wird, erregen – mit Ausnahme der Umsatzsteuer – Erhöhungen oder Neueinführungen von indirekten Steuern vergleichsweise wenig Aufsehen. Zum einen betreffen sie immer nur einen bestimmten Konsumentenkreis, zum anderen werden mit ihnen oft positive gesellschaftspolitische Ziele verbunden. So lassen sich höhere Tabak- oder Alkoholsteuern gut mit Gesundheitsargumenten rechtfertigen. Die rhetorische Bindung von Steuern an einen eindeutigen Zweck ist nicht wirklich redlich, weil sie – anders als zum Beispiel Sozialabgaben – an keine bestimmte Gegenleistung geknüpft sind. Alle Einnahmen fließen nach einem bestimmten Schlüssel in die großen Staatsetats, aus denen die Ausgaben für das Gemeinwesen finanziert werden. Über die Aufteilung entscheidet letztlich die Politik.

Für den mittelalterlichen Theologen und Philosophen Thomas von Aquin waren Steuern ein „erlaubter Fall von Raub", schließlich bestimmten vornehmlich die Herrschenden über Art und Höhe der Abgaben und setzten sie notfalls mit Gewalt durch. Das mag aus zeitgenössischer Sicht sogar richtig gewesen sein, weil den Untertanen aus der Besteuerung in der Regel kein unmittelbarer Vorteil erwuchs. Erst die ab dem 19. Jahrhundert einsetzende Demokratisierung des modernen Staates ging mit wachsenden sozialen Ausgaben einher, wovon breite Bevölkerungsschichten profitierten. Dies wäre ohne den Aufbau des heutigen umfassenden Steuersystems, das sich immer auch an seiner Gerechtigkeit messen lassen will, nicht möglich gewesen. Bis hierhin war es jedoch ein langer Weg voller Umbrüche, die nicht selten von Steuerfragen ausgelöst wurden.

Abgaben an die Obrigkeiten, zumeist in Form von Erträgen aus der Landwirtschaft, waren schon in den frühesten Gemeinwesen üblich. So stammt denn die erste überlieferte Nachricht der Geschichte von einem Beamten aus dem südlichen Mesopotamien um 5000 v. Chr., der den Empfang bestimmter Mengen von Getreide bestätigt. Eines der ersten ausgefeilten Steuersysteme entwickelten die Römer, die ihr Reich im Mittelmeerraum vor allem aus den Einnahmen der eroberten Gebiete finanzierten. Während die Bürger Roms lange Zeit kaum Steuern zu zahlen hatten, wurden die Provinzen durch zahllose Steuerarten praktisch ausgepresst. Charakteristisch im Mittelalter war die Abgabe des sogenannten Zehnten, wobei die Bauern ungefähr ein Zehntel ihrer Erträge an die Kirche abzutreten hatten. Wer keinen Besitz hatte oder zu wenig ernten konnte, musste schwere körperliche Arbeiten verrichten, den Frondienst, um seine „Steuerschuld" zu begleichen. Die oft unmenschlichen Lebensbedingungen führten immer wieder zu Bauernaufständen. An der ungerechten Belastung der Bevölkerung änderte sich auch nichts, als die ab dem 17. Jahrhundert entstehenden Territorialstaaten Strukturen eines modernen Steuerwesens ausbildeten und Geldabgaben üblich wurden. Neue Steuern bzw. die Androhung von Steuererhöhungen gehörten zu den Auslösern für die Revolutionen in Nordamerika und Frankreich im letzten Drittel des 18. Jahrhunderts, in deren Folge sich die westlichen Gesellschaften langsam demokratisierten. Der britische Nationalökonom und Moralphilosoph Adam Smith propagierte 1776 in seinem epochemachenden Werk *Der Wohlstand der Nationen* erstmals die Besteuerung der Bürger nach ihrer individuellen Leistungsfähigkeit. In diesem Sinne wurde nach und nach in Europa, Anfang des 20. Jahrhunderts schließlich in den USA die Einkommenssteuer eingeführt. Ende des 19. Jahrhunderts entwickelte das Königreich Preußen erstmals ein Steuersystem, dessen Sätze mit der Höhe der Einkommen stiegen. Diese sogenannte Steuerprogression ist bis heute kennzeichnend für die Berechnung aller direkten Steuerformen. Seit den ersten Jahrzehnten des 20. Jahrhunderts verlangen die meisten Länder zudem eine Form der Umsatzsteuer, die den Konsum von Unternehmensleistungen betrifft und sich zur zentralen Verbrauchssteuer entwickelt hat. Ihr Prozentsatz wird seither fast kontinuierlich erhöht. Die Mehrwertsteuer gehört heute zu den wichtigsten Einnahmequellen des Staates. Gerade bei der Einführung von neuen indirekten Steuern, wenn es gilt, zusätzliche Einnahmen zu generieren, zeigen sich Politiker traditionell sehr kreativ. Im Deutschen Reich etwa erhob man 1912 eine Sektsteuer unter dem Vorwand, die Aufrüstung der kaiserlichen Flotte zu finanzieren. Sie gilt in Deutschland bis heute, denn einmal durchgesetzte Verbrauchssteuern werden selten abgeschafft. „Pecunia non olet" – „Geld stinkt nicht" – wusste schon der römische Kaiser Vespasian im 1. Jahrhundert n. Chr. und besteuerte öffentliche Toiletten, in denen man Urin als kostbaren Gerbstoff sammelte. ▪

Bildungspolitik

Der Traum vom mündigen Staatsbürger

„Nicht für die Schule, sondern für das Leben lernen wir." Das vielschichtige Bildungswesen liegt größtenteils in staatlicher Verantwortung und soll in Demokratien vor allem zwei Aufgaben erfüllen: sozial-kulturelle Integration sowie Qualifizierung für die Arbeits- und Berufswelt.

Spätestens im Zuge der allgemeinen Demokratisierung in der zweiten Hälfte des 19. Jahrhunderts wurden in ganz Europa nationale Schulsysteme eingerichtet. Im Fokus stand dabei zunächst eine Verbesserung der Elementarbildung in sogenannten Volksschulen. Heute verfügen alle entwickelten Länder über ein ausdifferenziertes Bildungswesen, das mehr oder weniger von der Allgemeinheit finanziert wird. Von Kindertagesstätten über allgemeinbildende Schulen und Universitäten bis zu Berufsschulen sowie Angeboten der Erwachsenen- und Weiterbildung wird praktisch jede Lebensphase abgedeckt. In den letzten Jahrzehnten hat die Innovationsgeschwindigkeit in fast allen Berufsfeldern so stark zugenommen, dass das Prinzip des lebenslangen Lernens fast zur Notwendigkeit geworden ist, um den wachsenden Anforderungen am Arbeitsplatz genügen zu können. Bildung kann in jedem Alter einen Unterschied machen – persönlich, sozial und meist auch ökonomisch.

Gerade in den europäischen Staaten, die ihren Wohlstand mittlerweile nicht mehr dem Abbau von Bodenschätzen, sondern einem Wissensvorsprung verdanken, haben sich das Bildungsniveau und Know-how der Bevölkerung zu Standortfaktoren ersten Ranges entwickelt und beeinflussen Karrieren und Lebenschancen jedes Einzelnen. Bereits die nach dem Zweiten Weltkrieg von den Vereinten Nationen 1948 verabschiedete Allgemeine Erklärung der Menschenrechte betont den hohen Wert der Bildung für die Möglichkeit eines friedlichen Zusammenlebens. Die als Grundrecht aufgefasste Bildung soll sich im klassischen Sinn an der Entfaltung der individuellen Persönlichkeit orientieren und auf den demokratischen Werten von Toleranz und Freiheit aufbauen. In ärmeren und autoritär regierten Staaten dieser Welt hat der Unterricht meist nur sehr wenig mit diesen hehren Bildungsidealen zu tun. Immerhin hat die fast überall etablierte faktische Schulpflicht dazu geführt, dass im Jahr 2015 86 Prozent der Weltbevölkerung als alphabetisiert galten.

In den modernen Demokratien soll die Pädagogik zur politischen Teilhabe befähigen, Gleichberechtigung lehren und zugleich die Individualität der Lernenden berücksichtigen. Bis zum ersten Schulabschluss in den allgemeinbildenden Schulen stehen die Vermittlung von Methoden des sozialen Lebens sowie die Erziehung zu Toleranz und Vielfalt gleichrangig neben dem Erlernen von Fachinhalten. Liberale Bildungsreformen haben ab den 1970er-Jahren fast überall in Europa dafür gesorgt, dass die

Anzahl der Hochschulabsolventen rasant gestiegen ist. Dabei sind – von Land zu Land verschieden ausgeprägt – die Chancen auf höhere Bildung und damit auf bessere Karrieremöglichkeiten noch immer ungleich verteilt. So bleibt die Bildungspolitik in vielen Ländern ein politisch-ideologischer Zankapfel. Eher linke Politiker experimentieren gerne mit neuen Schulformen, die auf eine bestmögliche Qualifizierung von breiten, gerade auch sozial benachteiligten Bevölkerungsschichten abzielen. Konservative hingegen halten an der traditionellen Trennung von Schulformen in der Sekundarstufe fest und setzen auf eine Eliteförderung.

In den meisten kontinentaleuropäischen Staaten sind Schulen und Hochschulen zum größten Teil staatlich finanziert, während private Bildungseinrichtungen eher die Ausnahme bilden. Dagegen sind für eine Universitätsausbildung in den USA oder Großbritannien in der Regel hohe Studiengebühren fällig. Vor allem in elitären Traditionsuniversitäten wie Oxford und Cambridge wird neben der akademischen Ausbildung auf die ganzheitliche Stärkung der Persönlichkeit Wert gelegt. ◾

Kulturpolitik

Schaffung gesellschaftlicher Identität

Ob Literatur, bildende Kunst, Musik oder Theater: Kultur trägt zum Selbstverständnis einer Gesellschaft bei. Die demokratischen Staaten schützen das kulturelle Erbe und fördern in unterschiedlichem Ausmaß die Kulturschaffenden – auch zum eigenen Nutzen.

Maler verarbeiten in Bildern elementare menschliche Sehnsüchte, Wünsche und Ängste, Schriftsteller erschaffen in Romanen und Dramen neue Vorstellungswelten, Musiker erspüren das Lebensgefühl einer Generation: Zu jeder Zeit haben sich die Menschen kreativ mit ihrer Gegenwart auseinandergesetzt. Es ist eine zentrale Aufgabe jeder Kulturpolitik, die Schätze der Vergangenheit zu sichern und zu pflegen, damit sie von jeder Generation aufs Neue entdeckt werden können. Auf internationaler Ebene unterhält die UNESCO zahlreiche Gedenk- und Kulturstätten, die epochale Kulturleistungen dokumentieren und für die gesamte Menschheit wegweisend sind. In erster Linie ist die Sicherung des kulturellen Erbes jedoch Sache der Nationalstaaten, die Museen, Archive und Bibliotheken finanzieren. Zumeist werden auch andere öffentliche Kulturinstitutionen wie Theater- oder Opernhäuser durch die Öffentlichkeit mitgetragen. Das nationale Kulturerbe dient Politik und Gesellschaft nicht zuletzt als Mittel zur Selbstvergewisserung und Selbstbefragung der eigenen Identität. Der Rang als Kulturnation, wie ihn etwa Deutschland und Frankreich für sich beanspruchen, gehört zur „Soft Power" eines Landes.

Es geht jedoch nicht nur um die Pflege der eigenen Kulturgeschichte. Kulturpolitik soll auch die rechtlichen, wirtschaftlichen und sozialen Rahmenbedingungen für gegenwärtige Kunstproduktion verbessern. Dabei wird in Demokratien über Sinn und Unsinn sowie Ausmaß und Schwerpunkte von staatlicher Kulturförderung heftig gestritten. Schließlich lebt Kunst von dem Ideal, sich abseits jeden Interesses zu entfalten. Einige sehen in der direkten Kunstförderung durch Subventionen und dotierte Wettbewerbe die Gefahr, dass weniger die Qualität von Kunst als vielmehr ihre politische Opportunität in den Vordergrund gerückt werden könnte. Dabei entstehen Kunst und Kultur oft in kritischer Distanz zu Gesellschaft und Macht. In den angelsächsischen Ländern mit einer starken Markttradition wie Großbritannien oder den USA sind Kunst- und Kulturförderung eher staatsfern organisiert und werden vor allem von privaten oder halbstaatlichen Stiftungen getragen. Allerdings setzt kaum ein Land allein auf Marktmechanismen im Kulturbereich. In vielen europäischen Ländern gilt etwa eine gesetzliche Preisbindung für Bücher, die ein vielfältiges Angebot des „Kulturguts" Buch jenseits der Nachfragelogik sichern soll. Um eine kulturelle Teilhabe aller zu ermöglichen, unterstützen manche Staaten gezielt Avantgarde- oder Minderheitenkunst. ■

» Kultur kostet Geld. Sie kostet Geld vor allem auch deshalb, weil der Zugang zu ihr nicht in erster Linie durch einen privat gefüllten Geldbeutel bestimmt sein darf. (...) Substanziell hat die Förderung von Kulturellem nicht weniger eine Pflichtaufgabe der öffentlichen Haushalte zu sein als zum Beispiel der Straßenbau, die öffentliche Sicherheit oder die Finanzierung der Gehälter im öffentlichen Dienst. Es ist grotesk, dass wir Ausgaben im kulturellen Bereich zumeist „Subventionen" nennen, während kein Mensch auf die Idee käme, die Ausgaben für ein Bahnhofsgebäude oder einen Spielplatz als Subventionen zu bezeichnen. (...) Kultur ist kein Luxus, den wir uns leisten oder auch streichen können, sondern der geistige Boden, der unsere eigentliche innere Überlebensfähigkeit sichert. «

Der damalige deutsche Bundespräsident Richard von Weizsäcker am
11. September 1991 in einer Rede

Innere und äußere Sicherheit

Der Staat als Schutzmacht

Die eigenen Bürger vor Bedrohungen und Gefahren notfalls mit Anwendung von Gewalt oder Zwang zu schützen gehört zu den Kernaufgaben auch des demokratischen Staates. Die Herausforderung dabei ist, die Sicherheitsinteressen mit den Freiheitsrechten der Bürger in eine vernünftige Balance zu bringen.

Ein gutes Stück von Thomas Hobbes' *Leviathan* steckt heute noch selbst im demokratischsten Staat. In seiner polittheoretischen Schrift hat der Theoretiker des Absolutismus im 17. Jahrhundert den modernen Machtstaat der Gegenwart vorausgedacht: Um der allgegenwärtigen Bedrohung durch willkürliche Aggressionen zu entkommen, unterwerfen sich die Bürger – so die bildliche Vorstellung von Hobbes – vollständig dem Gewaltmonopol des Staates. Im Gegenzug garantiert dieser seinen Bürgern ihren persönlichen Schutz. Tatsächlich wird das staatliche Gewaltmonopol heute allgemein anerkannt. Es gilt als zivilisatorischer Fortschritt und Vorbedingung gesellschaftlichen Friedens. Selbstjustiz ist bis auf wenige Ausnahmen in modernen Staaten verboten. Die Menschen sollen nach einem Einbruch oder einem Gewaltdelikt nicht auf eigene Faust auf Verbrecherjagd gehen, sondern die Nummer der Polizei wählen, im Vertrauen, dass die zuständigen Ermittlungsbehörden die Schuldigen aufspüren und zur Verantwortung ziehen. Dies ist eine Grundvoraussetzung dafür, dass alle

Bürger weitgehend ohne Angst voreinander zusammenleben können.

Die Unversehrtheit der Bürger und eine allgemeine Sicherheit zu gewährleisten ist vielleicht die wichtigste Aufgabe des Staates. Auf der Exekutivebene unterhält er deshalb eine Vielzahl von Behörden und Institutionen, die für die Aufrechterhaltung der öffentlichen Ordnung zuständig sind. Sie sollen die Staatsautorität nach innen und außen schützen. So wie eine staatliche Armee die Landesgrenzen gegen das Eindringen einer auswärtigen Macht verteidigen soll, so sorgen Polizei- und Sicherheitsbehörden für den Schutz im Inneren. Ihnen obliegen die Gefahrenabwehr sowie die Verfolgung von Straftaten und Ordnungswidrigkeiten.

Das staatliche Zwangsmonopol garantiert zwar eine weitgehende Gewaltfreiheit der Gesellschaft und damit eine relative persönliche Sicherheit jedes Einzelnen, birgt aber immer die Gefahr einer Verselbstständigung. Auf Befehl und Gehorsam getrimmte intransparente Großorganisationen mit erlaubtem Waffenbesitz wie Polizei und Militär neigen quasi natürlich dazu, eigene interne Loyalitäten auszubilden und sich zu einem „Staat im Staate" zu entwickeln. In autoritären bzw. diktatorischen Regimen werden Armee, Polizei und Geheimdienste zur Unterdrückung der Opposition eingesetzt, wodurch die Sicherheitsbehörden oft zu einem eigenständigen Machtfaktor werden.

Um solchen Missbrauch zu verhindern, ist der Sicherheitsapparat in demokratischen Verfassungsstaaten an das geltende Recht und die bürgerlichen Grundrechte gebunden. Der Einsatz von Zwang und Gewalt ist nur unter Wahrung rechtsstaatlicher Vorgaben erlaubt. Inwieweit neuartige Bedrohungsszenarien eine Einschränkung individueller Freiheitsrechte rechtfertigen können, ist ein regelmäßiger Streitpunkt zwischen den Experten der verschiedenen politischen Lager. Soll etwa die Online- und Videoüberwachung zur präventiven Abwehr potenzieller Terroristen ausgeweitet werden? Eher konservative Sicherheitspolitiker, die in erster Linie Risiken ausschließen wollen, werden dies eher befürworten als ihre liberalen Kollegen, die vor allem die Privatsphäre des Bürgers bedroht sehen. Streben die einen nach maximalem Schutz um fast jeden Preis, fürchten die anderen eine Übermacht des Staates. Die zwei Leitwerte Freiheit und Sicherheit stehen in einer Demokratie in einem ständigen politischen Spannungsverhältnis. ■

Soziale Sicherheit

Staatlich organisierte Solidarität

Moderne Demokratien verstehen sich immer auch als Sozialstaaten, in denen möglichst jeder Mensch ein Leben ohne substanzielle Not führen kann. Versicherungen und Sozialleistungen sollen Lebensrisiken abwenden bzw. Armut verhindern, wobei das Ausmaß staatlicher Fürsorge politisch umstritten ist und national große Unterschiede aufweist.

> **Sozialhilfe und Sozialversicherung sind getrennte Systeme, wie Barmherzigkeit und Gerechtigkeit unterschiedliche Prinzipien sind. Beide ergänzen sich und sind aufeinander angewiesen. Nur in der Utopie ist Gerechtigkeit so perfekt, dass sie nicht des Beistandes ihrer Schwester Barmherzigkeit bedarf.**
>
> Norbert Blüm in *Von der Sozialversicherung zur Fürsorge*

Der Sozialstaat in der westlichen Welt verkörpert institutionell die Bereitschaft der Gemeinschaft, für das Individuum einzustehen, das sich selbst nicht helfen kann. Dazu gehört die Absicherung der existenziellen Lebensrisiken durch ein umfassendes soziales Versicherungssystem. Schließlich kann jeder Mensch unverschuldet in Notlagen geraten, in denen er auf Unterstützung durch seine Mitmenschen angewiesen ist. Vor plötzlicher Krankheit etwa, die das ganze Leben von heute auf morgen auf den Kopf stellen könnte, ist kein Mensch geschützt. Weil Krankheiten jeden treffen können, den CEO genauso wie den Obdachlosen, werden die Kosten ihrer Behandlung in fast jedem Land als Aufgabe von allen verstanden. Auf diesem Prinzip der Solidarität basieren nicht nur die staatlich oder staatsnah organisierten Krankenversicherungen, sondern auch die anderen Sozialversicherungen, die sich im Laufe des 20. Jahrhunderts in den meisten westlichen Demokratien in ähnlicher Form etabliert haben. Hierzu gehört die Arbeitslosenversicherung, die für den Fall der Arbeitslosigkeit für einen bestimmten Zeitraum den Einkommensverlust teilweise kompensiert. Hinzu kommt die Pflegeversicherung, die Pflegebedürftigen durch Pflegegeld und Unterstützung von professionellen Fachkräften ein maximal selbstbestimmtes Leben ermöglichen will. Und schließlich die Rentenversicherung, aus der später beim Ausscheiden aus dem Berufsleben eine regelmäßige Rente bezahlt wird und die so zu einem sorgenfreien Lebensabend beitragen soll.

Alle Versicherungen wollen den finanziellen und sozialen Lebensstandard des Versicherten so gut es geht erhalten. Dabei werden die Versicherungen in den meisten Ländern vorwiegend durch Beiträge auf das Arbeitseinkommen finanziert. Diese werden zu gleichen Anteilen von allen Arbeitnehmern und Arbeitgebern in normalen Beschäftigungsverhältnissen getragen. Die Leistungen aus der Renten- und Arbeitslosenversicherung orientieren sich weitgehend an der Höhe der eingezahlten Beiträge. Die Versicherungen im Krankheits- und Pflegefall hingegen kommen in den meisten Sozialstaaten für alle elementaren medizinischen Kosten auf, unabhängig davon, wie viel der Kranke individuell eingezahlt hat.

Allerdings zeigen sich erhebliche Unterschiede zwischen den einzelnen Staaten, wenn es um Leistungsumfang und Organisation der Leistungsgewährung der verschiedenen Sozialversicherungen geht. Ist der Versicherungsschutz in kontinentaleuropäischen und skandinavischen Ländern relativ umfassend, wird in liberalen Wohlfahrtsstaaten, die stark auf die individuelle Eigenvorsorge setzen, in der Regel nur eine Basisversorgung gewährleistet. In den USA gibt es beispielsweise keine staatlich finanzierte Krankenversicherung für alle Bürger. Hier sind allein Senioren ab 65 Jahren sowie Menschen mit Behinderungen abgesichert, außerdem sind Selbstbeteiligungen vorgesehen. Der Staat übernimmt die Kosten für medizinische Behandlungen von Menschen mit geringem Einkommen, wenn Bedürftigkeit nachgewiesen werden kann.

Damit zählt diese Leistung bereits zur sozialen Fürsorge, dem anderen zentralen Standbein des modernen Sozialstaats. Das mit Beiträgen finanzierte soziale Versicherungssystem betrifft die gesamte Bevölkerung und ist auf Gegenseitigkeit aufgebaut. Leistungen der sozialen Grundsicherung können Menschen jedoch nur beanspruchen, wenn sie nachweislich ihren Lebensunterhalt nicht selbst bestreiten können. Die Sozialhilfe etwa soll zumindest das Existenzminimum absichern. Als Ergebnis von staatlicher Umverteilung sind diese Zuwendungen in der Regel aus allgemeinen Steuermitteln finanziert. Dabei soll neben dem Überleben ein Minimum an gesellschaftlicher Teilhabe ermöglicht werden. ▪

Verteilungspolitik

Wie kann der Staat soziale Ungleichheit lindern?

In jeder Gesellschaft gibt es mehr oder weniger große Unterschiede in Einkommen und Vermögen, wobei demokratische Politik einen sozialen Ausgleich zu erreichen versucht. Die Akzeptanz von Ungleichheit hängt nicht zuletzt davon ab, für wie durchlässig die Sozialordnung gehalten wird.

In wirtschaftlich schwachen Diktaturen ist die Diskrepanz zwischen Reichtum und Armut in der Regel besonders groß. Aber selbst in den wohlhabendsten Ländern der Erde profitieren die Menschen nicht annähernd in gleichem Maß vom allgemein erwirtschafteten Wohlstand. In Europa wie auch in Nordamerika hat sich in den letzten Jahren die Einkommens-, aber insbesondere auch die Vermögensverteilung zunehmend ungleich entwickelt. In der Regel verfügt ein einstelliger Prozentsatz der Bevölkerung über weit mehr als die Hälfte der gesamten nationalen Geld- und Sachwerte.

Wer eine Gesellschaftsordnung mit einer Marktwirtschaft befürwortet, muss bis zu einem gewissen Grad soziale Ungleichheit in Kauf nehmen. Liberale und Konservative gehen davon aus, dass Menschen, die sich mehr bemühen oder effizienter arbeiten, auch mit mehr belohnt werden müssen. Weil Menschen so zu weiteren Anstrengungen motiviert würden, könne soziale Ungleichheit als Triebfeder für Innovation und Wettbewerb gelten. Dabei ist es vor allem in Kontinentaleuropa Konsens unter den staatstragenden Parteien, dass ein zu großer Abstand der sozialen Schichten den

gesellschaftlichen Zusammenhalt gefährdet und deshalb der Staat Umverteilungspolitik betreiben muss. Für eher linke Parteien ist es zudem ein Gebot der sozialen Gerechtigkeit, dass alle Mitglieder einer Gesellschaft in gewissem Maß an deren Wohlstand teilhaben sollen.

Im Zentrum der Umverteilung steht in der Systematik der nationalen Einkommenssteuersysteme das Prinzip: Wer mehr verdient, muss einen größeren Teil seines Einkommens als Steuer abgeben. Mit wachsendem Einkommen erhöht sich kontinuierlich der Durchschnittssteuersatz, der ab einem bestimmten Höchstsatz konstant bleibt (Spitzensteuersatz). Zusätzlich gibt es oft weitere Steuern zur Vermögensverteilung. Einige Länder wie Frankreich oder die Schweiz erheben ab einem bestimmten Wert des Vermögensbestands eine Vermögenssteuer. Die zentrale Umverteilungssteuer ist aber die Erbschaftssteuer, die immer wieder Gegenstand grundlegender politischer Diskussionen über Gerechtigkeit ist. So geht nach dem Tod eines Vermögenden sein Besitz in der Regel an die nächsten Verwandten über, die auf ihren Erbteil eine Steuer zu entrichten haben, wobei in Abhängigkeit der familiären Nähe hohe

Freibeträge gelten. Viele plädieren hier für einen starken staatlichen Zugriff. Dass einige Menschen allein aufgrund ihrer familiären Herkunft und nicht durch ihrer Leistung plötzlich in den Besitz von teils großen Vermögen kommen, verletze elementar den liberalen Grundsatz der Chancengleichheit, wonach die Menschen im Wettbewerb um Güter und Vorteile möglichst gleiche Ausgangsbedingungen haben sollen. Wenn sozial schwächeren Schichten der Aufstieg so faktisch verunmöglicht wird, kann Ungleichheit zu schweren sozialen Konflikten führen. ◼

>> Ungleichheit stellt heute eine der größten Herausforderungen für unsere Volkswirtschaften und Demokratien dar. Ungleichheiten, die einst geduldet wurden, weil die Menschen sich gar nicht bewusst waren, wie ungleich die Dinge eigentlich sind, werden jetzt nicht mehr geduldet, weil alle ein Smartphone haben und sehen können, wie ungleich es zugeht. Dieses Bewusstsein gibt es selbst im kleinsten afrikanischen Dorf; die Menschen dort können sehen, wie man in London oder New York lebt. Das ärmste Kind in einem unserer Länder kann jetzt sehen, was andere Leute haben, das es selbst nicht hat. Nicht nur die Ungleichheit nimmt also zu, sondern auch das Bewusstsein dieser Ungleichheit. Das ist für die Stabilität unserer Demokratien eine gefährliche Kombination. «

US-Präsident Barack Obama in einer Rede in Athen, 2016

Wirtschaftspolitik

Wie viel Staat darf sein?

Sichert der Staat vor allem die Rahmenbedingungen für einen fairen ökonomischen Wettbewerb oder greift er auch verstärkt in Wirtschaftsprozesse ein, um politische Ziele zu erreichen? In den verschiedenen Marktwirtschaften spielt der Staat mal eine aktivere, mal eine passivere Rolle.

Ohne freies Unternehmertum ist kein Staat zu machen: Das ist spätestens seit dem Scheitern des sogenannten real existierenden Staatssozialismus weitgehend unstrittig. Reine Staatswirtschaften, in der alle Wirtschaftsprozesse von zentralen Behörden gesteuert werden, haben sich als ineffizient und innovationsunfähig erwiesen. Dass es einer prinzipiell wettbewerbsorientierten Wirtschaft bedarf, die auf Eigeninitiative und Selbstverantwortung aufbaut, um Wohlstand und Fortschritt zu ermöglichen, ist mittlerweile politischer Konsens, der heute teilweise sogar im kommunistisch regierten China gilt.

In der Frage, in welchem Umfang staatliche Wirtschaftspolitik mehr sein soll als die Herstellung und Sicherung gerechter und funktionstüchtiger ökonomischer Wettbewerbs- und Ordnungsstrukturen, unterscheiden sich die politischen Vorstellungen in den Demokratien jedoch teilweise erheblich. Angemessenes Wirtschaftswachstum, Preisstabilität, ein hoher Beschäftigungsstand, außenwirtschaftliches Gleichgewicht, neuerdings auch vielerorts Umweltschutz sowie eine gerechte Einkommens- und Vermögensverteilung gelten allgemein als wichtige Ziele staatlicher Wirtschaftspolitik, über deren Priorisierung und

Wege zur Erreichung zwischen den politischen Lagern grundsätzlich gestritten wird. Während linke, marktskeptische Positionen wenn nötig auch massive Staatsinterventionen (von Subventionen über Preisregulierungen bis hin zu Verstaatlichungen) befürworten, um wirtschaftliche Abläufe in politisch gewollte Richtungen zu lenken, vertrauen liberale Kreise eher auf die Selbstregulierungskräfte des Marktes, um ihre politischen Zielvorstellungen zu erreichen.

In Wirtschaftskrisen versucht eine nachfrageorientierte Wirtschaftspolitik durch staatliche Interventionen und umfangreiche Konjunkturprogramme den Konsum der Verbraucher anzukurbeln. Dagegen setzt eine angebotsorientierte Wirtschaftspolitik mit Steuererleichterungen und Deregulierung stärker auf Unternehmensentlastungen. Mit ihren Hilfsprogrammen während der Corona-Krise haben viele Regierungen mit sehr unterschiedlichen Maßnahmen beide Ansätze gleichzeitig verfolgt: von Konsumschecks für private Haushalte in Japan über substanzielle Finanzspritzen für Selbstständige und Kleinunternehmen in Deutschland bis hin zu Staatsbeteiligungen an Großunternehmen und landesweite Steuersenkungen in verschiedenen Staaten. Die Wirksam-

keit dieser Interventionen lässt sich ablesen im Vergleich der Auswirkungen der Corona-Krise und des Schwarzen Freitags, an dem 1929 in New York die Börse abstürzte und die Weltwirtschaft ohne staatliche Hilfsprogramme in eine tiefe, jahrelang anhaltende Rezession abglitt.

Erkennen Marktskeptiker im Staat einen notwendigen Stabilisator und eigenständiges Wirtschaftssubjekt, empfinden ihn Liberale eher als einen störenden Vormund, der natürliche Wirtschaftsabläufe in einer freien Gesellschaft höchs-

tens hemmen, aber nicht wirklich ändern kann. Die jeweiligen nationalen Wirtschaftsmodelle unterscheiden sich mehr oder weniger stark je nach Art und Weise des staatlichen Eingriffs in die Marktordnung. Dominiert etwa in den angelsächsischen Ländern ein wettbewerbsorientierter Liberalismus, ist in Kontinentaleuropa das Modell der „sozialen Marktwirtschaft" verbreitet, das Marktlösungen mit sozialen Ausgleichmechanismen verbinden will. ▪

Tarifpolitik

Das politische Dreieck Staat, Gewerkschaft und Arbeitgeber

In vielen Ländern Europas regeln Arbeitgebervertreter und Gewerkschaften die Arbeitsbedingungen in den Branchenbetrieben mehr oder weniger autonom über Tarifverträge. Dabei gibt der Staat einen rechtlichen Rahmen vor und interveniert gegebenenfalls bei der Lohnbildung.

Bis ins 20. Jahrhundert entschieden Unternehmer weitgehend selbstständig, wie lange ihre Arbeitskräfte tätig sein sollten und welchen Lohn sie ihnen zahlten. Staat und Wirtschaft verweigerten den Arbeitern jedes Mitspracherecht und bekämpften die Gründung von Gewerkschaften als deren Interessenvertretung. So blieben politische Verbesserungen der Arbeitsbedingungen über lange Zeit das Ergebnis von polarisierten Kämpfen, die teils gewalttätig auf der Straße und in den Betrieben ausgefochten wurden. Heute gehören die Gewerkschaften in Demokratien zu den wichtigsten gesellschaftlichen Organisationen. In vielen Ländern übernehmen sie die Aufgabe, für die Arbeitnehmer mit den Unternehmensvertretern zu verhandeln. Dabei geht es nicht nur um Löhne und Gehälter, sondern auch um konkrete Arbeitsregelungen in den Betrieben. Dazu haben die Gewerkschaften als letztes Druckmittel das Streikrecht durchgesetzt.

Ob Arbeitnehmerorganisationen zur Durchsetzung ihrer Forderungen mehr auf Konfrontation oder auf Kooperation setzen, liegt nicht zuletzt an den jeweiligen nationalen Rahmenbedingungen. So verstehen sich Gewerkschaften in Ländern, in denen das Arbeits- und Sozialrecht eher unternehmerfreundlich gestaltet ist, teilweise immer noch als politisches Gegengewicht zum kapitalistischen Staat. Dagegen verfügen Gewerkschaften in Ländern mit starker Sozialstaats- und Konsensorientierung über zahlreiche Mitbestimmungsrechte wie etwa die Einsetzung von Betriebsräten in den Unternehmensgremien. Hier betrachten sich die Arbeitnehmervertreter in erster Linie als Kooperationspartner von Unternehmen und Staat. Das unter anderem in Deutschland, Österreich, der Schweiz und Skandinavien etablierte Modell der sogenannten Sozialpartnerschaft setzt auf einen eigenverantwortlichen Interessenausgleich der Tarifpartner. Während die Arbeitgeber vor allem den Betriebsfrieden sichern wollen, geht es den Gewerkschaften vorranging um den Schutz der Arbeitnehmer vor Ausbeutung. In diesem Sinn hat die EU den sogenannten Europäischen Sozialdialog initiiert. Dieser soll auf europäischer Ebene in den verschiedenen Branchen nach und nach kooperative Arbeitgeber-Arbeitnehmer-Beziehungen in Fragen der Sozial- und Arbeitspolitik institutionalisieren.

Wie gefährdet das Modell der Sozialpartnerschaft aktuell ist, zeigt gerade das Beispiel Deutschland. Dort ist nach dem Zweiten Weltkrieg die Tarifautonomie der Sozialpartner als Grundrecht in der Verfassung festgelegt worden. Demnach können Arbeitgeberverbände und Gewerkschaften in ihren Branchen rechtlich verbindliche sowie zeitlich befristete Vereinbarungen über Lohn- und Sozialpolitik treffen – ohne staatliche Einmischung. Nur für einzelne allgemein sozialpolitische Vertragsinhalte wie etwa Mindesturlaub gibt der Staat Grenzen vor. Die tariflichen Regelungen gelten zwar für ganze Branchen im Tarifgebiet, aber prinzipiell nur für Arbeitsverhältnisse in Unternehmen, die Tarifvertragspartner sind. Allerdings kann das Arbeitsministerium auf Antrag die Regelung für allgemeinverbindlich erklären. Dank beidseitiger Kompromissbereitschaft profitierten die Arbeitnehmer bisher von dem allgemeinen Wirtschaftswachstum. Streiks wurden in der Regel vermieden, eine hohe gesellschaftliche Stabilität schien garantiert. In den letzten Jahren haben jedoch die immer stärkeren ökonomischen Fliehkräfte in vielen Branchen diesen Konsens untergraben. Gewerkschaften, aber auch Arbeitgeberverbände haben massiv an Mitgliedern verloren. Heute herrscht insbesondere in den einfachen Dienstleistungsberufen vielerorts Tariflosigkeit, und prekäre Arbeitsbeziehungen erleben eine Renaissance. Angesichts der steigenden Armut trotz Arbeit drängen gerade linke Kräfte auf weitere staatliche Reglementierungen betriebswirtschaftlicher Regelungen. ∎

Beschäftigungs-politik

Die Regulierung des Arbeitsmarkts

Nicht nur aus sozialpolitischen Gründen strebt der demokratische Staat einen höchstmöglichen Beschäftigungsstand an. In welchem Ausmaß die Politik aktiv steuernd in den Arbeitsmarkt eingreifen soll, ist ein klassischer Streit zwischen den ideologischen Lagern.

Arbeiten wir, um zu leben, oder leben wir vielmehr, um zu arbeiten? Erwerbsarbeit ist zum zentralen Lebenswert in modernen Gesellschaften geworden. Mit ihr finanzieren die meisten Menschen den eigenen Lebensunterhalt. Zudem soll eine regelmäßige Beschäftigung den Einzelnen in das Sozialleben integrieren und ihm das Gefühl geben, gebraucht zu werden. So ist Arbeit heute für viele nicht nur eine Notwendigkeit, sondern auch Selbstverwirklichung und Lebensinhalt. Keine Arbeit zu haben oder zu finden hat oft negative seelische Folgen und kann zu sozialen Konflikten führen. Der Staat ist daher nicht nur moralisch verpflichtet, sondern hat ein elementares Eigeninteresse daran, für eine hohe Beschäftigungsquote zu sorgen. Zumal das soziale Sicherungssystem in fast allen Ländern auf Abgaben auf das Arbeitseinkommen basiert. Nicht zuletzt ist die Finanzierung des Sozialstaats von einer funktionierenden Arbeitsgesellschaft abhängig. Aus diesen Gründen ist der Kampf gegen Arbeitslosigkeit eine der wichtigsten Aufgaben von Politik.

Dabei ist Arbeit in liberalen Demokratien grundsätzlich marktwirtschaftlich organisiert. Auf dem Arbeitsmarkt treffen Unternehmer und Arbeitskräfte nach dem Prinzip von Angebot und Nachfrage aufeinander. Allerdings funktioniert der Markt in der Regel nur sehr unvollkommen. Zum Beispiel können in einem gefragten Bereich sehr viele Fachkräfte keine Arbeit finden und gleichzeitig in einem anderen, weniger attraktiven Berufsfeld Stellen nicht besetzt werden. Dazu wird die freie Preisbildung in vielen Großbranchen durch überregionale Tarifverträge zwischen Gewerkschaften und Arbeitgeberverbänden (→ Seite 176) praktisch außer Kraft gesetzt. Mit rechtlichen Rahmenvorgaben sowie gezielten Maßnahmen und Interventionen greifen die Staaten in unterschiedlichem Ausmaß regulierend in das Marktgeschehen ein. Das Ziel ist jeweils, den allgemeinen Beschäftigungsstand zu erhöhen, Ungleichgewichte auf dem Arbeitsmarkt auszubalancieren und negative Folgen für die Erwerbslosen abzumildern.

Der Arbeitsmarkt wird so wesentlich von der Politik reglementiert. Doch ihre Strategien und

BESCHÄFTIGUNGSGRAD IN DER EU 1/2020

1.	Niederlande	78,4 %
2.	Deutschland	75,8 %
3.	Schweden	75,4 %
4.	Estland	75,0 %
5.	Tschechien	74,8 %
6.	Dänemark	74,7 %
14.	Portugal	69,8 %
21.	Frankreich	65,7 %
25.	Spanien	62,6 %
26.	Kroatien	61,4 %
27.	Italien	58,4 %
28.	Griechenland	55,8 %

Instrumente sind zwischen den politischen Lagern umstritten. Eine eher linke Politik will vor allem durch konjunktur- und fiskalpolitische Maßnahmen das Wirtschaftswachstum ankurbeln und so die Nachfrage nach Arbeitskräften steigern. Auf konservativ-liberaler Seite versucht man etwa durch die Lockerung des Kündigungsschutzes, die Anreize für Unternehmen zu erhöhen, ohne „großes Risiko" neue Mitarbeiter einzustellen. In diesem Sinn hat eine verstärkte Deregulierung des Arbeitsmarktes nach US-Vorbild in vielen europäischen Staaten in den letzten Jahrzehnten zu einer erheblichen Zunahme von sogenannten atypischen Beschäftigungsformen geführt. Hierzu zählen Zeitarbeitsverhältnisse sowie geringfügige und befristete Beschäftigungen. Wenn auch die Mehrzahl der Arbeitnehmer noch in Vollzeit abhängig tätig ist, so ist doch neben dem Anteil der Selbstständigen besonders die Zahl der prekär Beschäftigten stark gestiegen.

Die Arbeitsmarktpolitik setzt dagegen konkret an den Bedürfnissen der Erwerblosen an und verfolgt in erster Linie zwei Ziele: einerseits mit zeitlich befristeten Lohnersatzleistungen wie dem Arbeitslosen-, Insolvenz- und Kurzarbeitergeld die materielle Not von Erwerbslosigkeit abzumildern und andererseits mit individuell passenden Qualifizierungsmaßnahmen die Beschäftigungschancen der Erwerbslosen zu verbessern. Dazu gehören Beratung bzw. Arbeitsvermittlung genauso wie berufliche Weiterbildung oder Umschulung sowie gegebenenfalls eine finanzielle Unterstützung bei Einstieg in eine neue Tätigkeit. Vor allem linke Kräfte plädieren für den Aufbau eines staatlich subventionierten „zweiten Arbeitsmarkts", der Sozialaufgaben organisieren und Langzeitarbeitslose gesellschaftlich integrieren soll. ◼

Wohnungspolitik

Jedem ein Dach über dem Kopf

Die Politik greift in vielerlei Hinsicht regulierend in den Wohnungsmarkt ein, wobei sich die Zielsetzungen immer wieder ändern.

Wer in Paris, München oder London eine ausgeschriebene Mietwohnung mieten oder kaufen will, muss in der Regel mit viel Konkurrenz rechnen – und viel Geld in die Hand nehmen, wenn er den Zuschlag erhält. Nirgendwo tritt die zunehmende soziale Spaltung so offen zutage wie auf dem Wohnungsmarkt. Insbesondere in den begehrten Metropolregionen ist bezahlbarer Wohnraum für breite Bevölkerungsschichten zum raren Gut geworden. Nicht nur Linke plädieren wieder für mehr staatliche Investitionen in den sozialen Wohnungsbau. Der Blick fällt auf die Zeit nach dem Zweiten Weltkrieg zurück, als sich der Staat mitverantwortlich fühlte, dem allgemeinen Wohnungsmangel nach den großen kriegsbedingten Zerstörungen entgegenzuwirken. In dieser Zeit wurde in liberalen Demokratien die Wohnungspolitik zum festen Bestandteil der Sozialpolitik, die bis heute sowohl Angebot als auch Nachfrage auf dem Wohnungsmarkt stark beeinflusst. Dabei werden Umfang und Ausgestaltung der staatlichen Maßnahmen von der politischen Ausrichtung der jeweiligen Regierungen geprägt. Nach 1945 wurde insbesondere in Europa der staatliche Wohnungsbau massiv intensiviert, um allen Bürgern eine erschwingliche Unterkunft anbieten zu können. Gleichzeitig wurde die Belegung der Neubauten an gesetzliche Vorschriften gebunden.

Hinzu kam die Einführung staatlicher Mietzuschüsse sowie der kontinuierliche Ausbau der Mieterrechte. Vielerorts dominierten die staatlichen Wohnungsunternehmen sogar den Markt, wobei ab den 1980er-Jahren die qualitative Bestandssicherung an Bedeutung gewann. Eine stärkere marktwirtschaftliche Ausrichtung der Politik legte den Schwerpunkt dann vor allem auf die Unterstützung von individuellem Wohneigentum. Mit Steuernachlässen und teils üppigen Zuschüssen förderte der Staat den Bau der eigenen vier Wände, was in vielen Regionen einen bis heute anhaltenden Boom am Immobilienmarkt auslöste. Insbesondere die USA und Großbritannien wandelten sich zu Gesellschaften von Haus- und Wohnungseigentümern, deren Quote zeitweise bei bis zu 70 Prozent lag. Daneben unterstützte der Staat teilweise die ökologische Modernisierung und Sanierung von Wohnraum durch die Hauseigentümer, was den Wertzuwachs von Immobilien noch erhöhte. Der Zusammenbruch des US-Immobilienmarkts 2008 hat jedoch die Anzahl der Wohnungseigentümer in den USA wieder stark reduziert. In den Großstadtregionen vieler Länder steigen die Immobilienpreise allgemein schneller als die Einkommen. Dadurch müssen Haushalte immer größere Teile ihres zur Verfügung stehenden Budgets für das Wohnen ausgeben. ▪

Verkehrspolitik

Mobilität der Zukunft

Globalisierte Gesellschaften und Ökonomien sind auf gut nutzbare Straßen-, Schienen-, Wasser- und Luftwege angewiesen. Neben Ausbau und Instandhaltung der Verkehrsinfrastruktur verfolgt moderne Verkehrspolitik heute aber auch das Ziel, Mobilität umweltschonender und nachhaltiger zu gestalten.

Dass Wirtschaft, Politik und Wissenschaft und auch Pivatleute international so eng miteinander vernetzt sind, liegt nicht zuletzt an den sich kontinuierlich verbessernden Mobilitätsbedingungen. Technik und Innovation haben im Laufe der letzten Jahrzehnte den Auf- und Ausbau von Handels-, Reise- und Transportwegen enorm beschleunigt, sodass immer schneller immer größere Entfernungen überwunden werden können. Je besser einzelne Landstriche in die überregionalen Verkehrsnetze eingebunden sind, desto größer kann ihr Anteil an den internationalen Warenströmen sein und damit am wirtschaftlichen Fortschritt. Die Qualität der Verkehrswege hat einen starken Einfluss auf den Wohlstand eines Landes. Die Verkehrsinfrastruktur zu erhalten, auszubauen und zu modernisieren ist daher eine Hauptaufgabe des Staates. Straßen, Brücken, Tunnel, Flughäfen und Häfen, Eisenbahnstrecken und Bahnhöfe müssen geplant, konstruiert und modernisiert werden. Dazu sind die großen, nach Verkehrsmitteln geordneten Verkehrssysteme Straßen-, Bahn-, Schiffs- und Flugverkehr mit individuellen Orientierungs- und Leitsystemen sowohl einzeln zu regeln als auch untereinander zu koordinieren. Die Ausgaben für die nationalen und zunehmend internationalen Verkehrsprojekte machen vielerorts einen großen Teil der öffentlichen Investitionen aus.

Neben Erhaltung und Ausbau einer leistungsfähigen Infrastruktur sowie der Verbesserung der Verkehrssicherheit nutzt der Staat seine Möglichkeiten, gezielt mobilitätspolitische Schwerpunkte zu setzen. In der Nachkriegszeit ermöglichte die staatliche Verkehrspolitik mit gewaltigen Infrastrukturmaßnahmen im Straßenbau den Siegeszug des Automobils. Das Auto als Verkehrsmittel der individuellen Mobilität avancierte zum Status- wie Kultsymbol und verkörperte Freiheit und Unabhängigkeit. Vor dem Hintergrund des wachsenden Umweltbewusstseins gerät diese klimaschädliche Politik immer stärker unter Rechtfertigungsdruck. Zumal das enorme Wachstum des Autoverkehrs die Metropolen immer häufiger zum Stillstand bringt. Insbesondere in den Städten ändert sich das Verkehrsverhalten spürbar. Umweltschonende Verkehrsmittel gewinnen an Bedeutung, was vor Ort durch den Ausbau von Fahrradwegen bzw. des öffentlichen Nahverkehrs im Rahmen einer nachhaltigen Mobilitätswende unterstützt wird. Insbesondere in der jüngeren Generation verliert das Auto zunehmend seinen exklusiven Status: Im modernen Verkehrsmix ist es nur noch ein Fortbewegungsmittel unter vielen. ▪

Familienpolitik

Das Fundament der Gesellschaft

Familienpolitik will das Wohlergehen von Kindern und die wirtschaftliche Stabilität von Familien fördern. Vor dem Hintergrund der Pluralisierung von Familienformen wird sie verstärkt als eine gesellschaftliche Gesamtaufgabe verstanden. Berufs- und Familienleben sollen kein Widerspruch mehr sein.

„Die Familie ist die natürliche Kernzelle der Gesellschaft und hat Anspruch auf Schutz durch Gesellschaft und Staat", heißt es im UN-Zivilpakt von 1966, der inzwischen von 172 Staaten ratifiziert wurde. Für die meisten Menschen ist die Familie in erster Linie ein Ort der privaten Intimsphäre. Hier sollen aber auch die Werte vorgelebt werden, auf denen Staat und Gesellschaft fundamental aufbauen: gegenseitige Unterstützung, Kompromissbereitschaft und Verantwortungsbewusstsein. Je besser das Kind in den ersten Jahren von den Eltern in einem Klima von Liebe und Zuneigung mit zentralen sozialen Verhaltensregeln vertraut gemacht worden ist, desto größer die Wahrscheinlichkeit, dass es sich später in der Gesellschaft zurechtfinden kann. Der Staat hat daher ein großes Eigeninteresse an funktionierenden Familien. Diese können heute in freien Gesellschaften vielfältige Formen annehmen. Auch sogenannte Patchwork- oder Regenbogen-Familien bieten Kindern eine Heimat und liebevolle Erziehung. Vielerorts sind sie rechtlich bereits der „klassischen" Kleinfamilie gleichgestellt.

Mit verschiedenen familienpolitischen Maßnahmen versucht der Staat, die Erziehungsarbeit der Eltern zu unterstützen und die gesetzlichen Rahmenbedingungen für Familien zu verbessern. Dabei werden nach den jeweils vorherrschenden Interessen übergeordnete politische Ziele wie etwa die Geburtenförderung- oder -senkung in den Blick genommen. Familienpolitik wird nicht zuletzt als Mittel zur Steuerung der demografischen Entwicklung konzipiert. Dies gilt insbesondere in Diktaturen, wo Familien prinzipiell einem gesamtgesellschaftlichen Zweck untergeordnet werden. So wurde zum Beispiel in China bis vor Kurzem die erlaubte Anzahl von Kindern gesetzlich vorgeschrieben. Aber auch Demokratien betreiben Bevölkerungspolitik. In Deutschland etwa, wo lange Zeit das Geburtenniveau sehr niedrig war, soll Familien die Entscheidung für Kinder erleichtert werden. Ein großes Gewicht kommt dabei dem Wunsch von immer mehr Frauen und Männern zu, trotz Elternschaft weiter am Arbeitsleben teilzunehmen. Nur bei einer besseren Vereinbarkeit von Familie und Beruf gründen mehr karrierebewusste Paare eine Familie, so die Kalkulation. Deswegen liegt der familienpolitische Fokus neben der finanziellen oder steuerlichen Unterstützung und Förderung einzelner Familienmitglieder vor allem auf der Verbesserung

der Betreuungssituation für Kinder. Die Prioritäten können hierbei von Land zu Land sehr unterschiedlich gesetzt werden.

Mit direkten oder indirekten Vergünstigungen will der Staat den finanziellen Mehraufwand von Familien sowie die erforderliche Erziehungszeit honorieren. Darunter fallen Sozialleistungen wie das Kindergeld. Einige Länder gewähren außerdem ein Elterngeld, das in der ersten Zeit für die Betreuung eines neugeborenen Kindes als Lohnersatzleistung gezahlt wird. Während die finanziellen Hilfen in manchen Staaten primär auf arme Familien und Kinder gerichtet sind,

gelten in anderen alle Familien als anspruchsberechtigt. Dazu sind in vielen Ländern Kindererziehung bzw. bestimmte Familienmodelle mit steuerlichen Vorteilen verbunden. In Skandinavien und den meisten westeuropäischen Ländern sind die entsprechenden Infrastrukturen inzwischen so stark ausgebaut, dass schon Kleinkinder sowie Schulkinder außerhalb der Unterrichtszeiten fast rund um die Uhr betreut werden können. Hier übernehmen ausgebildete Erzieher pädagogische Aufgaben. Zudem sollen individuelle Fördermaßnahmen der sozialen Ungleichheit entgegenwirken. ■

Kapitel 7

Internationale Politik

Globales Mächtekonzert

Eine kurze Geschichte der internationalen Politik

Vom Gleichgewicht der Mächte zur internationalen Zusammenarbeit und ihren Institutionen: Unser heutiges Staatensystem geht auf die Frühe Neuzeit zurück und hat sich seither zwischen Konkurrenz und Kooperation immer wieder neu formiert.

Internationale Politik meint allgemein die Beziehungen und institutionellen Verbindungen zwischen souveränen Staaten. In diesem Sinn kann erst ab dem 17. Jahrhundert wirklich von Staatenpolitik die Rede sein. In den Reichen des europäischen Mittelalters waren die Herrscher auf die Unterstützung regionaler Eliten angewiesen und deshalb nicht im heutigen Sinne „souverän". Oft kam es zu Rebellionen und blutigen Auseinandersetzungen. Krieg als Sicherung und Erweiterung von Machträumen war selbstverständlicher Teil jeder Herrschaftspolitik nach innen und nach außen. Die Verwüstungen des Dreißigjährigen Kriegs in Mitteleuropa, an dem am Ende fast alle europäischen Mächte beteiligt waren, leiteten ein grundlegendes Umdenken ein. Auf zwei Friedenskongressen, die sich über Jahre hinzogen, wurde 1648 erstmals ein Konflikt durch Verhandlungen dauerhaft gelöst. Gleichzeitig wurde der Grundstein für eine außenpolitische Ordnung gelegt, die jedem Herrscher die eigenmächtige Kontrolle über sein Hoheitsgebiet einräumte. In der Folge entstanden in ganz Europa moderne, im Inneren befriedete, mehr oder weniger zentralisierte Territorialstaaten. Sie wurden zur Grundlage einer ersten stabilen Staatenordnung. Weil die Staatsspitzen über das Gewaltmonopol nach außen verfügten, konnten sie glaubhaft im Namen der eigenen Territorien mit anderen Mächten bindende Vereinbarungen treffen und Verträge abschließen. Die Staaten wurden zu eigenständigen, unabhängigen Rechtssubjekten, mit denen man institutionelle Beziehungen unterhalten konnte. Das Souveränitätsprinzip der Staaten ist heute zentraler Baustein des internationalen Staatenverkehrs. Noch immer kann – zumindest theoretisch – keine Macht der Erde einen der insgesamt 194 anerkannten Einzelstaaten zwingen, gegen den eigenen Willen zu handeln. Alle Staaten sind rechtlich gleichgestellt, und kein Staat sollte sich in die inneren Angelegenheiten seiner Nachbarn einmischen dürfen: Diese Prinzipien des Völker-

rechts sind in der UN-Charta festgelegt und gelten allgemein.

Ab dem 18. Jahrhundert rückte die Sicherung
des zwischenstaatlichen Friedens stärker in den
Vordergrund. Staatenpolitik wurde immer mehr
zur Aufgabe der modernen Diplomatie, die sich
seit ihren Anfängen in den norditalienischen
Stadtstaaten ab dem 13. Jahrhundert ständig aus-
differenzierte und institutionalisierte. Hochqua-
lifizierte Fachbeamte sammelten in offiziellen
Auslandsvertretungen und den neu geschaffe-
nen Außenministerien Informationen aus dem
Ausland und bewerteten sie auf ihren Nutzen
oder Nachteil für das eigene Land. Diplomaten
organisierten einen regelmäßigen Austausch, um
Konflikte zu lösen, schmiedeten Allianzen oder
spielten ihre Kontrahenten gegeneinander aus.
Am Ende etablierte sich ein Gleichgewicht von
fünf Großmächten, das mindestens bis zum Ersten Weltkrieg Bestand hatte. Frankreich, Großbritannien, Russland, Österreich sowie Preußen/das
Deutsche Reich konkurrierten um Einflusssphären in Europa wie in Übersee und hielten sich
dabei gegenseitig in Schach. Trotzdem kam es
immer wieder zu Kriegen. Diese wurden aber bis
zur Französischen Revolution meistens eher ge-
schäftsmäßig unter größtmöglicher Schonung der
Zivilbevölkerung geführt und dienten in erster Linie der Wiederherstellung der alten Machtbalance.
Auch im Krieg sollten zivile Mindeststandards gelten: Als Teil des humanitären Völkerrechts haben
die allermeisten Staaten seit Mitte des 19. Jahrhunderts immer wieder Vereinbarungen getroffen, die wie das Genfer Abkommen festlegen, was
im Kriegsfall erlaubt und was verboten ist.

In den ideologisch aufgeheizten Großkonflik-
ten des 20. Jahrhunderts wurde das Kriegsrecht jedoch kaum berücksichtigt. Die Demokratisierung
der Staaten war vielerorts mit einem wachsenden
Nationalismus einhergegangen. Die aufgestauten
Aggressionen trieben Europa in zwei verheerende
Weltkriege und führten 1945 zum völligen Zusammenbruch des internationalen Staatensystems. An
Stelle der von Europa dominierten Bündnissyste-
me trat das bipolare Gleichgewicht zwischen den
USA und der Sowjetunion. Auf Basis der gegenseitigen nuklearen Abschreckung akzeptierten die
zwei ideologischen Antipoden ab den 1960er-Jah-
ren weitgehend die Teilung der Welt in ein kapi-
talistisches und ein kommunistisches Lager. Dies
sicherte bis auf vergleichsweise überschaubare regionale Konflikte einen fragilen globalen Frieden.

Nach der Implosion der kommunistischen Welt
und dem vermeintlichen Siegeszug des Kapitalismus schien die Realisierung einer „echten" Friedensordnung in den Bereich des Möglichen gerückt zu sein. Bereits nach dem Ersten wie nach
dem Zweiten Weltkrieg hatten idealistische Politiker auf ein internationales System hingearbeitet,
das nicht auf Misstrauen und Waffenbesitz, sondern auf Kooperation und Demokratie aufbauen
sollte. Statt Machtkämpfe sollten von allen freiwillig akzeptierte Rechtsvereinbarungen das Ne-
beneinander der Staaten regeln. Man hoffte, dass
eine verstärkte Zusammenarbeit in internationalen Organisationen und der Ausbau von Großin-
stitutionen wie der UNO zu Organen kollektiver
Entscheidungsfindung die staatliche Anarchie
zähmen könnte. Tatsächlich hat die immer stärkere Globalisierung dazu geführt, dass die grenzüberschreitende Kooperation in vielen Politikfeldern intensiviert wurde. Heute sind Staaten weltweit über Verträge und Abkommen immer enger
miteinander verzahnt. Allerdings hat sich die liberale Hoffnung, dass wirtschaftliche Zusammenarbeit automatisch mit einer Demokratisierung
ehemaliger Diktaturen einhergehen würde, als
Trugschluss erwiesen. Dies zeigen Beispiele wie
China oder Russland. Zudem lässt sich seit Kurzem wieder eine Rückkehr zur klassischen Großmachtpolitik erkennen. Insbesondere die USA
setzen unter Donald Trump immer weniger auf
Kooperation, sondern auf nationale Stärke – und
finden damit in vielen Ländern Nachahmer. ▪

Internationales Parkett

Die Kunst der Außenpolitik

Das Grundproblem jeder Außenpolitik ist die prinzipielle Anarchie in den internationalen Beziehungen. Es gibt keine Herrschaft und kein Gewaltmonopol, das den einzelnen Nationalstaaten übergeordnet ist. Daher sind geduldige, diplomatisch-politische Verhandlungen notwendig, um eigene Ziele international durchsetzen zu können.

Außenpolitik ist ohne Innenpolitik nicht denkbar. Obwohl sich Außenpolitik auf alle Aktivitäten mit anderen Staaten und internationalen Organisationen bezieht, werden ihre Ziele und Mittel vor allem von innenpolitischen Faktoren beeinflusst. In Demokratien bestimmen gesellschaftliche Erwartungen, politische Vorgaben sowie institutionelle Zuständigkeiten die außenpolitische Konzeption eines Staates mit. Legislative und Judikative mögen bei der Ratifizierung von internationalen Verträgen ein Mitspracherecht haben, der zentrale außenpolitische Akteur bleibt aber die Exekutive. Es ist die Regierung, die mithilfe der bürokratischen Apparate die nationalen Interessen gegenüber dem Ausland durchzusetzen versucht. Die Verantwortung liegt beim Regierungschef, im Alltag jedoch in erster Linie beim Außenminister und seinem Auswärtigen Dienst. Das klassische Mittel staatlicher Außenpolitik ist die Diplomatie. Zur Pflege der zwischenstaatlichen Beziehungen unterhalten die Staaten diplomatische Vertretung an den Regierungssitzen anerkannter Fremdstaaten. Als Chefdiplomaten repräsentieren die Botschafter in ihrer Person ihre jeweiligen Heimatstaaten. Sie fungieren als Vermittler bzw. Kommunikator zwischen der Politik ihrer eigenen Regierung und der ihres Gastlandes. Mit ihren Stäben bereiten sie Verhandlungen auf staatlicher Ebene vor. Über den Abschluss von Absichtserklärungen oder völkerrechtlich bindenden Abkommen entscheiden die Regierungschefs selbst auf Gipfeltreffen im Rahmen von bi- oder multilateralen Konferenzen.

Ob ein Staat seine Eigeninteressen auf dem internationalen Parkett durchsetzen kann, hängt nicht zuletzt von dem diplomatischen Geschick ab, die ihm zur Verfügung stehenden Machtmittel richtig einzuschätzen und die eigenen Ziele mit den Zielen anderer optimal abzustimmen. Egal ob es um Friedenssicherung, Wohlfahrtsförderung oder Ähnliches geht: Erfolgreiche Außenpolitik verfolgt immer eine Strategie, die die eigene geopolitische Lage, machtpolitische Potenz und Stellung im internationalen Staatensystem mitreflektiert. Ist das Land eine Großmacht oder ein Zwergstaat? Ist es eher isoliert oder von Koalitionen abhängig? Eine politisch-militärische Hegemonialmacht wie die USA kann international dominanter und egoistischer auftreten als eine europäische Mittelmacht wie Deutschland mit seinen zahlreichen Nachbarn, deren Interessen zum eigenen Vorteil mitgedacht werden sollten. So ergeben sich in der Regel auch die Präferenzen für ein eher nationalistisches Machtstreben ohne Rücksicht auf die Interessen anderer (Unilateralismus) oder für eine Politik, die auf internationale Kooperationen mit vielen Staaten setzt (Multilateralismus). ▪

» Diplomaten – gleich welche
Hintergrunds oder welchen
persönliche Eigenschaften bei d
außergewöhnlich große Rolle sp
Charakter auch durch ihren offiz
munikation zwischen Personen s
Wirksamkeit aus Verhaltensforn
Verhandlungen, die Notwendigk
tion, von Formlosigkeit ebenso v
ren. Charme, Überzeugungskraf
Klischees, sind aber als Bestand
unverzichtbar und hängen eher
Person als mit ihrer Ausbildung z

Volker Stanzel in *Auf Holzwegen oder Trittsteinen – Wohin geht die Diplomatie?*

Geschlechts, welchen sozialen
lters – sind Bürokraten, deren
Ausübung ihrer Tätigkeit eine
en. Verhandlungen erhalten ihren
llen Gestus; die informelle Kom-
bst aber erhält das Maß ihrer
n, welche die Komplexität von
it von Vertraulichkeit und Diskre-
e von Formbewusstsein reflektie-
oder Zurückhaltung klingen nach
ile kommunikativen Verhaltens
it dem Charakter einer
ammen.

Global Governance

Die Welt regieren ohne Weltregierung?

In zunehmendem Maße kennen politische Probleme keine nationalen Grenzen mehr. Will die Politik ihnen wirksam begegnen, muss sie sich nach Meinung vieler Beobachter von Grund auf globalisieren. Dabei hat die angestrebte weltweite Koordinierung internationaler Politik mit traditionellen Machtstrukturen zu kämpfen.

Die zusammenwachsende Weltgesellschaft vernetzt Kulturen und Volkswirtschaften – und lässt den Unterschied zwischen nationaler und internationaler Politik immer mehr verschwimmen. Ein Bürgerkrieg in Syrien etwa wäre vor nicht allzu langer Zeit in Europa kaum wahrgenommen worden. Heute steht er im Zentrum politischer Beratungen in den europäischen Hauptstädten, weil er den Migrationsdruck auf die nationalen Gesellschaften erhöht und wesentlich zu deren politischer Polarisierung beigetragen hat: Nur ein Beispiel dafür, wie sehr inzwischen regionale Ereignisse in vermeintlich weit entfernten Teilen der Welt unmittelbare Auswirkungen im eigenen

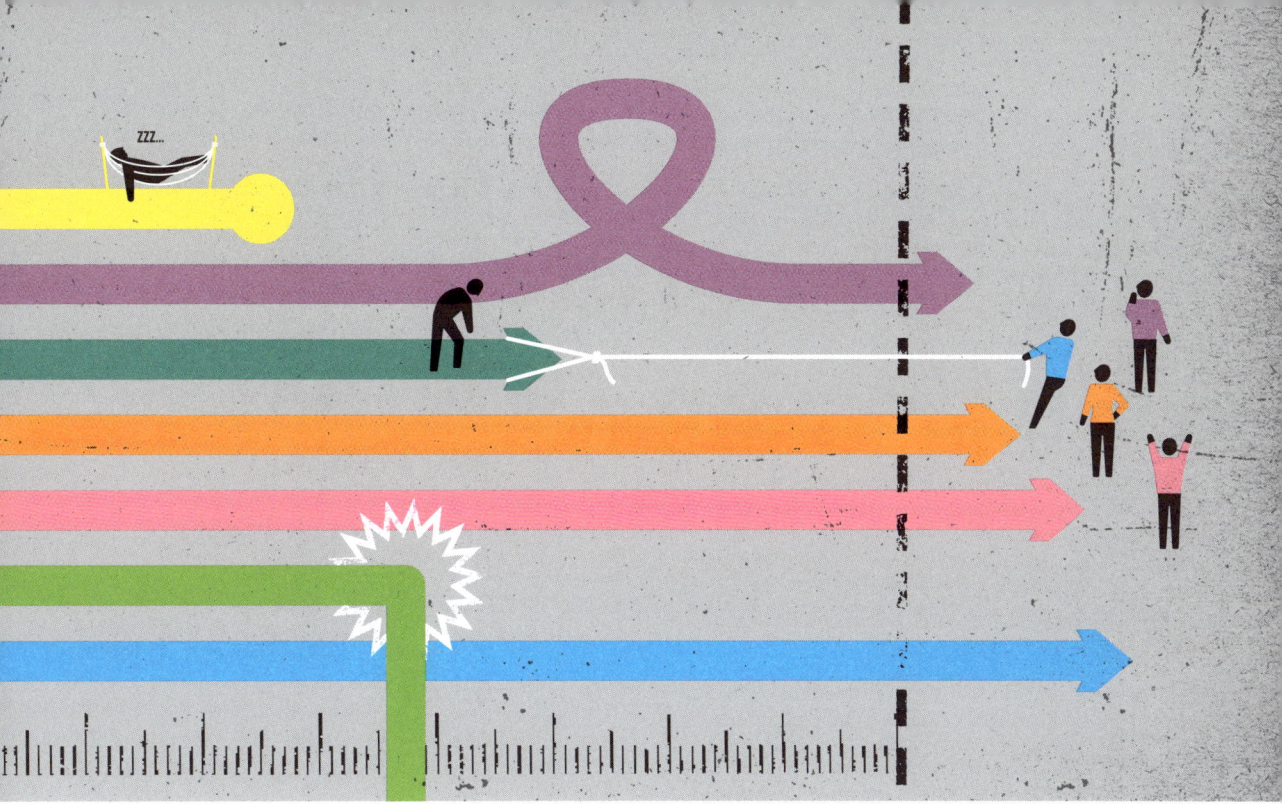

Land haben können. Doch nicht nur die weltweite Migration, sondern praktisch alle anderen Herausforderungen der Gegenwart sind globaler Natur: Kriminalität, Spaltung zwischen Arm und Reich, Terrorismus und natürlich Klima- und Umweltschutz. Von einzelnen Nationalstaaten sind sie faktisch nicht mehr allein zu bewältigen.

Tatsächlich pflegen Politiker, die die Chancen der internationalen Kooperation hervorheben, seit Jahren die Vision einer Weltinnenpolitik. Wie diese realisiert werden soll, bleibt jedoch unklar. Die lange mit der UNO (→ Seite 194) verbundene Vorstellung, eine Art „Weltregierung" zu installieren, deren Mehrheitswillen sich die Nationalstaaten fügen, hat jeden Glanz verloren. Schließlich stößt aktuell selbst die Stärkung so erfolgreicher Ordnungssysteme wie der EU, die nur eine überschaubare Zahl von Ländern einer Region umfasst, auf großen Widerstand.

Das neue, von Theoretikern entwickelte und von Institutionen konkret verfolgte Konzept ist das einer Global Governance. Dieser Ansatz will Macht nicht neu hierarchisieren, sondern die bestehenden internationalen Organisationsformate strukturell besser miteinander verknüpfen. Die souveränen Nationalstaaten sollen Hauptakteure und zentrale Entscheidungsinstanzen an der Basis bleiben. Angestrebt wird vor allem eine zunehmende Verrechtlichung der Beziehungen zwischen staatlichen und nicht-staatlichen Organisationen auf internationaler wie regionaler/kontinentaler Ebene. Praktisches Beispiel ist das Pariser Klimaschutzabkommen von 2015/16, das die Nationalstaaten zwingt, einen individuellen Klimaschutzbeitrag zu erarbeiten. Dass immer auch Rückschritte möglich sind, zeigen die Reaktionen auf den Ausbruch der Corona-Pandemie 2020. Zwar erschien angesichts der gemeinsamen Gefahr ein grenzüberschreitendes Handeln zwingend notwendig, trotzdem kam es zu einer unkoordinierten nationalen, regionalen, ja teils lokalen Abschottung. Anscheinend ziehen sich die Einzelstaaten in einer bisher unbekannten Krisensituation instinktiv lieber auf sich selbst zurück. ◼

Die Vereinten Nationen (UNO)

Die Weltorganisation

Die UNO hat den Weltfrieden noch nicht durchsetzen können. Zu oft erscheint die Vereinigung, die fast alle Staaten der Erde umfasst, als ein Spiegelbild der internationalen Machtverhältnisse. Doch mit ihren zahlreichen Sonderorganisationen bildet sie das institutionelle Grundgefüge jeder Weltpolitik.

„Das Völkerrecht soll auf einen Föderalismus freier Staaten gegründet sein", forderte der deutsche Philosoph Immanuel Kant 1795 in der Schrift *Zum ewigen Frieden*. Seine Idee einer globalen institutionellen Friedensordnung auf der Basis des Rechts war eine wichtige Inspiration für die Gründung der Vereinten Nationen 1945 unmittelbar nach dem Ende des bisher verheerendsten Konflikts in der Menschheitsgeschichte. „Nie wieder Krieg" war der Grundgedanke der 51 Nationen, die sich in New York mit einem feierlichen Bekenntnis zum Selbstbestimmungsrecht der Völker und der Gleichberechtigung aller Staaten zusammenschlossen. In Zukunft sollte die neue Weltorganisation im Geist einer immer engeren Zusammenarbeit und unter Beachtung der Menschenrechte alle Streitigkeiten zwischen den Staaten friedlich lösen. Im Jahr 2019 zählte die UNO 193 Mitglieder und umfasste damit fast die gesamte Welt. Sie hat sich zu einer komplexen Institution entwickelt, deren Tätigkeitsfelder seit 1945 erheblich erweitert worden sind. Inzwischen gibt es eine kaum überschaubare Vielfalt von Unter- und Spezialor-

ganisationen, die rechtlich und finanziell weitgehend eigenständig agieren. Hierzu gehören unter anderen der Internationale Währungsfonds (IWF), die Wissenschafts- und Kulturorganisation UNESCO und das Kinderhilfswerk UNICEF. Mit ihren infrastrukturellen Netzwerken bietet die UNO heute tatsächlich ein globales Forum für die Diskussion aller grundlegenden Weltprobleme.

Die Wahrung des Weltfriedens und die internationale Sicherheit bleiben die Hauptaufgaben der zentralen Institutionen der UNO. Diese folgen in ihrer Struktur der Idee eines Weltstaats mit Gewaltenteilung: Der Sicherheitsrat entscheidet als eine Art „Weltregierung" über Sicherheitsfragen und den Einsatz von Friedensmissionen; der Internationale Gerichtshof urteilt als „Weltgericht" über Rechtsstreitigkeiten zwischen den Staaten; die Generalversammlung kann als „Staatenparlament" zu allen Fragen Empfehlungen verabschieden. Nach außen vertritt der alle fünf Jahre von der Generalversammlung gewählte Generalsekretär die UNO. Der Amtsinhaber ist allerdings alles andere als ein „Regierungschef der

Welt" – vermutlich kennen die meisten Menschen nicht einmal seinen Namen. Letztlich ist der UN-Generalsekretär nur der höchste Verwaltungsbeamte einer Staatenorganisation, die entgegen der hochgesteckten Ambitionen und Erwartungen kaum über reale eigene Handlungsmöglichkeiten verfügt. Die UNO ist weder souverän noch hat sie ein Gewaltmonopol. Als Prototyp einer Staatenorganisation kann sie nur so viel Macht ausüben, wie ihr die Einzelstaaten zugestehen.

Die Vereinten Nationen gründen auf dem Prinzip der Souveränität der Mitgliedsstaaten. Diese sind unabhängig von ihrer territorialen Größe, ökonomischen Potenz oder inneren Verfasstheit völlig gleichberechtigt und haben jeweils eine Stimme in den Gremien. Bürgerkriegen oder Menschenrechtsverletzungen innerhalb eines Staates stehen UN-Institutionen daher relativ ohnmächtig gegenüber. Schließlich können sich die Staaten auf das Gebot der Nichteinmischung in die inneren Angelegenheiten berufen, was sie in der Regel auch tun. Zudem können sie oft auf Unterstützung einer der fünf Vetomächte zählen. Diese fünf ständigen Mitglieder im sogenannten Sicherheitsrat, – die USA, Russland, China, Frankreich und Großbritannien – können jeden Beschluss mit einem Veto belegen und damit ungültig machen. Dadurch wird der Sicherheitsrat, das eigentliche Kraftzentrum der UNO, in dem zum Beispiel über UN-Friedensmissionen entschieden wird, immer wieder blockiert. Hier stehen auch nach 1990 wie in der Zeit des Ost-West-Konflikts vor allem die Sicherheitsinteressen der wichtigsten Mächte im Vordergrund. So erfüllt die UNO bis heute nicht die intendierte Rolle als globales Friedensinstrument und System kollektiver Sicherheit. ■

> Die Vereinten Nationen setzen sich folgende Ziele: (1) den Weltfrieden und die internationale Sicherheit zu wahren und zu diesem Zweck wirksame Kollektivmaßnahmen zu treffen, um Bedrohungen des Friedens zu verhüten und zu beseitigen, Angriffshandlungen und andere Friedensbrüche zu unterdrücken und internationale Streitigkeiten oder Situationen, die zu einem Friedensbruch führen könnten, durch friedliche Mittel nach den Grundsätzen der Gerechtigkeit und des Völkerrechts zu bereinigen oder beizulegen; (2) freundschaftliche, auf der Achtung vor dem Grundsatz der Gleichberechtigung und Selbstbestimmung der Völker beruhende Beziehungen zwischen den Nationen zu entwickeln und andere geeignete Maßnahmen zur Festigung des Weltfriedens zu treffen; (...) (4) ein Mittelpunkt zu sein, in dem die Bemühungen der Nationen zur Verwirklichung dieser gemeinsamen Ziele aufeinander abgestimmt werden. «

Aus der Charta der Vereinten Nationen, 1945

NATO und OSZE

Kollektive Verteidigung und Sicherheit in Europa

Die europäische Sicherheitsarchitektur wird von zwei Organisationen geprägt, die im Kalten Krieg entstanden sind. Während die NATO als traditionelles Militärbündnis des Westens die Weltpolitik polarisiert, sucht die OSZE als Dialogforum zwischen Ost und West nach einer neuen Relevanz.

Als sich 1949 zwölf Staaten Westeuropas und Nordamerikas zu einem Verteidigungsbündnis zusammenschlossen und den „Nordatlantik-Pakt" (NATO) gründeten, war der Gegner offensichtlich. Das militärische Drohpotenzial der westlichen Führungsmacht USA sollte West- und Mitteleuropa vor der als Aggressor empfundenen Sowjetunion schützen und die Ausbreitung des Kommunismus verhindern. Bis heute ist die NATO in eine zivile und eine militärische Organisation zweigeteilt. Denn dieser Pakt souveräner Staaten hat sich stets sowohl politisch als auch militärisch verstanden: einerseits als demokratische Wertegemeinschaft, andererseits als System kollektiver Verteidigung. Als solches folgt die NATO dem Prinzip: Wer ein Mitglied angreift, greift alle an. Im Bündnisfall stehen sich alle Mitgliedsländer mit ihren jeweiligen Streitkräften bei. Die Auswahl der Führungskräfte steht im Zeichen der transatlantischen Partnerschaft: Demnach übernimmt das politische Repräsentationsamt des Generalsekretärs traditionell ein Europäer, das Amt des militärischen Oberbefehlshabers ein US-Amerikaner.

Im Kalten Krieg hatte die NATO als gemeinsames Verteidigungsbündnis den Westen ideologisch und militärisch zusammengeschweißt. Nach dem Zusammenbruch des Sowjetimperiums geriet sie in eine Sinnkrise. Nicht wenige plädierten Anfang der 1990er-Jahre für eine Auflösung dieses „Relikts aus dem Kalten Krieg". Stattdessen sollte eine gesamteuropäische Sicherheitsstruktur auf Basis der Organisation für Sicherheit und Zusammenarbeit in Europa (OSZE) ausgebaut werden. Ihr gehören neben allen europäischen Staaten auch die nordamerikanischen sowie alle Nachfolgestaaten der Sowjetunion an. Ihr Vorläufer, die Konferenz für Sicherheit und Zusammenarbeit in Europa (KSZE), war in den 1970er-Jahren im Zuge der Entspannungspolitik zwischen West und Ost etabliert worden. Als Dialogforum zur Demokratisierung und Konfliktvorbeugung durch Rüstungskontrolle und vertrauensbildende Maßnahmen hatte sich die KSZE historische Verdienste erworben. So hatten sich in der KSZE-Schlussakte von Helsinki 1975 die Warschauer-Pakt-Staaten erstmals offiziell zu Menschenrechten und dem Selbstbestimmungsrecht der Völker bekannt. Dies gilt bis heute als Beginn des politisch-sozialen Umbruchs in den realsozialistischen Ländern Osteuropas.

Doch die Etablierung einer neuartigen Sicherheitszone im europäisch-asiatischen Raum auf Grundlage der OSZE scheiterte am fehlenden gemeinsamen Willen. Außerdem stieß die NATO durch die rasche Integration der osteuropäischen Länder weiter an die Grenzen Russlands vor. Trotz Kooperationsbemühungen im Sinne einer „Partnerschaft für den Frieden" empfanden die traditionsbewussten Machteliten in Russland diese Entwicklung als Demütigung und Bedrohung. Seither nehmen die Spannungen kontinuierlich zu. Nach den Anschlägen vom 11. September 2001 ergänzte bzw. ersetzte die NATO das Konzept der kollektiven Verteidigung durch das Konzept der gegenseitigen Sicherheit. Dadurch wurden die eigenen Sicherheitsinteressen immer globaler und somit diffuser definiert. In der Folge kamen NATO-Einheiten als mobile Eingreiftruppen im Kampf gegen den internationalen Terrorismus „out of area" zum Einsatz. Das Bündnis schien sich so zu einem Militärdienstleister im Auftrag von Ad-hoc-Staatenkoalitionen oder Organisationen wie der UNO zu wandeln.

Die gewaltsame Annexion der ukrainischen Halbinsel Krim und die Förderung der prorussischen Separatisten in der Ost-Ukraine durch Russland im Jahre 2014/15 gilt heute als bündnispolitischer Wendepunkt. Seitdem verstärkt die NATO wieder massiv ihre Verteidigungskräfte in Europa: Ein neuer „Kalter Krieg" scheint sich abzuzeichnen. Nach allgemeiner Auffassung hat sich die OSZE in der Ukraine-Krise als Konfliktmediator sowie Brückenbauer zwischen Ost und West erfolgreich bewährt. Dass sie in Zukunft wieder wichtiger wird, ist nicht ausgeschlossen. Mittlerweile sehen die USA in China ihren weltpolitischen Hauptkonkurrenten und verlagern immer mehr Truppen in den asiatischen Raum. Der Druck auf Europa steigt, mehr Eigenverantwortung für die Sicherheit auf dem Kontinent zu übernehmen. ■

> » In Europa haben wir – NATO und EU – 32 verbündete Armeen. Aber es ist keine (einheitliche) Armee. Wir brauchen also eine effektivere Organisation unserer aller Streitkräfte. Es geht letztlich darum, die 32 unterschiedlichen Armeen, die nach 1990 jeweils für sich national reduziert wurden, nach und nach zu einem funktionsfähigen Ganzen zusammenzufügen. «
>
> Hans-Peter Bartels, Wehrbeauftragter des Deutschen Bundestags, 2020

INGOs

Die Rolle der internationalen
Nichtregierungsorganisationen

Große Nichtregierungsorganisationen haben in den letzten Jahrzehnten an Einfluss gewonnen und nehmen mittlerweile offiziell als Berater an internationalen Fachkonferenzen teil. Wie legitim ihr Anspruch auf Teilhabe an politischer Macht ist, bleibt umstritten.

Sie setzen sich – wie etwa Amnesty International – für die Freilassung von politischen Gefangenen in Diktaturen ein und machen Verstöße gegen die Menschenrechte öffentlich. Oder sie kämpfen wie Greenpeace zusammen mit den brasilianischen Ureinwohnern für den Erhalt des Regenwalds und propagieren die Notwendigkeit eines ökologischen Wirtschaftens. Oder sie werden wie das christliche Hilfswerk Caritas in Katastrophengebieten tätig: drei bekannte Beispiele für die zahlreichen transnationalen Organisationen, die sich aus gemeinnützigen Motiven für globale gesellschaftliche und politische Ziele einsetzen. So unterschiedlich die jeweiligen Motivationen und Einflussmöglichkeiten sein mögen, so gleichen sich die internationalen Nichtregierungsorganisationen (INGOs) doch in ihrer Struktur und Arbeitsweise: Sie sind nicht profitorientiert und agieren regierungsunabhängig in eigener Sache. In der Regel finanzieren sie sich privat über Spenden und Mitgliedsbeiträge. Einzelne INGOs wie etwa Ärzte ohne Grenzen oder Oxfam erhalten zudem staatliche Zuschüsse. Über Öffentlichkeitsarbeit und wie im Fall von Greenpeace durch spektakuläre Aktionen versuchen sie,

mediale Präsenz und maximale Aufmerksamkeit für ihre Ziele zu gewinnen.

Je größer ihre Unterstützung in den nationalen Gesellschaften ist, desto stärker werden sie von den Staaten in die politischen Entscheidungsprozesse eingebunden. Auf internationaler Bühne spielen die INGOs daher eine ähnliche Rolle wie auf nationaler Ebene die Verbände (→ Seite 124). Im Zuge der zunehmenden gesellschaftlichen Verflechtung des Weltgeschehens haben sie seit den 1970er-Jahren einen Bedeutungszuwachs erfahren, der einigen Beobachtern bereits zu groß erscheint. Gesellschaftlich einflussreiche INGOs, besonders im Bereich Menschenrechte und Umweltschutz, können inzwischen gemäß der UN-Charta einen Berater- oder Beobachtungsstatus erhalten. Dies erlaubt es ihnen, Entscheidungen auf internationalen Großkonferenzen teilweise konkret zu beeinflussen. Sie sollen die Defizite der offiziellen Regierungspolitik aufzeigen sowie Visionen und unkonventionelle Lösungsstrategien entwickeln. Sehen sich die INGOs selbst in erster Linie als Kämpfer fürs Gemeinwohl, verweisen staatliche Stellen auf ihre ungenügende demokratische Legitimierung. ▪

Die Europäische Union

Das historische Experiment

Mehr als ein Staatenbund, aber weniger als ein Bundesstaat: In der Europäischen Union sind die meisten Länder Europas politisch und wirtschaftlich eng miteinander verbunden. Allerdings hat in letzter Zeit eine Folge von Krisen die nationalistischen Fliehkräfte auf dem Kontinent wieder gestärkt. Die Zukunft der EU ist offener denn je.

„Wen rufe ich denn an, wenn ich mit Europa reden will?", soll einst Henry Kissinger, legendärer US-Außenminister in den 1970er-Jahren, über die politische Vielstimmigkeit Europas gespöttelt haben. Trotz aller Integrationsfortschritte der letzten Jahrzehnte könnte ihm heute immer noch keiner eine zentrale Telefonnummer nennen. Denn es gibt in der Europäischen Union (EU) bewusst keine eindeutige politische Führerfigur. In dieser hochkomplexen, in Brüssel und Straßburg beheimateten Mega-Organisation aus eng miteinander verwobenen Institutionen, Gremien und Ausschüssen finden sich zwar mehrere Präsidenten, Generalsekretäre und seit 2009 sogar ein eigener sogenannter Hoher Vertreter für Außen- und Sicherheitspolitik. Aber keiner von ihnen kann eigenständig im Namen der ganzen Union Politik machen: Der Präsident des Europäischen Parlaments steht dem einzigen Gremium der EU vor, das direkt von den europäischen Bürgern gewählt wird und vor allem als Haushalts- und Kontrollbehörde fungiert. Der Ministerrat ist das zentrale Entscheidungsorgan der EU in den meisten

Politikfeldern. Sein Vorsitz, Ratspräsidentschaft genannt, wechselt turnusmäßig alle sechs Monate zwischen den verschiedenen Mitgliedsländern. Der Rolle eines offiziellen Sprechers der EU am nächsten kommt der Präsident der Europäischen Kommission. Allerdings fehlt diesem „Regierungschef" der EU ein Stimmrecht im Europäischen Rat, dem übergeordneten EU-Organ. In diesem verständigen sich die Staats- und Regierungschefs der Mitgliedsstaaten alle drei Monate über politische Grundsatzentscheidungen.

Auch wenn sich viele europäische Bürger und nationale Politiker über die „Macht in Brüssel" beklagen: Der EU fehlt ein klarer, fester Kern, in dem sich diese Macht für alle sichtbar konzentriert. Die EU ist ein politisches Zwitterwesen ganz eigener Prägung. In einzelnen Aufgabenfeldern wie Außenhandel oder Verbraucherschutz ist die Organisation mit eigenen Souveränitätsrechten ausgestattet, kann also selbst Macht ausüben. In anderen zentralen Bereichen wie der Außenpolitik ist sie aber auf die Zusammenarbeit der Regierungen angewiesen; hier obliegen die Entscheidungen letztendlich den Mitgliedsstaaten selbst. Bis heute bleibt die oft beschworene „Gemeinsame Außen- und Sicherheitspolitik" daher mehr eine Vision als konkrete Realität.

In dieser entschieden unentschiedenen Organisationsstruktur spiegelt sich die Uneinigkeit der Mitgliedsstaaten über das eigentliche Ziel der Europäischen Union wider: Versteht sich die EU in erster Linie als politisch-wirtschaftlicher Verbund souveräner europäischer Nationen? Oder strebt sie eine politische Verschmelzung der Nationalstaaten an, die in eine Art „Vereinigte Staaten von Europa" münden soll? Die Angst vor dem Verlust der nationalen Souveränität trug wesentlich dazu bei, dass im Jahr 2020 Großbritannien nach über 40 Jahren als erster Mitgliedsstaat die Gemeinschaft verließ.

Dabei wird der friedenspolitische Erfolg des europäischen Einigungsprojekts von niemandem infrage gestellt. Als die paneuropäische Vision nach dem verheerenden Zweiten Weltkrieg in Angriff genommen wurde, lag Europa in Schutt und Asche. Dauerhaften Frieden zu sichern für einen Kontinent, auf dem bisher fast immer irgendwo Krieg geführt wurde, war ein zentrales Motiv der Gründerväter der EU wie Robert Schuman und Winston Churchill. Tatsächlich scheint heute ein zwischenstaatlicher Krieg in Europa undenkbar. Daher wurde 2012 die EU mit dem Friedensnobelpreis ausgezeichnet.

Die ersten Schritte der europäischen Einigung waren rein wirtschaftlicher Natur. Zunächst ging es darum, mit Unterstützung der USA in Westeuropa marktwirtschaftliche Strukturen zu etablieren, Handelshemmnisse abzubauen und die Wirtschaft zu fördern. So gründeten Westdeutschland, Frankreich, Italien und die Beneluxländer 1951 die sogenannte Montanunion zur gemeinsamen Koordinierung der Kohle- und Stahlproduktion; sechs Jahre später kamen die Wirtschafts- bzw. Atomgemeinschaft dazu. Erst als der wirtschaftliche Nutzen für jeden offensichtlich wurde, be-

gann man kontinuierlich mit dem Aufbau politischer Strukturen, ohne jedoch die nationalstaatliche Souveränität infrage zu stellen. In einem Wechselspiel zwischen Erweiterung und Vertiefung wuchs die Mitgliederzahl vor allem nach dem Zusammenbruch des Sowjetimperiums auf heute 27 Staaten an. Die politischen Kompetenzen der Gremien wurden in bestimmten Einzelgebieten schrittweise ausgedehnt. Dabei drängten insbesondere Deutschland und Frankreich darauf, dass gemeinschaftliche europäische Institutionen allgemein verbindliche Regeln aufstellen können. Die Ausgestaltung eines gemeinsamen Binnenmarkts sowie einer Wirtschafts- und Währungsunion Anfang der 1990er-Jahre waren Meilensteine zur Integration der europäischen Volkswirtschaften. Auch im Bereich des Rechts und in der Innenpolitik gewann die EU immer mehr Befugnisse zur Koordinierung und Harmonisierung der nationalen Verhältnisse. Die Einführung des Euros in vielen EU-Ländern hat die europäischen Staaten im Alltagsgefühl der Bürger eng aneinandergebunden. Gleichzeitig wuchs aber die Kritik an den intransparenten Entscheidungsstrukturen. Durch die zumeist nur indirekte demokratische Legitimation der zentralen Gremien gleichen die europäischen Strukturen einem Regierungsföderalismus. Vor dem Hintergrund der weltweiten Finanzkrise sowie der Krise der europäischen Flüchtlings- und Migrationspolitik sind in den letzten Jahren nationale Egoismen spürbar erstarkt. Aktuell stellt die Corona-Pandemie, von der die europäischen Länder in unterschiedlichem Maße betroffen sind, die Solidarität innerhalb der EU auf eine harte Probe. Die Chance eines neuen Integrationsschubs ist gegenwärtig wohl genauso groß wie die Möglichkeit eines Zerfalls. Allein die souveränen Mitgliedsstaaten besitzen die Macht, den EU-Organen neue Kompetenzen zuzuweisen. Jedes Land kann aber auf Wunsch austreten und allein sein nationales Glück suchen. ▪

Kolonialismus

Die dunkle Vergangenheit Europas

Bis Mitte des 20. Jahrhunderts waren die europäischen Staaten aufgrund ihrer Kolonien die dominierenden Weltmächte. Insbesondere Afrika wurde wirtschaftlich ausgebeutet und politisch beherrscht. Dort sind in vielen Staaten Strukturen der Abhängigkeit entstanden, die bis heute spürbar sind.

Gerne inszeniert sich Europa heute international als „Soft Power" des Westens, als entschiedener Anwalt von Gewaltfreiheit, Menschenrechten und Demokratie. Dabei gründet der Aufstieg des Kontinents zu einem politisch-ökonomischen Kraftzentrum wesentlich auf der Inbesitznahme von weiten Teilen der Erde zwischen dem 16. und dem 20. Jahrhundert. Den Spaniern und Portugiesen folgten bald Engländer, Franzosen und Niederländer, die die „Neue Welt" okkupierten und ökonomisch ausbeuteten. In der Hochzeit des modernen Kolonialismus ab Ende des 19. Jahrhunderts bis Mitte des 20. Jahrhunderts befand sich zeitweise über die Hälfte der Weltbevölkerung unter direktem Einfluss der Europäer. Dabei reichten deren Herrschaftspraktiken von eher indirekter Kontrolle, die den einheimischen Eliten relativ großen Freiraum ließ, bis zur brutalen Versklavung.

Von besonderem Interesse war für Europa das rohstoffreiche Afrika, dessen einheimische Kulturen als minderwertig betrachtet wurden und das juristisch als herrenloses Land galt. Bis Anfang des 20. Jahrhunderts wurde fast der gesamte Kontinent aufgeteilt. Die einheimischen Gesellschaften wurden oft nachhaltig zerstört. Ohne Rücksicht auf ethnisch-kulturelle Zugehörigkeiten steckten die Kolonialmächte ihre Einflussgebiete

ab. Die einmal gezogenen Grenzen blieben größtenteils bestehen, als ab den 1950er-Jahren nach und nach die afrikanischen Kolonien und Protektorate mehr oder wenig friedlich ihre Unabhängigkeit erlangten. Bis heute kommt es daher immer wieder zu Grenzstreitigkeiten, Separationsbestrebungen und bürgerkriegsartigen Konflikten. Auch an den ungleichen wirtschaftlichen Beziehungen hat sich wenig geändert. Immer noch fungieren die meisten afrikanischen Staaten auf dem Weltmarkt vor allem als Lieferanten von Rohstoffen, von deren Verwertung neben den einheimischen, oftmals korrupten und autoritären Regimen in erster Linie die entwickelten Industriestaaten profitieren. Allerdings konnten sich nach 1990 in vielen afrikanischen Staaten demokratische Verhältnisse durchsetzen. Hinzu kommen positive Signale im Bereich der Wirtschaft (→ Afrika, Seite 256). Die im Jahre 2002 als Nachfolgerin der Organisation für Afrikanische Einheit gegründete Afrikanische Union, der inzwischen alle 55 afrikanischen Staaten angehören, ist ein erneuter Versuch, eigenverantwortlich Frieden, Sicherheit und Stabilität auf dem Kontinent zu fördern und zu erhalten. Neben der Europäischen Union als größtem und wichtigstem Partner gewinnt die Volksrepublik China an Einfluss. ▪

Entwicklungs-politik

Die Suche nach der Hilfe zur Selbsthilfe

Aus moralischen Gründen, nicht zuletzt aber aus Eigennutz bringen wohlhabende Staaten zahlreiche Mittel auf, um die Lebensbedingungen der Bevölkerung in ärmeren Weltregionen zu verbessern. Moderne Entwicklungspolitik zielt dabei auf eine Zusammenarbeit von Industrie- und Entwicklungsländern auf Augenhöhe ab.

Wie sehr sich das Verständnis von Entwicklungs-politik im Laufe der Zeit geändert hat, zeigt sich schon an der Sprache. Redete man früher gerne von Entwicklungshilfe, ist der Begriff heute verpönt, weil er zu sehr an gönnerhafte Almosen von Reichen für die Armen erinnert. Auch von Dritter Welt spricht keiner mehr, weil es ein Begriff aus dem Kalten Krieg ist und eine nicht mehr gewünschte Hierarchisierung von Ländern suggeriert. Wenn es heute um Unterstützungsmaß-nahmen von reichen für arme Länder geht, ist positiv von einer Entwicklungszusammenarbeit die Rede. Demnach sollen Projekte im Geist einer Partnerschaft gemeinsam geplant und durchgeführt werden. Die Industrieländer haben ein massives Eigeninteresse daran, das internationale Wohlstandsgefälle zu verringern. Zu offensichtlich ist in den letzten Jahren die wechselseitige Abhängigkeit geworden. Um die globalen Probleme wie Klimawandel, Verbreitung des Terrorismus oder Armutsmigration in den Griff zu bekommen, sind die Industrieländer auf eine

Kooperation mit den Entwicklungsländern angewiesen. So ist Entwicklungspolitik längst viel mehr als Überwindung von materieller Not. Sie betrifft praktisch alle Zieldimensionen internationaler Politik: wirtschaftliche Leistungsfähigkeit, politische Stabilität, soziale Gerechtigkeit und ökologische Nachhaltigkeit. Dabei sollen alle Maßnahmen und Projekte in erster Linie die Eigenanstrengungen der Entwicklungsländer unterstützen. Denn der Kampf gegen den Modernisierungsrückstand kann nur dann Erfolg haben, wenn er von den Gesellschaften vor Ort mitgetragen wird. Zumindest auf dem Papier setzen die Konzepte daher auf Eigeninitiative, Mitbestimmung und Mitverantwortung.

Für die Verwirklichung dieses neuen, ganzheitlichen und in jeder Hinsicht ambitionierten Ansatzes der Entwicklungspolitik bedarf es vielfältiger Instrumentarien. Ebenso zahlreich sind die für Planung und Realisierung verantwortlichen staatlichen wie nicht-staatlichen Institutionen. Auf internationaler Ebene werden die größten Entwicklungseinrichtungen unter dem Dach der UNO tätig, hinzu kommen regionale Organisationen, die Projekte beraten, koordinieren und finanzieren. In letzter Zeit gewinnen große Privatstiftungen mit erheblichem Eigenkapital an Bedeutung wie etwa die Bill & Melinda Gates Foundation. Diese hat sich besonders dem Kampf gegen Krankheiten und der Förderung innovativer Landwirtschaft verschrieben.

Auf nationaler Ebene hat zum Beispiel Deutschland ein eigenes Ministerium geschaffen, das langfristige Strategien der Zusammenarbeit entwickelt sowie konkrete Maßnahmen plant, begleitet und evaluiert. Möglich sind die Vergabe von Krediten sowie Sachhilfen, etwa die Versorgung mit Nahrungsmitteln oder die Lieferung von Investitionsgütern für Wirtschaft und Technik. Außerdem wird intellektuell-technische Beratung angeboten, darunter die logistische oder planerische Unterstützung bei der Einrichtung von Schulen oder beim Bau von Brunnen und Straßen. Welche dieser Maßnahmen eingesetzt werden, liegt in erster Linie an Art und Grad der Unterentwicklung in den Nehmerländern. Denn diese unterscheiden sich teilweise erheblich. Zu

ihnen gehören die sogenannten Least Developed Countries („Am wenigsten entwickelte Länder") in Afrika südlich der Sahara und Teilen Asiens, wo geringe Lebenserwartung oft mit extremer politischer Instabilität einhergeht. Hier geht es vorrangig darum, eine Basisversorgung sicherzustellen. Partner der Entwicklungszusammenarbeit können aber auch Schwellenländer sein wie etwa Mexiko oder Malaysia, die bereits eine starke wirtschaftliche Eigendynamik aufweisen. Ihnen fehlt es oft nur noch an speziellem Know-how. Dass Entwicklungspolitik tatsächlich erfolgreich ein Land aus dem Teufelskreis der Armut herausführen kann, zeigt das Beispiel Südkorea: In den 1960er-Jahren noch eines der ärmsten Länder der Welt, gehört das Land heute zu den Big Playern auf dem Weltmarkt.

Dabei bestimmen weiterhin die reichen Länder die strukturellen Rahmenbedingungen jeder Entwicklungspolitik. Im Sinne der Förderung einer „Good Governance" sind die Unterstützungsleistungen oft an eine politische Demokratisierung und wirtschaftliche Öffnung gebunden, was nicht zuletzt den Eigeninteressen der Industrieländer entspricht. ▪

> **(Die) Rettung des Lebens der Ärmsten der Welt (ist) die richtige Sache, denn sie sind es, die in harten wirtschaftlichen Zeiten am meisten leiden. (...) Es ist in unser aller Interesse, dazu beizutragen, dass selbstständige und wirtschaftlich erfolgreiche Gemeinden und Länder geschaffen werden.**
>
> Bill Gates in einem Interview, 2013

Weltwirtschafts- ordnung

Freihandel oder Protektionismus?

Der internationale Handel ist in den vergangenen Jahrzehnten stark liberalisiert worden und hat damit zur Ausweitung der wirtschaftlichen Globalisierung beigetragen. Krisen haben zuletzt die Tendenz von Staaten gestärkt, heimische Industriezweige vor internationaler Konkurrenz zu schützen.

Dass die Internationalisierung der Wirtschaftswelt nach 1990 eine neue Qualität bekommen hat, liegt nicht nur am Ende des ideologischen Ost-West-Konflikts. Dahinter steht der bewusste politische Wille, den Handel von Dienstleistungen und Gütern durch Abkommen, Vorschriften und Gesetze auf globaler wie regionaler Ebene konsequent von Hemmnissen zu befreien. Dies soll einer zunehmenden weltweiten Arbeitsteilung den Weg bereiten. Die immer engere und kleinteiligere Verzahnung von Volkswirtschaften und Märkten bewirke für Unternehmen eine optimale globale Kostenverteilung und fördere so letztlich den Wohlstand aller Länder, lautet die wirtschaftsliberale Überzeugung. Sie war bis vor Kurzem politischer Konsens unter den führenden Wirtschaftsmächten und bestimmte die politischen Leitlinien auf den Gipfeltreffen, die in unterschiedlicher Zusammensetzung regelmäßig auf Regierungsebene stattfanden (G7, G9, G20).

Die Idee des Freihandels prägt bis heute die Instrumentarien und Institutionen der zentralen Säulen der Weltwirtschaftsordnung: IWF, Welt-

bank und WHO. Der Internationale Währungsfonds (IWF) und die Weltbank, beides UNO-Sonderorganisationen, sollen prinzipiell freie Devisenmärkte ermöglichen, auf Währungsstabilität hinwirken sowie Kredite für finanziell in Not geratene Staaten gewähren. Die Welthandelsorganisation (WHO), der gegenwärtig 164 Staaten angehören, überwacht in erster Linie den vereinbarten gleichberechtigten Zugang aller Unternehmen auf die jeweiligen nationalen Märkte. Grundlage hierfür ist das zentrale GATT-Handelsabkommen (General Agreement on Tariffs and Trade), in dem sich die Teilnehmerländer zu den Prinzipien der Meistbegünstigung und Nichtdiskriminierung verpflichtet haben.

Die wirtschaftliche Globalisierung wurde zusätzlich beschleunigt, indem sich in Amerika, Asien und Europa jeweils Gruppen von führenden Industrieländern zu regionalen Handelsblöcken zusammengeschlossen haben. Diese gewährleisten einen freien Warenverkehr und haben dafür unter anderem die Zölle zwischen ihren Mitgliedsstaaten aufgehoben. Seit 1994 bilden

Kanada, die USA und Mexiko eine Freihandelszone auf Basis des North American Free Trade Agreements (NAFTA). Ähnliche strategische Ziele verfolgen die Wirtschaftsgemeinschaften APEC (Asia-Pacific Economic Cooperation) in Asien und Mercosur (Mercado Común del Sur) in Lateinamerika. Der Europäische Wirtschaftsraum (EWR), dem neben den 27 EU-Staaten noch Island, Norwegen und Liechtenstein angehören, erreicht eine noch höhere Stufe wirtschaftlicher Integration. Die Vereinbarungen gehen weit über den freien Warenverkehr hinaus und garantieren zentrale Grundfreiheiten, die normalerweise nur in einem nationalen Markt gelten. Beispielsweise hat jeder Bürger eines Mitgliedsstaats das gleiche Recht, überall im Gebiet des EWRs zu arbeiten oder zu leben, zudem kann hier jedes heimische Unternehmen Dienstleistungen anbieten oder Kapital investieren. Der europäische Binnenmarkt ist heute der größte und reichste Wirtschaftsraum der Welt – ein sichtbarer Ausdruck und zentrale Errungenschaft der europäischen Einigung.

Die zunehmende Öffnung der wichtigsten Märkte hat den Welthandel in den letzten Jahren exorbitant steigen lassen und einen langjährigen globalen Wirtschaftsboom ausgelöst. Der Großteil der weltweiten Exporte und Importe konzentriert sich auf die wirtschaftsstärksten Regionen der

Welt: Europa, Nordamerika sowie Südost- und Ostasien, was neben Japan vor allem China umfasst. Die Volksrepublik ist in einem atemberaubenden Tempo innerhalb weniger Jahre zum „Exportweltmeister" aufgestiegen. Diese Entwicklung bleibt in den einzelnen Ländern nicht unumstritten: Schließlich profitieren von dem Wirtschaftswachstum in erster Linie die bereits wohlhabenden Staaten, und der Wettbewerbsdruck führt national oft zu Niedriglöhnen und Sozialabbau. Kritiker verlangen im Sinne des Protektionismus wieder eine stärkere staatliche Regulierung des Handels. So sollen Nachteile für die eigene Wirtschaft sowie Ungleichgewichte zwischen den Regionen ausgeglichen werden. Diese Forderungen finden seit der Finanzkrise 2008 immer mehr Anhänger. „Globalisierungsgegner" standen lange Zeit eher im linken Lager, etwa das gleichsam weltweit operierende Netzwerk Attac. Inzwischen bedienen sich aber auch Rechtspopulisten – zumindest rhetorisch – dieser globalisierungskritischen Argumente, um von den innergesellschaftlichen Verwerfungen politisch zu profitieren. An ihrer Spitze steht der gegenwärtige US-Präsident Donald Trump, der an den Grundfesten der internationalen Machtarchitektur rüttelt. Denn die USA galten bisher immer als treibende Kraft und Garant der liberalen Weltwirtschaftsordnung. ◾

Der ewige Kampf

Von alten und neuen Kriegen

Bis ins 20. Jahrhundert gehörte ein Krieg zu den normalen Möglichkeiten jeder staatlichen Politik. Nicht nur die Bedrohung durch atomare Massenvernichtungswaffen hat seinen Charakter verändert. In den letzten Jahrzehnten nehmen entgrenzte Bürgerkriege zu, die sich oft staatlicher Kontrolle entziehen.

„Der Krieg ist der Vater aller Dinge und der König aller", lautet ein prominentes und vielfach gedeutetes Fragment des griechischen Philosophen Heraklit von Ephesos. Wollte der Vorsokratiker die Notwendigkeit und Allmacht des Krieges rühmen? Meinte er mit dem Begriff des Krieges wirklich eine militärische Auseinandersetzung im klassischen Sinn? Oder bezog er sich vielmehr metaphorisch auf den Streit, die Gegensätzlichkeit als Prinzip jeden Seins? Was dem Zitat jedenfalls eine zeitlose Relevanz verleiht, ist seine Übereinstimmung mit einer zentralen Grunderfahrung aus der Geschichte: Trotz der üblen Folgen, die Kriege immer für die Menschen hatten, waren sie immer auch eine treibende Kraft der geschichtlichen Entwicklung. Spätestens seit der Zeit, als sich Menschen dauerhaft an einem Ort niederließen, wird ihr Leben von bewaffneten Auseinandersetzungen zwischen Parteien begleitet – als Kampf um Land, um Herrschaft und Einflusssphären, um Gerechtigkeit. Mal waren die Kriege vermeintlich „gut", mal vermeintlich „schlecht". Es ist historisch kaum etwas entstanden, was nicht gegen innere und/oder äußere Gegner erkämpft und verteidigt werden musste: kein Großreich, keiner der modernen Staaten, kein gesellschaftlicher Fortschritt, keine Demokratisierung.

Lange Zeit war in Europa wie heute noch in vielen Teilen der Welt der Frieden nur das kurze Intervall zwischen zwei Kriegen. Bis weit ins 20. Jahrhundert erschienen Kriege als Schicksal und menschliche Bewährungsprobe einer jeden Generation. Der internationalen Diplomatie galten sie als ein erlaubtes letztes Mittel, um einem Gegner mit Gewalt den eigenen Willen aufzuzwingen. Viele Konflikte waren auf militärische Auseinandersetzungen begrenzt und endeten mit einem akzeptierten Verhandlungsfrieden. Daneben gab es aber schon immer „gerechte Kriege" im Namen höherer Mächte, der eigenen Ethnie oder politischer Weltanschauungen. Diese zielten in der Regel auf eine gesamtgesellschaftliche Unterwerfung des Gegners ab, wenn nicht sogar auf dessen vollständige Vernichtung. Von den christlichen Kreuzzügen des Mittelalters bis zu den industriell geführten Vernichtungskriegen des nationalsozialistischen Deutschlands: Aufgrund der kontinuierlichen Weiterentwicklung von Waffentechniken und der organisatorischen Einbeziehung immer größerer Menschenmassen wurden die Kämpfe immer blutiger, die Ausrichtung immer größer, die Opferzahlen immer höher. Es ist kein Zufall, dass der bisher zerstörerischste Krieg der Menschheit 1945 mit dem

Ersteinsatz einer neuen, apokalyptischen Waffe endete, der Atombombe.

Vor dem Hintergrund einer möglichen atomaren Selbstzerstörung der gesamten Erde wurde in der Charta der neu gegründeten Vereinten Nationen ein allgemeines Gewaltverbot verankert. Die meisten Staaten der Welt bekannten sich dazu, „künftige Geschlechter vor der Geißel des Krieges zu bewahren", so die Präambel. Damit waren die Kriege natürlich nicht abgeschafft; in letzter Zeit hat ihre Zahl sogar wieder zugenommen. Aber die militärischen Auseinandersetzungen haben sich den neuen Umständen angepasst. Denn wie schon der preußische Kriegstheoretiker Carl von Clausewitz bemerkte: „Der Krieg ist […] ein wahres Chamäleon."

Das prinzipielle Verbot militärischer Gewaltanwendung war das Ende eines jahrzehntelangen Prozesses. Kontinuierlich hatte man versucht, die Kriegsführung rechtlich immer enger an zivile Mindeststandards zu binden und so die Zivilbevölkerung bestmöglich zu schonen. Das moderne Völkerrecht verbietet grundsätzlich jeden Angriffskrieg. Der Militäreinsatz ist laut UN-Statuten nur zur Selbstverteidigung im Fall einer feindlichen Aggression oder zur gemeinsamen Abwehr einer Gefährdung des Weltfriedens im Rahmen eines kollektiven Sicherheitssystems zulässig. Diese Vereinbarungen beziehen sich auf Militärkonflikte zwischen souveränen Staaten, in denen reguläre Armeen mit klarem Auftrag um bestimmte Ziele kämpfen. Doch dieser „klassische" Konfliktfall hat in den letzten Jahrzehnten an Bedeutung verloren. An seine Stelle treten zahlreiche, meist regionale Kriege, deren Gründe und Gewaltmotive immer schwieriger auf einen Nenner zu bringen sind. Zudem sind immer mehr nicht-staatliche Akteure involviert, die aufgrund ihres begrenzten Potenzials und Aktionsradius zermürbende Guerillataktiken anwenden. Daher lassen sich viele Kämpfe kaum noch zentral kontrollieren. Insbesondere in den oft nur vorder-

gründig ethnischen oder religiösen Konflikten Afrikas konnten sich lokale Warlords und Söldnerkommandos eigenständige Machtstellungen aufbauen. So verschwimmen zusehends die Abgrenzungen zwischen Bürger- und Staatenkrieg, Krieg und Terrorismus, Terrorismus und organisierter Kriminalität, Krieg und Frieden. Ähnliches ist in dem seit 2011 andauernden Konflikt in Syrien zu beobachten. An seinem Anfang stand ein klassischer Bürgerkrieg, in dem Rebellen im Zuge des sogenannten Arabischen Frühlings den Sturz von Diktator Baschar al-Assad anstrebten. Daraus hat sich ein kaum mehr entwirrbarer, monströser Dauerkonflikt entwickelt. Rebellenverbände wie Staatstruppen haben sich aus ideologischen Gründen gespalteten und kämpfen teils miteinander, teils gegeneinander auf immer grausamere Weise. Dabei werden sie jeweils von unterschiedlichen externen Kräften oder kriminellen transnationalen Netzwerken kontinuierlich mit Waffen versorgt.

Gerade die Kriegsparteien haben oft kein Eigeninteresse am Ende der Kämpfe, weil sie von ihnen gut leben können. Auch wenn die Tendenzen zur Entgrenzung des Kriegs strukturell durchaus den verworrenen Konstellationen vormoderner Kriege ähneln, kann man durchaus von „neuen Kriegen" sprechen, weil die klassischen Instrumente des zwischenstaatlichen Völkerrechts nicht mehr greifen. Letztlich stellt die transnationale Vergesellschaftung des Kriegs eine Globalisierung im Bereich der Gewalt dar. Tragfähige neue Konfliktlösungsmodelle müssen internationaler ausgerichtet und auf breiter Basis gesellschaftlich abgesichert sein. ▪

Rüstung und Abrüstung

Frieden schaffen mit immer besseren Waffen?

Zwar gehört die gewaltsame „Kanonenbootdiplomatie" weitgehend der Vergangenheit an, doch die militärische Stärke bleibt ein zentrales Druckmittel zur Durchsetzung nationaler Interessen. Trotz mehrerer Abkommen zur Abrüstung und Rüstungskontrolle nimmt die Zahl der Waffensysteme eher zu als ab.

Die Ausbildung des souveränen Staates in der Neuzeit hing wesentlich mit der Etablierung stehender Heere zusammen. Bis heute wird die internationale Machtposition eines Landes an seinen Rüstungskapazitäten gemessen. Je zahlreicher und bedrohlicher die militärischen Machtmittel sind, die einem Staat zur Verfügung stehen, desto größer werden allgemein seine Chancen bewertet, den eigenen Einfluss durchzusetzen und sich einen Zugriff auf Bodenschätze oder Territorien zu sichern.

Die Konkurrenz unter den Ländern treibt die Modernisierung und Erweiterung der Waffensysteme kontinuierlich voran. Weil mit der steigenden Feuerkraft die Kriege ab dem 19. Jahrhundert immer zerstörerischer wurden, wuchsen gleichzeitig die Anstrengungen der Staaten, die Rüstungsausgaben zu begrenzen und über den Abbau von Streitkräften zu verhandeln. Aber erst als mit der Entwicklung von Atomwaffen die mögliche Selbstvernichtung der gesamten Menschheit

als konkrete Bedrohung im Raum stand, kam es zu ersten tatsächlichen Abrüstungs- und Rüstungskontrollabkommen. An der Innovationsdynamik in allen Bereichen der Rüstung hat sich dadurch jedoch wenig geändert. Schließlich gehört der milliardenschwere internationale Handel mit Klein- und Großwaffensystemen weiterhin zu den wichtigsten Industriezweigen vieler Staaten. Gegenwärtig ist oft von einem digitalen Wettrüsten im Netz die Rede, dessen Bedrohungspotenzial noch gar nicht absehbar, geschweige denn kontrollierbar ist. Der unsichtbare Cyberwar zielt in erster Linie auf die virale Schädigung oder Zerstörung von Softwareprogrammen ab, die elementar für das Funktionieren der Infrastruktur eines Staates sind.

So sind die Rüstungsetats und Militärbudgets nach dem Ende des Kalten Krieges nicht gesunken, wie man lange gehofft hat, sondern in den letzten Jahren im Zuge des „Kampfs gegen den Terror" und der Renaissance einer militäri-

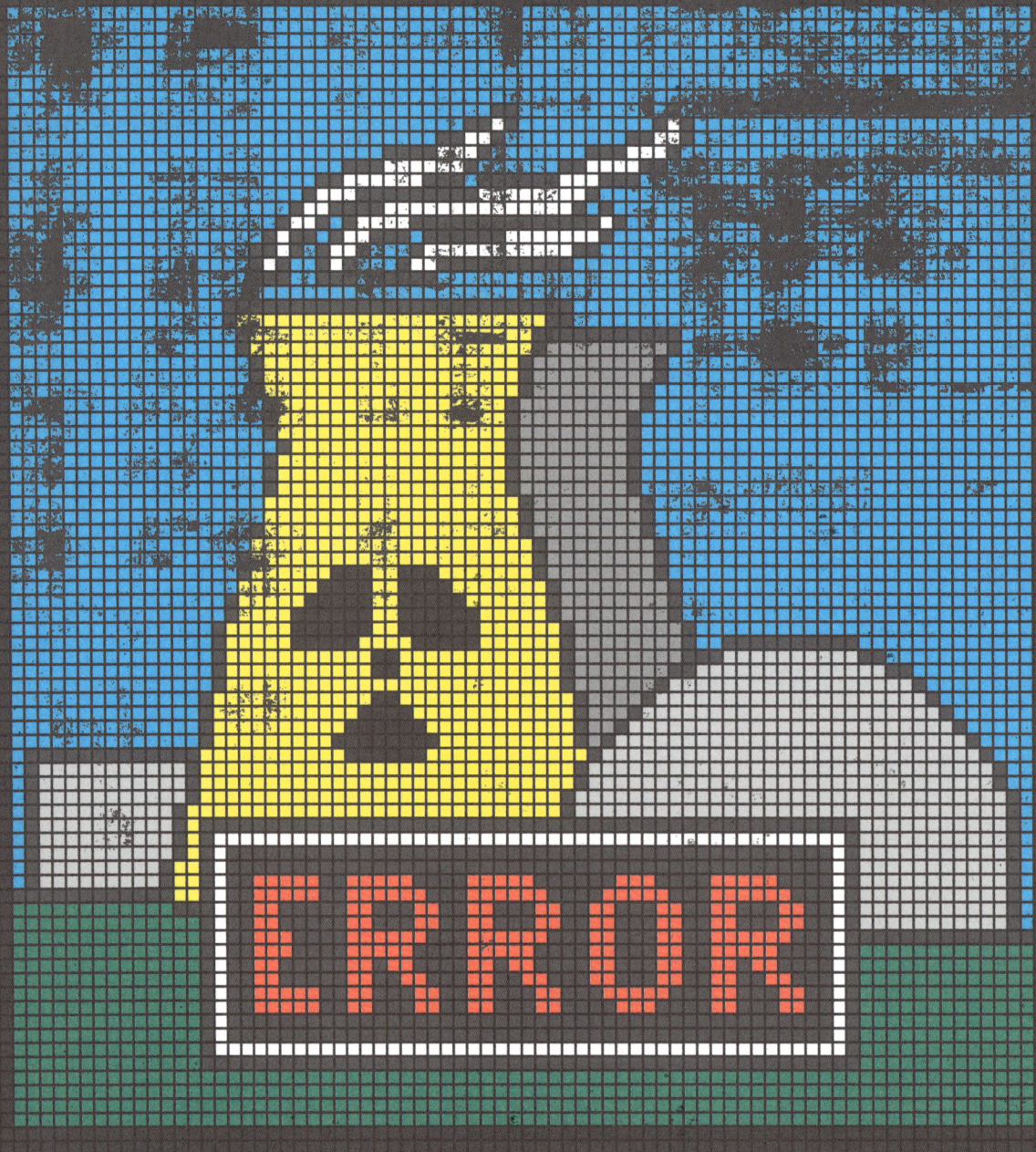

> **Jede Kanone, die gebaut wird, jedes Kriegsschiff, das vom Stapel gelassen wird, jede abgefeuerte Rakete bedeutet letztlich einen Diebstahl an denen, die hungern und nichts zu essen bekommen, denen, die frieren und keine Kleidung haben. Eine Welt unter Waffen verpulvert nicht nur Geld allein. Sie verpulvert auch den Schweiß ihrer Arbeiter, den Geist ihrer Wissenschaftler und die Hoffnung ihrer Kinder.**
>
> Dwight D. Eisenhower in einer Rede, 1953

schen Großmachtpolitik spürbar angestiegen. Insbesondere die asiatischen Regionalmächte China und Indien, aber auch Russland haben ihre Militärausgaben massiv erhöht. Mit weitem Abstand die stärkste Rüstungsmacht der Welt bleiben die USA, die fast dreimal so viel für sämtliche Bereiche der konventionellen wie nuklearen Bewaffnung ausgeben wie der Zweitplatzierte China.

Kriege gelten offiziell nicht länger als legitimes Mittel der Politik und werden international geächtet. Daher rechtfertigt man alle Wehrausgaben offiziell mit der Sicherung des Landes und seiner nationalen Interessen vor tatsächlichen oder vermeintlichen, vor allem aber potenziellen Bedrohungslagen. Im Sinne des antiken Leitspruchs „Wenn du den Frieden willst, bereite den Krieg vor" wird unter den Großmächten und besonders den Möchtegern-Großmächten weiterhin die politisch-militärische Strategie der Abschreckung hochgehalten. Demnach soll die eigene Armee so aufgerüstet sein, dass Gegner aufgrund der unkalkulierbaren Risiken von möglichen Angriffen absehen.

Trotzdem versucht die Weltgemeinschaft, den Umgang mit Massenvernichtungswaffen so gut es geht zu kontrollieren und zu regulieren. Anders als chemische und biologische Kampfstoffe sind die Entwicklung, Herstellung und Bevorratung von Nuklearwaffen völkerrechtlich nicht vollständig verboten. Die USA und Russland, die beide zusammen weit über 90 Prozent aller weltweiten Atombomben besitzen, haben in mehreren Rüstungskontrollabkommen wie zuletzt 2010 im neuen Strategic Arms Reduction Treaty (START) eine Begrenzungen ihrer Arsenale sowie Transparenzmaßnahmen zur gegenseitigen Vertrauensbildung vereinbart. Daneben haben sich die offiziellen fünf Atommächte, neben den USA und Russland sind dies China, Großbritannien und Frankreich, vertraglich zur Nicht-Weiterverbreitung von Kernwaffen bzw. der zu ihrer Produktion notwendigen Materialien verpflichtet. Auf diese Weise soll internationalen Terrororganisationen genauso wie unliebsamen Regimen jede Möglichkeit zur Drohung mit diesem ultimativen Machtmittel verwehrt werden. Gegenwärtig will der Westen vor allem den Iran am Bau von Atomwaffen hindern. ◾

Kapitel 8

Trends und Heraus- forderungen

Umweltpolitik

Der ökologische Umbau der Industriegesellschaft

Es ist gesellschaftlicher Konsens, dass der nachhaltige Schutz der natürlichen Lebensgrundlagen Leitlinie politischer Entscheidungen in allen relevanten Politikfeldern sein soll. Die ökologische Modernisierung ist ein Generationenauftrag für die Weltgesellschaft, der Mensch und Wirtschaft viel abverlangt.

Seit „Fridays for Future" gehört der Umweltschutz zum regelmäßigen Gesprächsthema am familiären Frühstückstisch. Alles begann im Sommer 2018 mit der jungen Umweltaktivistin Greta Thunberg aus Schweden, die während ihrer Schulzeit vor dem schwedischen Reichstag gegen die heimische Klimapolitik protestierte. Binnen weniger Monate wurde aus dieser medienwirksamen Aktion eine weltweite soziale Bewegung. Überall „bestreikten" Schüler und Studierende an Freitagen ihre Schulen und Lehrveranstaltungen und gingen auf die Straße, um radikale Maßnahmen der verantwortlichen Politik zu Klima-, Arten-, Wald-, Meeres- und Bodenschutz einzufordern. Ihre Befürchtungen werden von namhaften Wissenschaftlern unterstützt und mit Argumenten unterfüttert: Würde jetzt nicht umfassend und vorausschauend gehandelt, so würden Naturkatastrophen und Umweltschäden die Lebensgrundlagen der nächsten Generationen existenziell gefährden. Die Erderwärmung und ein weiterer Raubbau an der Natur könnten Teile der Welt unbewohnbar machen. In der Folge käme es zu gewaltsamen Konflikten um Ressourcen, und die Migration nähme weiter zu.

Die Proteste erhöhen den moralischen Handlungsdruck auf eine Generation politisch bewusster Eltern und Großeltern, die selbst den Aufstieg des Umweltschutzes von einem Nischenthema zum weltweit wichtigsten Politikfeld begleitet oder gefördert haben. Die Dimensionen der notwendigen Maßnahmen sind so groß, dass deren globale Umsetzung einer Herkulesaufgabe gleicht. In den Anfängen kümmerte sich die Umweltpolitik vorwiegend um nationale bzw. regionale Regelungen gegen Luft-, Wasser- und Bodenverschmutzung. Erst im Kontext der Klimapolitik, durch den Fokus auf dem Kampf gegen die Treibhausgasemissionen, ist Umweltschutz endgültig zu einem Politikfeld geworden, das den Menschen nicht nur als Einzelnen, sondern als Gattungswesen betrifft. Die neuen Aufgaben können nur im weltweiten Zusammenhang sinnvoll gelöst werden. Im Kontrast zu dem oft von apokalyptischen Tönen begleiteten öffentlichen Dringlichkeitsempfinden ist die internationale Koordinierung der Umweltpolitik nur mit Geduld, Überzeugungskraft und Kompromissbereitschaft zu organisieren. Zu vielfältig sind die unterschiedlichen nationalen Aus-

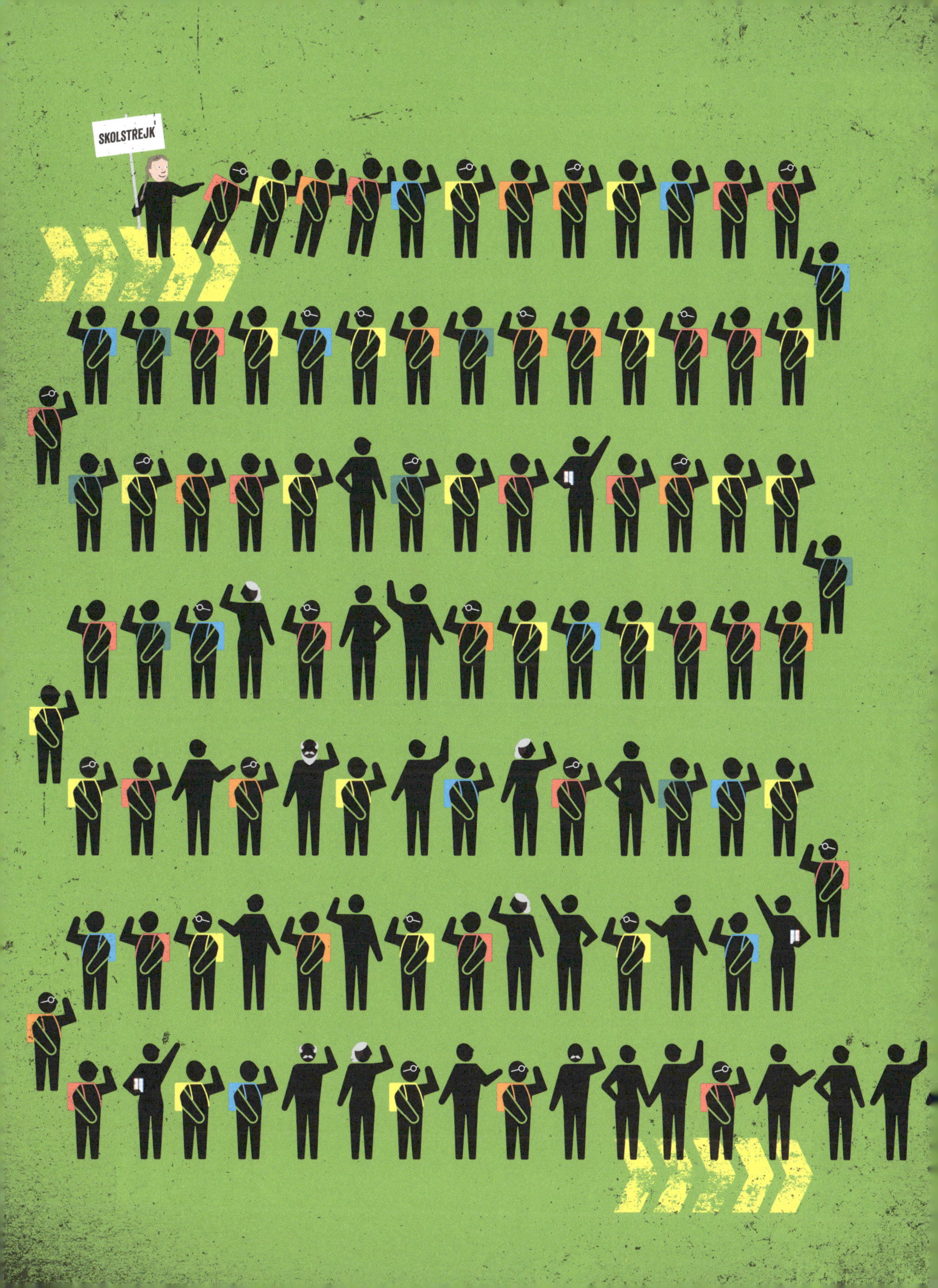
SKOLSTREJK

gangslagen und ökonomischen Eigeninteressen, zumal Regelungen übernational nicht wirklich erzwungen werden können. Dabei sind in den letzten Jahren erhebliche Fortschritte in Form von staatlichen Gesetzen, öffentlichen Maßnahmen und Subventionen privatwirtschaftlicher Aktionen erzielt worden. Allerdings lässt sich deren tatsächliche Wirksamkeit noch nicht abschließend beurteilen.

Zunächst ging es eher um nachsorgende Umweltmaßnahmen, die Beeinträchtigungen verringern sollten etwa durch Kläranlagen, Lärmwälle und Abfallverbrennungsanlagen. Spätestens ab den 1990er-Jahren wird eine vorsorgende Umweltpolitik favorisiert. Sie fördert den Einsatz energie- oder rohstoffsparender Techniken, um Umweltschäden bereits im Vorfeld zu vermeiden. Statt beispielsweise nur auf mehr Abfallverbrennungsanlagen zu setzen, versucht man inzwischen, durch Recyclingsysteme und abfallarme Produkte zu viel Müll gar nicht erst entstehen zu lassen.

Lange Zeit galt der Umweltschutz als Spinnerei von abseitigen Öko-Freaks und wurde nicht wirklich ernst genommen. Ein Wendepunkt war 1992 die UN-Konferenz für Umwelt und Entwicklung in Rio de Janeiro. Hier wurde ein Leitbild zur nachhaltigen Entwicklung ausgearbeitet, nach dem bei jeder gesellschaftlichen Entscheidung die Bedürfnisse künftiger Generationen berücksichtigt werden sollen. Diese Zielsetzung ist bereits in vielen Ländern der Erde zu einer zentralen Richtschnur politischen Handelns erhoben worden. Vom ressourcenschonenden Bauen über Steuerreformen unter ökologischen Gesichtspunkten bis zur Förderung einer nachhaltigen Landwirtschaft: Auf allen Politikfeldern soll im Sinne eines ganzheitlichen Ansatzes in Richtung ökologischer Vorsorge umgesteuert werden. Durch Gebote, Verbote und Aufklärung sollen umweltschädliches Verhalten reduziert bzw. im Idealfall ganz verhindert werden. Vor allem sollen Wirtschaft und Ökologie nicht mehr als Gegensatz verstanden werden. Im Gegenteil: Umweltschutz soll als Wachstumsmotor für Industrie und Wirtschaft dienen. Tatsächlich ist die Entwicklung von energieeffizienten und ressourcenschonenden Technologien zum zentralen Element des globalen Wettbewerbs geworden. Dies wird inzwischen selbst von anfangs eher skeptischen bis offen opponierenden Wirtschaftseliten als nationaler Standortfaktor begriffen. Unter dem Schlagwort der „ökologischen Modernisierung" strebt die Wirtschaftspolitik seit den 2010er-Jahren einen innovativen ökonomischen Strukturwandel an: Zukunftsweisende und nachhaltige Branchen sollen wachsen, schädliche Aktivitäten und Bereiche schrumpfen. Gegebenenfalls sollen die vorhandenen Umweltbelastungskosten bei der Produktion und dem Konsum von Gütern adäquat „eingepreist" werden. Dahinter steht die Hoffnung, dass Unternehmen und Privatpersonen auf diese Weise ihr Produktions- bzw. Konsumverhalten langfristig ändern werden. Die umweltpolitischen Ziele können jedoch in Konflikt mit anderen politischen Zielsetzungen geraten. Deshalb kommt es je nach politideologischer Ausrichtung der Regierungen regelmäßig zu mehr oder weniger zielführenden Kompromissen bzw. Ausnahmeregelungen, um etwa Arbeitsplätze zu sichern oder die Wettbewerbsfähigkeit von Unternehmen zu schützen. Die Politik bewegt sich stets im Spannungsfeld zwischen Ökonomie, Ökologie und sozialer Ausgewogenheit. Denn den meisten Menschen fällt es schwer, zum Wohle der Umwelt ihren persönlichen Lebensstil wirklich zu ändern. Immer noch muss das Auto schnell, die Stromversorgung billig und das Reiseziel exotisch sein. Die Diskrepanz zwischen Umweltbewusstsein und Umweltverhalten ist oft sehr groß. ∎

Klimaschutzpolitik

Eine erneuerbare Energiewirtschaft

Die weltweit wichtigste umweltpolitische Herausforderung ist es, die vom Menschen mitverursachte globale Erwärmung so gut es geht abzumildern. In unterschiedlichem Tempo wird fast überall auf der Welt der Umstieg von klimaschädlichen fossilen zu erneuerbaren Energieträgern wie Sonne oder Wasser vorangetrieben.

Die Häufung von extremen Wetterereignissen wie Überschwemmungen auf der einen und Dürreperioden auf der anderen Seite könnte ein Vorgeschmack darauf sein, wie sich die Lebensbedingungen für die Menschheit in Zukunft verschlechtern werden. Seriöse Wissenschaftler machen hier die Folgen einer seit Jahrzehnten zu beobachtenden kontinuierlichen Erwärmung der Erdatmosphäre aus. Diese lässt sich nicht allein mit dem natürlichen Treibhauseffekt erklären, sondern wird nicht zuletzt vom Faktor Mensch hervorgerufen. Die mit der Industrialisierung einsetzende, global immer weiter zunehmende Verbrennung fossiler Energieträger wie Kohle, Erdöl und Erdgas hat den massiven Anstieg der Treibhausgase in der Atmosphäre, besonders von Kohlendioxid und Methan, hervorgerufen. Mittlerweile droht der Treibhauseffekt, das komplexe Ökosystem Erde elementar aus dem Gleichgewicht zu bringen.

Das allgemeine Ziel der Klimapolitik ist es, Klimaneutralität zu schaffen. Dabei sollen die Treibhausgasemissionen so vermindert oder ausgeglichen werden, dass keine zusätzliche Erderwärmung mehr erfolgt. Den Durchbruch in der internationalen Klimapolitik brachte das 1997 verabschiedete Kyoto-Protokoll. In diesem Vertragswerk verpflichteten sich erstmals Industrieländer wie die EU-Staaten und Japan, ihre Emissionen abhängig von ihrer jeweiligen Entwicklung verbindlich zu begrenzen und zu reduzieren. Als „ein Wendepunkt für unseren Planeten", so US-Präsident Barack Obama, wurde 2016 das Inkrafttreten des Pariser Klimaabkommens gefeiert. Es wurde auch von den drei „großen Klimasündern" China, Indien und den USA ratifiziert und strebt eine Begrenzung der Erderwärmung auf deutlich unter 2 Grad, am besten auf 1,5 Grad an. Wie die Staaten dieses Ziel verwirklichen, liegt in deren individueller Verantwortung.

Der zentrale Faktor dabei wird der Übergang zu einer nachhaltigen, ressourcenschonenden und effizienten Energieversorgung sein. Es gilt, mit weniger Energie einen gleichen bzw. höheren Nutzen zu erreichen. In diesem Sinn subventionieren Staaten etwa die Wärmedämmung eines Hauses oder den Einbau effektiver Anlagen zur Heizung oder Warmwasseraufbereitung. Zudem wird der Bau von vermeintlich energiesparenden oder besonders schadstoffarmen Autos wie Elektro- und Hybridautos gefördert. Das Kyoto-Protokoll erlaubt es energieintensiven Unternehmen

wie staatlichen Organen, mit Emissionsrechten frei zu handeln. Hat ein Unternehmen oder ein Staat weniger Schadstoffe verbraucht, als ihm offiziell zugestanden wurde, kann er seine noch überschüssigen Emissionsrechte als Lizenz weiterverkaufen. So sollen umweltschonende Produktionsweisen finanziell belohnt werden. Zusätzlich soll langfristig das System der Energiebereitstellung komplett umgebaut werden – weg von den konventionellen, endlichen und umweltschädlichen Formen der Energiegewinnung durch Erdöl, Erdgas und Kohle hin zur Nutzung von erneuerbaren, prinzipiell in unbegrenzter Menge vorhandenen Energiequellen wie Sonne, Wind und Wasserkraft. In Deutschland soll bis zum Jahr 2050 die Energieversorgung zu 80 Prozent aus erneuerbaren Energien gesichert werden. Nach der Nuklear-

katastrophe von Fukushima im März 2011 wurde außerdem ein stufenweiser Ausstieg aus der Atomenergie beschlossen. Der Strom aus Windrädern, Solaranlagen, Biogasanlagen oder Biomasseheizkraftwerken wird staatlich stark subventioniert, und die Betreiber der Stromnetze sind verpflichtet, diese vorrangig ans Netz anzuschließen. Die EU hat mit der Ankündigung eines „Green Deal" das Ziel verbunden, bis 2050 der erste klimaneutrale Kontinent zu werden. Inwieweit allen großen Ankündigungen in der Nach-Corona-Ära wirklich Taten und greifbare Ergebnisse folgen werden, bleibt offen, zumal 2018 Präsident Trump den Ausstieg der USA aus dem Pariser Klimaabkommen erklärte. Der internationalen Solidarität, die in dieser Menschheitsfrage zwingend notwendig ist, steht die Bewährungsprobe noch bevor. ◾

> **Wir stehen am Anfang eines Massenaussterbens und alles, worüber Ihr reden könnt, ist Geld und die Märchen von einem für immer anhaltenden wirtschaftlichen Wachstum – wie könnt Ihr es wagen? [...] Alle kommenden Generationen haben Euch im Blick und wenn Ihr Euch dazu entscheidet, uns im Stich zu lassen, dann entscheide ich mich zu sagen: Wir werden Euch das nie vergeben! Wir werden Euch das nicht durchgehen lassen! Genau hier ziehen wir die Linie. Die Welt wacht auf und es wird Veränderungen geben, ob Ihr es wollt oder nicht.**

Klimaaktivistin Greta Thunberg auf dem UN-Klimagipfel, 2019

Migration

Die Welt in Bewegung

Kriege, Umweltkatastrophen und Wirtschaftsnot haben im letzten Jahrzehnt die Zahl von Flüchtlingen und Vertriebenen weltweit stark ansteigen lassen. Erzwungene bzw. unkontrollierte Migration stellt Herkunfts- wie Zielstaaten vor große Herausforderungen. Dabei tragen die armen Länder die größte Last.

„Wir haben unser Zuhause und damit die Vertrautheit des Alltags verloren. Wir haben unseren Beruf verloren und damit das Vertrauen eingebüßt, in dieser Welt irgendwie von Nutzen zu sein. Wir haben unsere Sprache verloren und mit ihr die Natürlichkeit unserer Reaktionen, die Einfachheit

unserer Gebärden und den ungezwungenen Ausdruck unserer Gefühle." Mit emphatischen Worten beschreibt Hannah Arendt in einem Kurzessay 1943 die tiefen Traumata, die Menschen auf der Flucht erleiden und die sie oft ihr Leben lang begleiten. Die deutsch-jüdische Polittheoretikerin war selbst 1941 vor den Nationalsozialisten aus Deutschland zunächst nach Frankreich, schließlich in letzter Minute in die USA entkommen, wo sie bis zu ihrem Tod als US-Bürgerin lebte. Jahrelang ohne Bürgerrechte, eine mehr oder weniger unerwünschte Staatenlose fern der Heimat, dem Willen fremder Staaten ausgesetzt: Diese Erfahrungen prägten Arendt, und als Konsequenz forderte sie, dass jeder Mensch einen Rechtsanspruch auf Staatsbürgerschaft haben muss.

An der prekären Lebensrealität von Flüchtlingen hat sich bis heute wenig geändert. Sie bewegen sich in der Regel langsam von Ort zu Ort, von Bekannten zu Bekannten, von Sammellager zu Sammellager – ohne klare Zukunftsperspektiven und zum Überleben oft vollständig auf Maßnahmen der internationalen Hilfsorganisationen angewiesen. Immerhin fungiert inzwischen das 1950 gegründete und in Genf ansässige UN-Hochkommissariat für Flüchtlinge mit seinen Tausenden Mitarbeitern in der ganzen Welt als Anwalt für Flüchtlinge und Staatenlose vor Ort. Die bisher von 149 Staaten unterschriebene Genfer Flüchtlingskonvention verpflichtet die Aufnahmestaaten formal zu Gewährung von Mindestrechten. Als sich im Jahr 2015 vor dem Hintergrund des verheerenden Bürgerkriegs in Syrien und der Instabilität im Irak der stärkste Flüchtlingsstrom seit dem Zweiten Weltkrieg in Richtung Europa bewegte, wurde aber schnell

klar, dass kein politischer Akteur einen souveränen Staat zur Aufnahme von Flüchtlingen zwingen kann. Allein Deutschland nahm einen Großteil, etwa 1,3 Millionen Menschen, als Flüchtlinge oder als Asyl-Antragsteller auf. Von ihnen leben bis heute die meisten zumindest mit einem befristeten Duldungsstatus im Land. Die heftigen Diskussionen in Europa über den Umgang mit Flüchtlingszuwanderung, die die Gesellschaften nachhaltig polarisierten, hat die globale Migrationsfrage ins Rampenlicht gerückt. Bis dahin war sie von den wohlhabenden Staaten des Nordens weitgehend ignoriert worden.

In den vergangenen Jahrzehnten haben ökonomische wie politische Faktoren zu signifikanten Migrationsbewegungen in der Weltbevölkerung geführt. Sie finden aber – entgegen der öffentlichen Wahrnehmung in den Industriestaaten – in der absoluten Mehrheit jeweils innerhalb der Wohlstandsregionen des Nordens bzw. den Armutsregionen des Südens statt. Nur vergleichsweise selten überschreiten sie die Grenzen von Kontinenten. Die Zahl der Menschen, die im Nahen Osten und aus Teilen Afrikas, Asiens und Lateinamerikas vor Gewalt, Krieg und Elend fliehen, hat sich in den letzten zehn Jahren auf fast 80 Millionen verdoppelt. Von ihnen bleiben die meisten innerhalb der Grenzen des eigenen Landes (Binnenmigration) oder finden in unmittelbar benachbarten Staaten Aufnahme. Die gegenwärtig größten Krisengebiete der Welt wie Syrien, Afghanistan oder der Sudan sind auch die Regionen, in denen sich weit über 80 Prozent der Flüchtlinge und Vertriebenen bewegen. Meistens wollen sie in relativ vertrauter Umgebung bleiben, vor allem aber machen Armut und restriktive Einwanderungsbestimmungen eine legale Süd-Nord-Migration in der Regel unmöglich. So tragen gegenwärtig die jeweiligen Nachbarländer der Bürgerkriegsstaaten wie die Türkei, Pakistan und Uganda die Hauptlast der Fluchtmigration, also Länder, die häufig kaum über ausreichend

Mittel zu deren Integration verfügen. Die UN-Vollversammlung hat zwar im Dezember 2018 fast einstimmig einen globalen, rechtlich allerdings unverbindlichen Migrationspakt verabschiedet, der sich für eine internationale Angleichung von Flüchtlingsrechten und einen gerechten Lastenausgleich unter den Aufnahmestaaten aussprach. Trotzdem ist weiterhin besonders der globale Süden von der Zunahme der weltweiten Zahl an Flüchtlingen und Binnenvertriebenen betroffen. Tatsächlich nimmt dieses Ungleichgewicht tendenziell sogar noch zu. Der globale Norden versucht, durch bi- oder multilaterale Abkommen mit den wichtigsten Staaten der Anrainerregionen in Nordafrika, Mittelamerika oder speziell mit der Türkei der seit 2010 wachsenden Fluchtmigration entgegenzutreten. Außerdem bauen die USA und die Europäische Union ihre Außengrenzen immer stärker und rigoroser aus.

Selbst wenn es gelingen sollte, Konfliktherde wie in Syrien oder dem Irak zu entschärfen, werden die weltweit sehr unterschiedlichen demografischen Entwicklungen, die ungleiche Vermögensverteilung sowie die Umweltschäden infolge des Klimawandels langfristig wohl dafür sorgen, dass immer mehr Menschen auf der Suche nach einer besseren Lebensperspektive ihre Heimat verlassen müssen. Eigentlich gilt es, die Migrationspolitik zwischen Herkunfts- und Zielstaaten international abzustimmen, um eine kontrollierte Zu- und Abwanderung zum Nutzen beider Seiten zu ermöglichen. Doch dies scheint im Augenblick kaum realisierbar zu sein. Denn die reichen Industriestaaten sind im Grunde nur an hochqualifizierten Arbeitskräften interessiert. Doch gerade deren Wegzug schwächt das ökonomische Potenzial von Entwicklungsländern weiter. Ein Teufelskreis, der die strukturelle Benachteiligung der armen Länder eher verfestigt. ■

Terrorismus

Politische Strategie der Angsterzeugung

Politischer Terrorismus ist der Versuch, mit Gewalttaten einen in der Regel übermächtigen Gegner in Angst zu versetzen und Verhaltensänderungen auszulösen. Seit 9/11 wird er vor allem mit dem islamistischen Extremismus verbunden. Dabei sind terroristische Methoden auf keine Ideologie beschränkt.

Es waren surreal anmutende Bilder, die am 11. September 2001 live um die Welt gingen. Am Vormittag rasten in New York kurz hintereinander zwei gekidnappte Passierflugzeuge in die beiden Türme des World Trade Center. Wenig später fielen die Symbole amerikanischer Wirtschaftsmacht in sich zusammen. Fast gleichzeitig war ein weiteres Flugzeug in das Pentagon gestürzt und hatte schwere Schäden am US-Verteidigungsministerium angerichtet. In einer vierten Maschine durchkreuzten die Passagiere die Pläne der Terroristen, die wohl ein weiteres Regierungsgebäude anvisiert hatten; das Flugzeug stürzte bei Pittsburgh ab. Als der Tag endete, waren nicht nur etwa 3000 Menschen getötet worden. Vielmehr hatte sich die gesamte weltpolitische Wahrnehmung verschoben. Quasi über Nacht musste sich der Westen einer neuen feindlichen Herausforderung stellen: dem fundamentalistischen Islamismus. Sein Ziel ist es, mit allen Mitteln, selbst unter Preisgabe des eigenen Lebens, die Dominanz der vermeintlich dekadenten westlichen Lebensformen zu brechen. Langfristig soll ein Gottesstaat errichtet werden, der allein einer radikalen Interpretation des Islams verpflichtet ist. Bis zum heutigen Tag wird die internationale Politik wesentlich vom sogenannten Kampf gegen den Ter-

ror bestimmt. Zudem gehört seit 9/11 ein diffuses Gefühl der Unsicherheit zur emotionalen Grundausstattung westlicher Gesellschaften, aus dem sich ideologisch Kapital schlagen lässt, etwa wenn rechte Populisten eine islamfeindliche Stimmung schüren.

Die Anschläge vom 11. September 2001 stehen für eine neue extreme Form des Terrorismus, der auf größtmögliche mediale Wirkung und Verunsicherung setzt. Dabei ist Terrorismus allgemein kein neues Phänomen, sondern steht in einer langen Tradition. Fast in jeder Epoche waren politisch motivierte Gewaltakte ein strategisches Mittel von extremistischen Minderheiten, die sich von der Mehrheit unterdrückt fühlten und die politische Ordnung destabilisieren wollten. Neben dem Staatsterrorismus totalitärer Regime etablierte sich im 20. Jahrhundert eine Vielzahl unterschiedlich motivierter terroristischer Organisationen nicht-staatlicher Akteure. Das Vorgehen war stets ähnlich: Eine unvorhersehbare massive Gewaltausübung sollte das eigene Anliegen schlagartig in den öffentlichen Blickpunkt rücken und das Vertrauen der Bevölkerung in die Sicherheitsapparate erschüttern. Durch die erwartete Gegenreaktion hoffte man, heimliche Anhänger zu mobilisieren bzw. neue zu gewinnen. Daraus sollte

sich mittel- bis langfristig eine „revolutionäre Situation" ergeben. In den antikolonialen Aufstandsbewegungen in Asien und Afrika ab Mitte des 20. Jahrhunderts führte diese Strategie durchaus zu Erfolgen. Die Kämpfe gegen die Kolonialmächte waren in ihren Anfängen fast immer mit Terrorismus verbunden. Der linke Terrorismus der 1970er-Jahre, der auf die gezielte Tötung von Persönlichkeiten der staatlichen oder wirtschaftlichen Elite setzte – in Westdeutschland etwa die Aktivitäten der Roten Armee Fraktion (RAF) –, stieß dagegen in der Bevölkerung auf eine breite Ablehnung.

Beschränkten sich die meisten Anschläge zunächst auf das nationale Inland, begann mit spektakulären Flugzeugentführungen sowie der Geiselnahme israelischer Sportler bei den Olympischen Spielen 1972 durch die Palästinensische Befreiungsorganisation PLO die Internationalisierung des Terrorismus. Mit dem Zuwachs religiös-fundamentalistisch motivierter Terrorgruppen entgrenzte sich die Gewalt weiter. Dies betrifft nicht nur die Anzahl von Opfern, die eher zufällig ausgewählt werden. Das weltweit nur lose verbundene islamistische Netzwerk Al-Quaida, das hinter den Anschlägen von 9/11 stand, wurde zum Prototyp des modernen transnationalen Terrorismus. Weil sich der radikale Islamismus grundsätzlich gegen jede Form moderner Zivilisation wendet, stellt er eine echte globale Bedrohung dar, die gemeinsam bekämpft werden sollte. Die von den USA initiierten Kriege in Afghanistan und im Irak destabilisierten die betroffenen Regionen jedoch nachhaltig. Letztlich stärkten sie die islamistischen Terroristen, die sich zeitweise eigene Machtbasen aufbauen konnten. Mit dem sogenannten Islamischen Staat (IS) wurden ab 2015 mehrere ebenso verheerende wie medienwirksame Terroranschläge in Europa in Verbindung gebracht. Wie den totalitären Ideologien dauerhaft der Boden entzogen werden kann, bleibt eine Herausforderung für die gesamte Welt. ■

USA gegen China

Der neue Kampf um die Weltmacht

Mit der Volksrepublik China ist den USA auf der Weltbühne in den letzten Jahrzehnten ein Konkurrent auf Augenhöhe erwachsen, der seine wirtschaftliche Bedeutung zunehmend in politische Macht ummünzen will. Wird Asien zum zentralen Austragungsort eines neuen politisch-ideologisch-militärischen Kalten Krieges?

Nach der Implosion des kommunistischen Sowjetimperiums 1989/1991 wurden die USA zur unangefochtenen westlichen Supermacht. Die Amerikaner zeigten in den strategisch wichtigen Regionen der Welt ihre Militärpräsenz, traten in Konflikten als Weltpolizisten auf und fungierten als ideologischer Garant einer Weltordnung, die auf wirtschaftliche Freiheit und politische Demokratie setzt. Im Rahmen der NATO stehen die USA weiterhin für die Sicherheit Europas ein. So bleibt die „Alte Welt" zwar ein wichtiger Partner, aber sie hat nicht erst seit Amtsantritt von Präsident Trump ihre frühere zentrale Bedeutung für die USA verloren. Bereits US-Präsident Obama leitete einen Strategiewechsel ein. Im Jahr 2011 kündigte er an, die „Pazifiknation" USA werde ihren politisch-militärischen Fokus in Zukunft stärker auf Asien richten: Die Region werde „in hohem Maße bestimmen, ob das kommende Jahrhundert von Konflikt oder Zusammenarbeit, unnötigem Leid oder menschlichem Fortschritt gekennzeichnet sein wird". Dies wurde allgemein als kaum verhohlene Kampfansage an China verstanden, das in einem atemberaubenden Tempo innerhalb weniger Jahrzehnte zu einer globalen Wirtschaftsmacht aufgestiegen ist. Inzwischen hat sich die

Rivalität zwischen den USA und China so weit zugespitzt, dass sich ein offener Kampf zwischen der westlichen und der asiatischen Führungsmacht auf allen Ebenen abzeichnet: auf wirtschaftlicher, politisch-militärischer wie ideologischer. Kann China die USA als führende Wirtschaftsnation ablösen? Kann die USA ihren geopolitischen Einfluss wahren? Und über allem steht die große Systemfrage: Ist der chinesische Weg des autoritären Staatskapitalismus dem westlichen Modell der liberalen Demokratie überlegen? Auch wenn sich auf den ersten Blick ein Vergleich mit dem historischen Kalten Krieg zwischen West und Ost, zwischen der USA und der Sowjetunion aufdrängt, so ist doch die Auseinandersetzung unter den Bedingungen der globalisierten Weltwirtschaft eine ganz andere: Beide Volkswirtschaften sind so eng miteinander verflochten, dass die Kontrahenten nicht zuletzt aus Eigeninteresse zu irgendeiner Form der Kooperation gezwungen sind. Eine vollständige Entkoppelung hätte unvorhersehbare Folgen für den Wohlstand in den USA wie im gesamten Westen.

Was der Westen als besonders bedrohlich empfindet, ist die enorme Dynamik der Entwicklung in China. Mit ihr gerät die alte liberale Gewissheit

ins Wanken, dass wirtschaftliche Öffnung quasi zwangläufig eine Demokratisierung der Gesellschaft nach sich zieht. Dagegen scheint die von der kommunistischen Staatspartei diktatorisch regierte Volksrepublik den Beleg zu liefern, wie gut ein staatlich gelenkter Kapitalismus funktionieren kann. Das chinesische Wirtschaftswunder setzte in den 1980er-Jahren ein, als die Staatsführung vorsichtig das Privateigentum erlaubte und besonders im Süden und Südosten des Landes steuerermäßigte Sonderwirtschaftszonen einrichtete. Über diese sollten internationales Kapital sowie mithilfe von Joint Ventures zwischen chinesischen und ausländischen Firmen westliches Know-how ins Land fließen. Der Bevölkerungsreichtum Chinas und sein wirtschaftlicher Nachholbedarf sorgen für bis heute für anhaltende, häufig zweistellige Wachstumsraten. Dabei profitierte die Volksrepublik von der in den 1990er-Jahren einsetzenden rasanten Globalisierung und stieg 2010 zur zweitgrößten Wirtschaftsnation der Welt auf. War China für den Westen zunächst in erster Linie ein Billiglohnland für einfache Tätigkeiten, kann die Volksrepublik gerade in den Zukunftsbranchen inzwischen mit hochwertigen Produkten auf dem Weltmarkt konkurrieren. Der chinesische Staat investiert Milliarden Dollar in Wissenschaft, Technologie und den weltweiten Ausbau von Infrastruktur. Zwischen Europa, Asien und Afrika sollen Schienennetze, Häfen und Industriestandorte neue Absatzgebiete erschließen.

Die schwere Finanzkrise 2008 schwächte den Westen politisch, ökonomisch und – gerade aus Sicht vieler asiatischer Länder – ideologisch. Doch für China war sie ein Zeichen, nach fast zweihundert Jahren der Demütigung durch ausländische Mächte wieder seine traditionelle Großmachtposition wahrzunehmen und die internationale Ordnung aktiv mitzugestalten. Denn mit seiner Rolle als Motor der Weltwirtschaft ist auch Chinas politisches Selbstbewusstsein gewachsen. Seine

aggressive Aufrüstung im Südchinesischen Meer zielt nicht zuletzt auf die militärische Hegemonie in der Heimatregion ab. Sie soll ein Gegengewicht bilden zum US-amerikanischen Sicherheitsengagement vor allem in Südkorea, Japan und den Philippinen. Spätestens seit der symbolträchtigen Ankündigung Chinas, die besonderen Freiheitsrechte der autonomen Stadt Hongkong einschränken zu wollen, distanziert sich der Westen rhetorisch immer mehr von seinem zentralen Geschäftspartner. Mit der Verhängung von Strafzöllen für chinesische Importe will die US-Administration unter Präsident Trump den Druck auf Peking erhöhen, für einen wirklich freien Wettbewerb auf dem chinesischen Markt zu sorgen. Da die Volksrepublik als Reaktion ihrerseits Vergeltungszölle erhebt, ist es zu einem „Handelskrieg" gekommen, der die gesamte westliche Exportwirtschaft in Mitleidenschaft zieht. Da die USA unter Trump eine lautstarke „America-First"-Strategie verfolgen und die möglichen Verbündeten in Europa wie in Asien von den vertieften Beziehungen zu China letztlich sehr profitieren, bleibt die US-Politik im westlichen Lager umstritten. Der zweifelhafte Umgang Chinas mit der von dem Land ausgehenden Covid-19-Pandemie hat die Gräben weiter vertieft. Noch ist nicht entschieden, wer am Ende politisch gestärkt aus der weltweiten Krise hervorgehen wird: die eher demokratischen oder die eher autoritären Systeme. Aber es widerspricht der historischen Erfahrung, dass sich Staaten auf Dauer durchsetzen, die das individuelle Potenzial ihrer Bevölkerung nicht ausschöpfen. Und dieses entfaltet sich am besten in offenen Gesellschaften. ▪

Rassismus und Diskriminierung

Der stete Kampf um Gleichbehandlung

Die Tötung des schwarzen US-Amerikaners George Floyd durch einen weißen Polizisten im Mai 2020 hat den Blick auf den latenten Rassismus in den westlichen Gesellschaften gelenkt. Angehörige von Minderheiten werden oft noch immer systematisch ausgegrenzt. Lassen sich historische Vorurteile politisch überwinden?

Minneapolis im US-Bundesstaat Minnesota. Am 25. Mai 2020 filmen fassungslose Passanten mit dem Handy, wie ein weißer Polizist minutenlang auf dem Hals eines wehrlosen, auf dem Boden liegenden Schwarzen kniet und erst von dem Mann ablässt, als dieser nicht mehr atmet. Über die sozialen Netzwerke verbreiten sich die verstörenden Bilder einer offensichtlich rassistisch motivierten Tötung wie ein Lauffeuer. Auf der ganzen Welt wühlen sie Politik und Gesellschaft emotional auf. Plötzlich findet sich die westliche Führungsmacht USA auf der internationalen Anklagebank wieder. Tagelang kommt es zu massiven Protesten vor allem von schwarzen US-Amerikanern. Diese sehen sich trotz ihrer juristischen Gleichberechtigung seit den 1960er-Jahren vielfach als Bürger zweiter Klasse. Statistiken belegen ihre gesellschaftliche Benachteiligung. So sind Schwarze im Durchschnitt ärmer und sterben früher als Weiße. In einem Land, in dem die meisten US-Präsidenten bis zur Mitte des 19. Jahrhunderts Sklavenhalter waren, ist der Rassismus gesellschaftlich sehr tief verwurzelt. Aber auch in Europa solidarisierten sich viele Menschen mit den Protesten in den USA, um ein Zeichen gegen den heimischen Rassismus zu setzen. In den Medien berichteten Menschen mit Migrationshintergrund von eigenen Diskriminierungserfahrungen aufgrund ihrer ethnischen Herkunft. Selbst in prinzipiell gleichstellungsorientierten Gesellschaften wie Deutschland sind im sozialen Alltag mehr oder weniger subtile Hierarchien spürbar. Sie beruhen auf tiefsitzenden rassistischen Vorurteilen und scheinen kaum politisch beeinflussbar. Kann man wirklich von Chancengleichheit sprechen, wenn bei gleichen finanziellen Möglichkeiten die Aussichten bei der Wohnungssuche um ein Zigfaches höher liegen, wenn man Stefan Müller und nicht Murat Yılmaz heißt? Gerade durch die Sprache werden teilweise unbewusst rassistische oder koloniale Wahrnehmungsmuster weitergetragen, etwa in Medienberichten über Afrika. Je mehr sich Kulturen und Gesellschaften internationalisieren und Menschen unterschiedlicher Herkunft,

Hautfarbe und Sozialisation immer näher beieinander leben, desto wichtiger wird eine stärkere Empathie für die Situation und Erfahrungen von Minderheiten. Nur so kann eine offene Gesellschaft gelingen. Der demokratische US-Präsidentschaftskandidat Joe Biden sprach bei der Beerdigung von Georg Floyd von einem „dieser großen Wendepunkte in der amerikanischen Geschichte, was die gerechte Behandlung von Menschen mit Würde betrifft". Der Stadtrat von Minneapolis hat entschieden, die Polizeibehörde aufzulösen und die Polizeiarbeit radikal umstrukturieren zu wollen. Es ist vielleicht der Anfang eines sehr, sehr langen Wegs. ■

» Wir werden nicht im Tal der
(habe) immer noch einen Tr
keiten von heute und morgen er
seine Wurzel tief im amerikanisc
Nation eines Tages erheben wir
Glaubensbekenntnisses (...), das
fen sind, gerecht wird. Ich habe
Söhne früherer Sklaven und die S
den roten Hügeln von Georgia g
schaft sitzen können. (...) Ich hab
kleinen Kinder eines Tages in ein
sie nicht wegen der Farbe ihrer H
Wesen ihres Charakters beurteil

Martin Luther King in einer Ansprache vor dem Lincoln Memorial in Washington, D.C., 1963

erzweiflung schweigen. Ich

um, obwohl wir den Schwierig-

gegensehen. Es ist ein Traum, der

en Traum hat, dass sich diese

und der wahren Bedeutung seines

alle Menschen gleich geschaf-

nen Traum, dass eines Tages die

hne früherer Sklavenbesitzer auf

meinsam am Tisch der Bruder-

einen Traum, dass meine vier

Nation leben werden, in der

ut, sondern nach dem

werden.

Globalisierte Gesellschaften

Die neue Suche nach Heimat

Die nationalen Gesellschaften werden durch die Globalisierung kulturell immer bunter und vielfältiger. Gleichzeitig erstarken reaktionäre Kräfte, die den wachsenden Wunsch nach Verortung und Identität politisch für sich ausnutzen wollen. Muss Politik heute traditionelle Heimat sichern?

Jeder kennt die Klischees: der gründliche Deutsche, der lebenslustige Franzose, der exzentrische Engländer. Es sind nur wenige Beispiele der vielen nationalen Vorurteile, die die Europäer gegeneinander hegen. Traditionelle Stereotype bieten gängige Schemata zur Komplexitätsreduktion. Sie ordnen das Weltbild vieler Menschen und beeinflussen bewusst oder unbewusst die Denkstrukturen zahlreicher Politiker. Die dahinterliegende Vorstellung, dass jede Nation durch eine einzigartige Kultur charakterisiert ist, hat allerdings in der Wirklichkeit kaum mehr eine Grundlage. Denn tatsächlich lassen sich nationale Gesellschaften schwerer denn je kulturell eindeutig voneinander abgrenzen. Im Zeitalter fortgeschrittener Globalisierung sind die weltweite Mobilität und Migration enorm angestiegen. Beide Phänomene haben maßgeblich zu einer wechselseitigen kulturellen Durchdringung von Gesellschaften geführt. Immer mehr Menschen arbeiten und gründen Familien in anderen Erdteilen als denen, aus denen sie oder ihre Vorfahren stammen. Um dem Trend entgegenzukommen und die

gesellschaftliche Integration zu erleichtern, wurden vielerorts einfachere Verfahren der Einbürgerung eingeführt. In Deutschland etwa wurde durch die Modernisierung und Liberalisierung des Staatsbürgerschaftsrechts 1999/2000 das Abstammungsprinzip durch das Geburtsortsprinzip ergänzt: Ein in Deutschland geborenes Kind kann nun automatisch deutsch sein; die Herkunft der Eltern ist nicht mehr allein ausschlaggebend. Heute heißt ein Deutscher nicht mehr nur Stefan oder Thomas, sondern auch Faris oder Allam, ist dunkelhäutig und spricht als ein in Stuttgart geborenes Kind marokkanischer Einwanderer den schwäbischen Dialekt als Muttersprache. Er kann in einer Moschee statt in einer Kirche transzendentalen Halt suchen oder abends zur Entspannung Tai-Chi praktizieren, statt mit Freunden zum Kegeln zu gehen. Insbesondere in den Metropolregionen leben inzwischen viele Deutsche, die sich durch Herkunft, Hautfarbe und Sozialisation oft schon äußerlich vom Bild eines „typischen Deutschen" unterscheiden. Zudem bringen sie eigene Traditionen in die etablierte Mehrheitskul-

tur ein. Auf diese Weise verschwimmen nationale Kulturen zunehmend zu differenzierten Mischkulturen (Hybridkulturen), die weniger von einer zentralen Leitkultur als vielmehr von Vielfalt und Individualität geprägt sind. „Deutschsein" löst sich so immer stärker von einer eindeutigen, kulturell-ethnischen Zuschreibung.

Die augenscheinlich wachsende Diversität in allen liberal verfassten Gesellschaften hat fast überall politische Abwehrreflexe unter den traditionalistischen Kräften ausgelöst. Reaktionäre bis offen rechtsextremistische Gruppen instrumentalisieren durchaus mit Erfolg die Angst vieler vor dem Verlust einer vermeintlichen traditionellen kulturellen Identität. Sie propagieren mit Versatzstücken aus bekannten antisemitischen Verschwörungstheorien den Kampf gegen einen angeblich elitären „Globalismus". Im Sinne eines „Ethnopluralismus" fordern sie die Rückkehr zu homogenen Nationen. Vor dem Hintergrund des immer schnelleren und unübersichtlicheren gesellschaftlichen Veränderungstempos ist jedoch selbst in den liberalen urbanen Milieus, die die neue Vielfalt prinzipiell begrüßen, ein Bedürfnis nach stärkerer lokaler und regionaler Verortung zu spüren. Sooft es möglich ist, fliehen gestresste Großstädter in die ländlichen Regionen, um im empfundenen Einklang mit der Natur Klarheit zu gewinnen und Erdung zu spüren. Genauso boomt die Nachfrage nach Lebensmitteln direkt von Erzeugern aus der Region. Der sich auf unterschiedlichste Art und Weise äußernde Wunsch, sich wieder stärker zu Hause zu fühlen, einen Ort der inneren und äußeren Geborgenheit zu finden, hat in jedem Land eine gesamtgesellschaftliche Bedeutung gewonnen. Sogar staatstragende und „linke", grüne Parteien werben wieder offensiv mit dem Begriff Heimat. In Deutschland ist dem Innenministerium sogar eine eigene Heimatabteilung zugeordnet worden. Sie hat offizielle die etwas vage umrissene Aufgabe, das Gemeinschaftsgefühl im Land zu erhöhen. Konkret politisch bedeutet dies vor allem die Förderung strukturschwacher Regionen. ∎

Metropolisierung der Welt

Die Spaltung zwischen Stadt und Land

Immer mehr Menschen auf der Welt leben in immer größeren Städten – ein Trend, der sich wohl weiter verstärken wird. Insbesondere in Afrika, Lateinamerika und Asien lässt die Landflucht unkontrolliert wachsende Megacitys entstehen. Die Folgen für Gesellschaft, Infrastruktur und Umwelt sind problematisch.

Schon immer war mit dem Leben in Städten das Versprechen auf Wohlstand und persönliches Glück verbunden. Im europäischen Mittelalter genossen ihre Bürger oft besondere Privilegien und Freiheiten. Städte waren Schauplätze politischer Revolutionen und ab der Wende zum 19. Jahrhundert Mittelpunkte der neuen industriellen Produktion. In diesen Laboren des Fortschritts trafen auf engstem Raum Menschen unterschiedlichster Schichten mit ihren jeweiligen Kompetenzen und Talenten zusammen und inspirierten sich gegenseitig zu neuen Ideen. Auf

der Suche nach Arbeit zog es die Landbewohner massenweise in die Städte, die auf diese Weise sprunghaft anwuchsen. Im Prinzip setzt sich dieser Prozess der Verstädterung bis heute unvermindert fort. Gegenwärtig lebt mehr als die Hälfte der Weltbevölkerung in Städten, in denen bis zu 80 Prozent des nationalen Bruttosozialprodukts erwirtschaftet werden. Die Tendenz ist weiter steigend.

Dabei zeigen sich je nach Weltregion teilweise große Unterschiede in Quantität und Qualität der Urbanisierung. In der entwickelten Welt sind Multimillionen-Metropolen wie London, Paris, New York und Tokio zu „Global Cities" aufgestiegen. Als Standorte international agierender Unternehmen und Organisationen haben sie eine herausragende Bedeutung für die Weltgesellschaft. Ihre charakteristischen Hochhaus-Skylines sind ein weithin sichtbares Symbol dieser Machtposition. Daneben bieten sie ein vielfältiges, international geprägtes Kultur- und Freizeitangebot und verfügen über eine hohe Lebensqualität. Allerdings nimmt ihre Einwohnerzahl mittlerweile, wenn überhaupt, eher langsam und planmäßig zu. Ganz anders ist die Situation in vielen Entwicklungs- und Schwellenländern. Hier platzen die Städte meist unkontrolliert und in sagenhafter Geschwindigkeit aus allen Nähten. Ob man nun Delhi, Mumbai oder Kalkutta in Indien nimmt, São Paulo in Brasilien, Karatschi oder Lahore in Pakistan, Jakarta in Indonesien, Lagos in Nigeria oder Kinshasa in der Demokratischen Republik Kongo: Die meisten Megacitys der Welt, also Städte, die weit über zehn Millionen Einwohner zählen, spiegeln in erster Linie die wirtschaftliche Schwäche der Region wider, in der sie sich befinden. Die unterfinanzierten und schlecht ausgestatteten Stadtverwaltungen sind oft nicht mehr in der Lage, eine funktionsfähige elementare Infrastruktur zu gewährleisten. Die Wasser- und Stromversorgung sowie die Müllabfuhr sind unzuverlässig, der Verkehr ist cha-

otisch organisiert und die Sicherheitskräfte korrupt. Doch trotz hoher Kriminalität, Staus, Smog und stinkenden Gewässern soll sich Schätzungen zufolge der Zuzug in die Millionenmetropolen aus den ländlichen Gebieten in den nächsten Jahren noch vervielfachen. In immer noch stark agrarisch geprägten Regionen können immer weniger Bauern ihre Familien ernähren. Neben der ungleichen Verteilung von Landbesitz kommen hier zunehmend auch die Auswirkungen des Klimawandels mit Dürren und Überschwemmungen zum Tragen. Gerade junge Menschen strömen ohne wirkliche Perspektiven in die Slums und Ghettos der Städte, wo sie sich als Tagelöhner mühsam über Wasser halten. Sie leben in winzigen Räumen unter miserablen hygienischen Bedingungen, was oft Krankheiten zur Folge hat.

In den ausufernden Megacitys Asiens, Afrikas und Lateinamerikas verdichten sich die Negativseiten der allgemeinen Urbanisierung, mit denen alle Großstädte auf unterschiedlichem Niveau zu kämpfen haben. Hierzu gehören die Versorgung mit ausreichend Wohnraum, die Organisation von Verkehr, besonders aber die Umweltprobleme – Herausforderungen, deren Lösung im Interesse der gesamten Menschheit liegen. Der politische Handlungsdruck wird allgemein anerkannt. Im Sinne einer nachhaltigen Stadtentwicklung wurden 2016 auf einer UN-Konferenz Richtlinien verabschiedet, die Energieverbrauch und Umweltverschmutzung unter anderem durch die vermehrte Anwendung digitaler Technologien in urbanen Räumen deutlich reduzieren sollen. Damit die Infrastruktur mit dem Wachstumstempo der Städte in den bevölkerungsreichen Entwicklungsgesellschaften Schritt halten kann, bedarf es ausländischer Anschubfinanzierungen. Diese eröffnen zudem die Chancen einer eigenständigen ökonomischen Entwicklung. Denn wie die Erfahrungen aus Europa und China nahelegen, ist es vor allem der Wohlstand, der eine vernünftige Stadtplanung möglich macht. ∎

Korruption

Der Kampf des Staates um Vertrauen

Ein funktionierender Staat lebt vom Vertrauen seiner Bürger in die Gesetzestreue der politischen Amtsträger. Missbrauchen sie ihre Machtposition zum privaten Vorteil, hat das langfristig schwerwiegende Folgen – wirtschaftlich, politisch und gesellschaftlich. Doch wo hört Netzwerken auf und fängt Korruption an?

Ein kleines Geschenk vom Geschäftsführer der Baufirma für einen Verwaltungsbeamten, der eine Baugenehmigung erteilt; Geld für den Richter, der über den Freispruch eines Angeklagten entscheidet; ein Politiker, der Freunden und Verwandten mächtige Posten zuschanzt: Korruption kann viele Formen annehmen. Die Übergänge zwischen nur moralisch anstößigen indirekten Begünstigungen, gerade im Bereich des Lobbyismus (→ Seite 127), und strafrechtlich relevanten direkten Bestechungsdelikten sind fließend. Dass politische Amts- und Mandatsträger persönlich von ihren Machtstellungen profitieren wollen, zeigt sich in allen politischen Systemen. Diese individuelle menschliche Schwäche lässt sich strukturell wohl niemals vollständig beseitigen. Weil sie aber das Grundvertrauen in den Staat untergraben, wurden Günstlingswirtschaft und Ämterkauf in jeder Epoche zumindest moralisch verurteilt, auch wenn sie gerade in vormodernen Staaten gängige Mittel der Politik waren.

Heute sind Beamtenbestechung, Vorteilsannahme und Vorteilsgewährung in den meisten Ländern juristische Straftatbestände, die bei Verurteilung mehrere Jahre Gefängnisstrafe nach sich ziehen können. In wohlhabenden Staaten mit modernen institutionellen Strukturen und vergleichsweise gut ausgebauten öffentlichen Kontrollmechanismen halten sich die Korruptionsfälle in Grenzen. Allerdings muss man gerade im Wirtschaftsbereich von einer hohen Dunkelziffer ausgehen. Wie der regelmäßig ermittelte Korruptionswahrnehmungsindex der Nichtregierungsorganisation Transparency International zeigt, gibt es einen unmittelbaren Zusammenhang zwischen Armut, politischer Instabilität und Korruption. Je schlechter es einem Land wirtschaftlich geht, desto fragiler wird die Staatsordnung und umso höher ist der persönliche Missbrauch öffentlicher Gelder. In den ärmsten Staaten der Erde ist Korruption zugleich Ursache und Folge von Armut. Am Ende durchdringt sie die ganze Gesellschaft. Wer in seiner Staatsfunktion nur schlecht bezahlt wird, ist schneller bereit, für Extra-Geld Gefälligkeiten zu erweisen. Wenn es aber zum Nachteil der Allgemeinheit nur noch um die Frage der Durchsetzbarkeit von Privatinteressen geht, steht letztlich die Staatlichkeit selbst auf dem Spiel. Wegen der Rechtsunsicherheit und unkalkulierbaren Kos-

ten werden Investoren das Land immer mehr meiden, was eine Entwicklung noch schwieriger macht. Als einzige Möglichkeit, diesen Teufelskreis zu durchbrechen, setzen Fachleute auf Verwaltungsreformen. Diese sollen im Sinne einer „Good Governance" Entscheidungsprozesse transparenter machen und leistungsorientierte Regeln für die Ämtervergabe aufstellen. ◾

Transnationale Unternehmen

Macht und Ohnmacht der Politik

Handys aus Korea, Monitore aus Taiwan, T-Shirts aus Bangladesch: Unser Alltagsleben ist ohne Produkte aus allen Ecken der Welt kaum mehr denkbar. Die Wirtschaft hat sich so internationalisiert, dass nationale Vorschriften leicht umgangen werden können. Hat die Politik ihre Macht verloren?

Mag sich der deutsche Großtheoretiker Karl Marx in seiner Prophezeiung, dass die Geschichte in Richtung einer klassenlosen Gesellschaft verläuft, auch geirrt haben, doch die revolutionäre Wandlungsdynamik des Kapitalismus hat er 1848 zusammen mit Friedrich Engels im epochemachenden *Kommunistischen Manifest* messerscharf beschrieben: „Die fortwährende Umwälzung der Produktion, die ununterbrochene Erschütterung aller gesellschaftlichen Zustände, die ewige Unsicherheit und Bewegung" kennzeichneten die kapitalistische Unternehmerschaft. Und als ob Marx und Engels Zeitzeugen des gegenwärtigen, seit Ende des 20. Jahrhunderts zunehmenden Globalisierungsschubs wären, fahren sie fort: „Das Bedürfnis nach einem stets ausgedehnteren Absatz für ihre Produkte jagt die Bourgeoisie über die ganze Erdkugel. Überall muss sie sich einnisten, überall anbauen, überall Verbindungen herstellen."

Tatsächlich verantworten Schätzungen zufolge Unternehmen, die über Produktionsstätten in mehreren Ländern verfügen, heute bis zu 80 Prozent des Welthandels. Selbst kleinere mittelständische Firmen haben ihre internationalen Geschäftstätigkeiten verstärkt, um im Wettbewerb mit den großen, multinationalen Unternehmen mithalten zu können, was allerdings immer schwerer fällt. Denn anders als ihre national verankerten Konkurrenten orientieren sich die transnational agierenden Weltkonzerne weniger auf ihr Ursprungsland, sondern wollen eine globale Marke schaffen. In jedem Segment gibt es inzwischen dominierende „Global Player". Diese richten ihre betriebsinternen Planungen so aus, dass sie weltweit immer neue Absatzmärkte erschließen und dabei die eigene Wertschöpfungskette optimieren können. Stammten bis in die 1960er-Jahre solche Mega-Unternehmen wie etwa Coca-Cola vor allem aus den USA, sind heute auch entsprechende Unternehmen aus Europa und Asien wie etwa der deutsche Elektronikriese Siemens, der Schweizer Lebensmittelkonzern Nestlé oder der japanische Autohersteller Toyota auf der ganzen Welt aktiv. Sie haben durch Zukauf lokaler Firmen weltumspannende Unternehmensnetzwerke ausgebildet und durch „ihre Exploitation des Weltmarkts die Produktion und Konsumption aller Länder kosmopolitisch gestaltet", wie schon Marx und Engels wussten.

Mit der Verlagerung von bestimmten Bereichen der Produktion an unterschiedliche Standorte im Ausland wollen sich die Großunternehmen besser an die regionalen und lokalen Bedürfnisse der Kunden anpassen. Sie bauen vor Ort eigene Produktionsstätten und entwickeln speziell auf das Land abgestimmte Vertriebs- und Marketingstrukturen. Der amerikanische Sportartikel-Hersteller Nike etwa lässt Sportschuhe in eigenen Unternehmen in China, Indonesien, Mexiko und der Slowakei herstellen. Doch in erster Linie soll durch die weltweite Aufteilung von Produktions- und Arbeitsprozessen der Gewinn des Unternehmens maximiert werden. So versucht man, die unterschiedlichen rechtlich-politischen bzw. betriebswirtschaftlichen Rahmenbedingungen an den verschiedenen Standorten für eigene Kostenvorteile auszunutzen. Arbeitsintensive Produktionsroutinen werden in Länder verlagert, in denen das Lohnniveau niedriger ist als in den Industrienationen, weniger strenge Umweltauflagen gelten oder vorteilhaftere Kündigungsregeln herrschen. Innovative Forschungs- und Entwicklungsarbeiten werden dort angesiedelt, wo die höchstqualifizierten Wissenschaftler und Fachkräfte rekrutiert werden können. Die Firmenzentrale lässt sich juristisch an einen Ort verlagern, in dem relativ niedrige Gewinnsteuern erhoben werden.

Ob Produktion, Vertrieb, Marketing, Einkauf oder Forschung: Mit dem Ziel der Kostenoptimierung herrscht bei vielen multinationalen Unternehmen ein weltweiter Austausch in fast allen betriebswirtschaftlich relevanten Bereichen, der immer kleinteiliger wird. So beschaffen sich etwa große Autokonzerne ihre Grundstoffe sowie Vor- oder Teilprodukte auf einem globalen Markt und lassen sie dann an einem Standort zum fertigen Endprodukt zusammenbauen. Über 70 Prozent der Wertschöpfung in der Automobilbran-

che wird Schätzungen zufolge von Zulieferern geleistet. Das größte Kostenreduktionspotenzial liegt aber in den besonders onlineaffinen Dienstleistungen. Gerade im Digitalbereich können die Diversifikationspotenziale einer globalisierten Wirtschaft optimal genutzt werden. Hier entstehen weitgehend standortunabhängige, virtuelle Unternehmensnetze, die unter anderen Amazon und Google binnen kürzester Zeit zu Konzerngiganten gemacht haben.

Die in der Regel immer noch nationalstaatlich organisierte Politik kann die Tätigkeiten von hochmobilen globalisierten Unternehmen immer schwerer kontrollieren. Steuervermeidung bzw. steueroptimierte Gewinnverlagerung sind internationale Probleme, die sich über einzelstaatliche Gesetzgebungen kaum wirksam bekämpfen lassen. Nicht zuletzt dank eines schwer durchschaubaren Geflechts an Tochter- und Subunternehmen in der ganzen Welt, die meist rechtlich völlig eigenständig und nur noch lose mit der Konzernleitung verbunden sind, können politische bzw. rechtliche Vorgaben leicht umgangen werden. Außerdem ist die wirtschaftliche Attraktivität der Konzerne teilweise so groß, dass einige Staaten ihnen besondere Vergünstigungen gewähren. Der internationale Standortwettbewerb hat so weit geführt, dass es einzelne Kleinstaaten quasi zu einem Geschäftsmodell gemacht haben, Großfirmen ihre Gewinne fast steuerfrei anlegen zu lassen. Der Kampf gegen diese „Steueroasen" genauso wie für die Einhaltung wesentlicher Umwelt- oder Menschenrechtsstandards kann nur in Zusammenarbeit aller Länder erfolgreich sein. Vergleichsweise fortgeschritten sind Verhandlungen über eine globale Mindestbesteuerung. Um auf allen Politikfeldern wieder auf Augenhöhe mit den internationalen Konzernen zu agieren, bedarf es einer konsequenten Transnationalisierung von Rechtsnormen. Doch diese rückt angesichts verstärkter Alleingänge in der Weltpolitik zurzeit eher wieder in weite Ferne. ◾

Menschenrechte

Ein politisch durchzusetzender Universalitätsanspruch?

Menschenrechte meinen die unveräußerlichen Grundrechte eines jeden Menschen. Obwohl sie von fast allen Staat formal anerkannt sind, werden sie Tag für Tag auf der Welt verletzt. Zudem wird die Allgemeingültigkeit der Menschenrechte immer noch bestritten: Sind sie nur ein westlicher „Kulturexport"?

Gleich, ob es sich um Fragen der Medienfreiheit, um den Umgang mit politisch Andersdenkenden, sexuellen oder ethnischen Minderheiten oder um Fragen des Rechtsstaats handelt: Wenn Menschenrechtsverletzungen auf dem internationalen Parkett diskutiert werden, folgt der Streit zwischen demokratischen und autoritären bzw. diktatorischen Staaten in der Regel einem festen Ritual. Während europäische oder US-amerikanische Politiker die Einhaltung der universellen Menschenrechte anmahnen, verbitten sich die angesprochenen Landesvertreter eine „unverhohlene Einmischung in die inneren Angelegenheiten" und sprechen von zweierlei Maß. Genauso verhielt es sich, als im Herbst 2019 die chinesische Staatsführung gewaltsam gegen die Demokratiebewegung im halbautonomen Hongkong vorging. Dabei entsprachen Aktionen und Reaktionen auf beiden Seiten dem jeweiligen Status des Landes in der internationalen Hierarchie. Als sich etwa die deutsche Bundeskanzlerin vorsichtig kritisch äußerte, verwies China diplomatisch darauf, im „Rahmen der Gesetze" zu handeln, aber gesprächsbereit zu sein. Als jedoch der US-Senat ein Gesetz

verabschiedete, dass Sanktion gegen die Volksrepublik bei erneuten Menschenrechtsverletzungen vorsieht, reagierte Chinas Staatsführung viel schärfer und drohte mit eigenen Sanktionen. Der Westen sieht sich als Anwalt der Unterdrückten prinzipiell auf der moralisch richtigen Seite. Doch oft genug wird diese Haltung als eine subtile Form des westlichen Dominanzstrebens wahrgenommen. Gerne führt man auch vermeintliche kulturelle Traditionen und eigene Werte ins Feld, um den „individualistischen" Blick des Westens auf Menschenrechte als ideologisch vorgeprägt zu entlarven. Sind Menschenrechte letztlich doch nur eine Frage der politischen Macht?

Dass die Frage von Menschenrechten im nichtwestlichen Raum oft instinktiv als westliche Aggression wahrgenommen wird, liegt nicht zuletzt an der kolonialen Vergangenheit der betroffenen Länder. Speziell im Nahen Osten hat zudem der verheerende US-Krieg im Irak seine Spuren hinterlassen, der ausdrücklich im Namen von Menschenrechten und Demokratie geführt wurde. Zweifellos ist die moderne Menschenrechtspolitik, die sich auf die naturrechtlichen Prinzipien der europäischen Aufklärung zurückführen lässt, unter der Ägide und Deutungshoheit des Westens entstanden. So hat die 1948 im Kontext der UNO-Gründung nach dem Zweiten Weltkrieg verabschiedete „Allgemeine Erklärung der Menschenrechte" die Menschenrechtsidee auf der internationalen Bühne verankert. Sie legt die zentralen Freiheits- und Gleichheitsrechte fest, die allen Menschen unabhängig von sozialem Status, Herkunft, Religion und Kultur von Geburt an zustehen. Auf globaler wie regionaler Ebene wurden in der Folgezeit mehrere, teils völkerrechtlich kodifizierte Menschenrechtsdokumente verabschiedet, die zum Teil zeitgemäße neue Bestimmungen wie das Recht auf eine saubere Umwelt aufnahmen. Zwei 1981 und 1990 von Vertretern islamischer Länder veröffentlichte Dokumente wollen die Menschenrechte in den eigenen kulturellen Kontext stellen. Sie bauen auf dem islamischen Rechtssystem der Scharia auf und entwickeln etwa mit ihrer Ablehnung der Gleichstellung von Mann und Frau explizit einen Gegenentwurf. Dies wird inzwischen selbst unter Muslimen infrage gestellt, und viele progressive islamische Theologen betonen heute die Vereinbarkeit des Koran mit den Menschenrechten im Sinne der UN-Resolutionen. Tatsächlich wird die prinzipielle Gültigkeit von individuellen Menschenrechten weltweit kaum mehr bestritten. Selbst China bekennt sich formal seit 2004 in seiner Verfassung zum Schutz der Menschenrechte, was in der Realität aber keine wirkliche Rolle spielt. Experten sind überzeugt, dass die Durchsetzung von Menschenrechten von konstruktiver Zusammenarbeit auf Augenhöhe abhängig ist. Nur wenn „der Westen" nicht von oben herab befiehlt, sondern seine eigenen Widersprüche mitreflektiert und anderen Ländern ihren eigenen Entwicklungsweg einräumt, ist wirklicher Fortschritt möglich. ▪

Prinzipien der Allgemeinen UN-Erklärung der Menschenrechte, 1948

Freiheit und Gleichheit; Verbot der Diskriminierung; Recht auf Leben und Freiheit; Verbot der Sklaverei; Verbot der Folter; Anerkennung als Rechtsperson; Gleichheit vor dem Gesetz; Anspruch auf Rechtsschutz; Schutz vor Verhaftung und Ausweisung; Anspruch auf ein faires Gerichtsverfahren; Recht auf Unschuldsvermutung; Freiheitssphäre des Einzelnen; Freizügigkeit und Auswanderungsfreiheit; Asylrecht; Recht auf Staatsangehörigkeit; Recht auf Familie; Recht auf Eigentum; Gedanken-, Gewissens-, Religionsfreiheit; Meinungs- und Informationsfreiheit; Versammlungs- und Vereinigungsfreiheit; Allgemeines und gleiches Wahlrecht; Recht auf soziale Sicherheit; Recht auf Arbeit, gleichen Lohn; Recht auf Erholung und Freizeit; Recht auf Wohlfahrt; Recht auf Bildung; Freiheit des Kulturlebens; Recht auf soziale Ordnung.

Demografischer Wandel

Die Überalterung der Gesellschaft

Während insgesamt die Weltbevölkerung weiter kontinuierlich wächst, sinkt in den meisten Ländern Europas die Einwohnerzahl seit Jahren. In Deutschland zum Beispiel leben immer mehr alte und immer weniger junge Menschen, was langfristig die Funktionsfähigkeit der sozialen Sicherungssysteme bedroht.

Wie sehr sich Größe und Zusammensetzung der Weltbevölkerungen in gerade einmal zwei Generationen gewandelt haben, belegen die nüchternen Zahlen. Die Menschheit hat sich innerhalb der letzten 60 Jahre mehr als verdoppelt. Im Jahr 2019 lebten auf der Erde insgesamt 7,7 Milliar-

den Menschen, wobei sich die Verteilung auf die Kontinente erheblich unterscheidet. Die Hälfte aller Menschen lebt in Asien, vor allem in China und Indien, nur etwa 15 Prozent leben in Afrika und 10 Prozent in Europa. Dabei hat sich seit den 1970er-Jahren in den einzelnen Weltregionen die

>> Der demografische Wandel bedeutet neben den Fragen der Globalisierung wahrscheinlich die größte Veränderung unseres gesellschaftlichen Lebens, aber auch des persönlichen Lebens jedes Einzelnen in der ersten Hälfte des 21. Jahrhunderts. <<

Angela Merkel, 2012

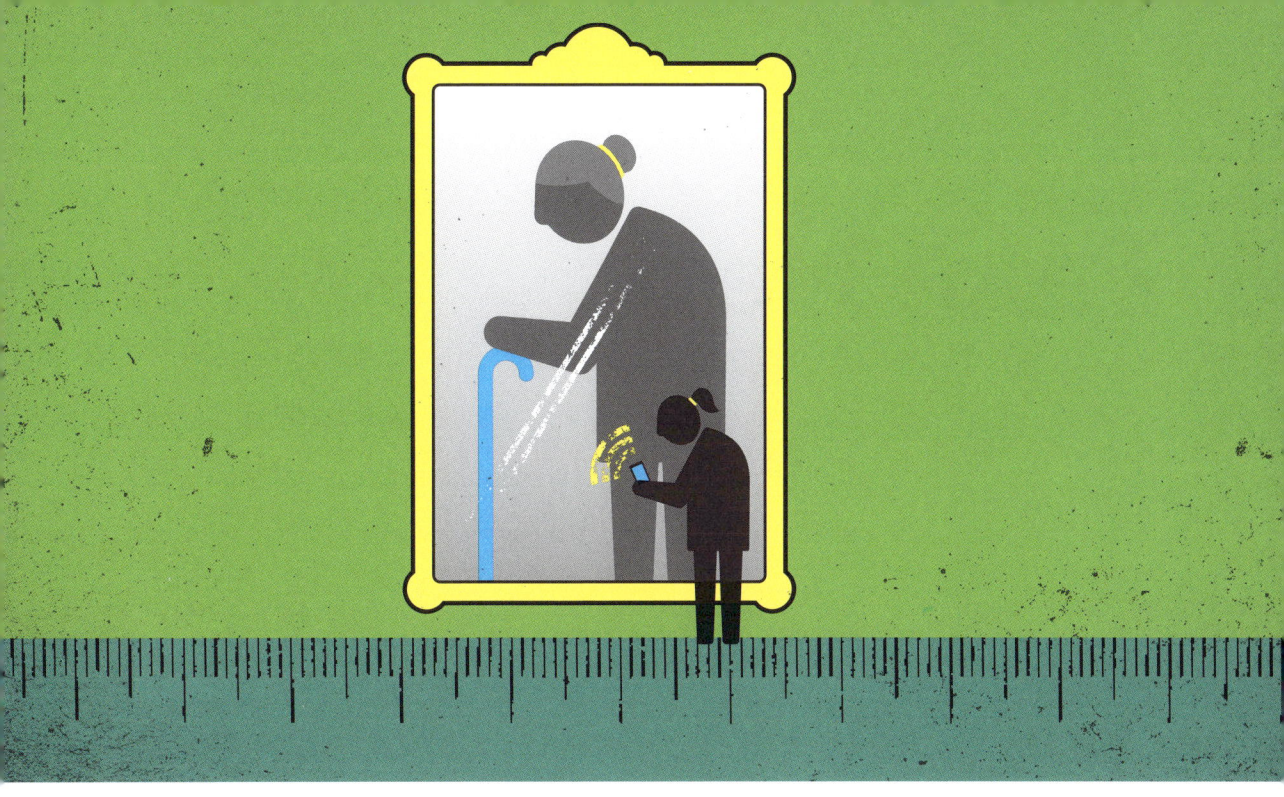

Altersstruktur stark verändert, wobei der Grundsatz gilt: Je reicher ein Land ist, desto weniger junge Menschen leben dort. Während in praktisch ganz Afrika, im arabischen Raum und auf dem indischen Subkontinent die Hälfte der Bevölkerung jünger als 30 Jahre ist, nimmt der Anteil der älteren Einwohner in Japan und auch in Europa immer weiter zu.

Dieser auch in Deutschland zu beobachtende demografische Wandel ist Folge des Absinkens der Geburtenrate bei einer gleichbleibenden Zahl an Sterbefällen. Hinzu kommt ein starker Anstieg der durchschnittlichen Lebenserwartung. Der Wunsch nach Selbstverwirklichung, verbesserte Möglichkeiten der Empfängnisverhütung, eine höhere Bildung und Frauenerwerbstätigkeit haben die Geburtenzahlen in der Bundesrepublik in den letzten Jahrzehnten sinken lassen. Inzwischen stagnieren sie auf einem niedrigen Niveau. Gleichzeitig leben die Menschen dank der besseren medizinischen Versorgung immer länger. Die Deutschen werden also älter und langfristig immer weniger. Dies lässt sich durch gezielte Zuwanderung zum Teil

abschwächen, aber wohl nicht vollständig kompensieren.

Dieser Trend lässt sich fast überall in Europa beobachten und wird sich – so die Prognosen – noch verstärken. Die Folgen für das gesellschaftliche Zusammenleben sind weitreichend und stellen die Politik vor große Herausforderungen. In einer Gesellschaft mit immer mehr Alten und immer weniger Jungen stehen die Finanzierungsgrundlagen der Sozialversicherungen auf dem Prüfstand. So wird sich etwa durch die steigende Lebenserwartung der Bedarf an Gesundheits- und Pflegeleistungen drastisch erhöhen. Die Kosten werden immer schwerer zu tragen sein, weil durch den Rückgang der Zahl der Beitragszahler die Einnahmen tendenziell eher sinken werden. In der umlagefinanzierten Deutschen Rentenversicherung wird eine abnehmende Zahl an Erwerbstätigen wohl nicht mehr im heutigen Ausmaß eine wachsende Zahl von Rentnern unterstützen können. Wahrscheinlich werden entweder die Beiträge erheblich steigen oder die Rentenzahlungen gekürzt werden müssen – beides politisch nur schwer durchsetzbare Maßnahmen. ■

Fake News

Wie viel Wahrheit braucht die Demokratie?

Digitale Plattformen sind ein Tummelplatz für Hassreden, Verschwörungstheorien und gezielte politische Desinformationen. Für die Demokratie bedeutet dies eine echte Gefahr, denn sie baut auf den Zugang zu seriöser Information. Wie lassen sich Falschnachrichten bekämpfen, ohne Presse- und Meinungsfreiheit zu beschneiden?

„Eine Zensur findet nicht statt", heißt es lapidar im Artikel 5 des deutschen Grundgesetzes. Dass jeder das Recht hat, seine Meinung in Wort, Schrift und Bild frei zu äußern und zu verbreiten, gilt als zentrales Merkmal einer Demokratie. Diese will im Gegensatz zur Diktatur nicht vorgeben, was politisch richtig und was falsch ist. Diktaturen drängen zum Zwecke des eigenen Machterhalts auf die Durchsetzung einer einzig gültigen Weltanschauung; andere Sichtweisen werden von vornherein verleugnet oder unterdrückt. Demokratien hingegen akzeptieren die individuell unterschiedlichen Blickwinkel auf die gemeinsame Wirklichkeit. Erst nach einer öffentlichen Verhandlung der verschiedenen Meinungen wird mehrheitlich darüber entschieden, wie im konkreten Fall „richtig" gehandelt werden soll. Weil in der Demokratie die Wahrheit nicht schon gekannt, sondern gemeinsam gesucht werden soll, ist es legitim, dass in Diskussionen alle Meinungen geäußert werden, selbst die scheinbar lächerlichen, skurrilen, verdrehten oder dümmlichen. Es liegt sogar in der Natur der Demokratie, Blödsinn zu reden, so der US-Philosoph Harry Frankfurt in seinem berühmten Pamphlet zum Bullshit. Schließlich traut die Demokratie ihren Bürgern per defini-

tionem zu, sich Meinungen über alle möglichen Themen von öffentlichem Belang zu bilden. Denn am Ende müssen sie zwangsläufig über viele Dinge politisch urteilen, von „denen sie nichts verstehen", so Frankfurt. Das häufige „Fehlen jedes signifikanten Zusammenhangs zwischen den Meinungen eines Menschen und seiner Kenntnis der Realität" stellt so lange kein Problem dar, wie Bürger bereit sind, Meinungen im Lichte gewonnener Kenntnisse zu revidieren bzw. zu überdenken, also den Unterschied zwischen Meinung und Tatsachen zu respektieren. Die Anerkennung von Fakten sowie Grundregeln der rationalen Beweisführung bilden die unverzichtbare Basis für einen demokratischen Diskurs, der sich als Ringen um das richtige Argument in einem gemeinsamen öffentlichen Raum versteht. Vor dem Hintergrund einer bis ins Unkenntliche fragmentierten Medienöffentlichkeit, in der jeder Bürger an jedem Ort unkontrolliert zum Meinungs- und Informationsproduzenten werden kann, droht dieser gesellschaftliche Minimalkonsens zunehmend verloren zu gehen. Abertausende kleine, im Netz kursierende „Fake News", gefälschte Zahlen, manipulierte Bilder, tendenziöse Halbwahrheiten und dunkle Verschwörungslegenden haben

isolierte Wahrnehmungswelten entstehen lassen und „alternative Realitäten" popularisiert. Diese blenden Komplexität und Differenzierungen prinzipiell aus und gründen in erster Linie auf ideologischen Feindbildern und Vorurteilen. Sie haben in wichtigen Demokratien Politiker an die Macht gebracht, die statt auf Vernunft auf Emotionalisierung und Polarisierung setzen. Fakten und Wahrheiten werden nur soweit anerkannt, solange sie ihnen politisch nützen. Umso wichtiger bleiben professionell arbeitende Medienmarken. Sie haben zwar ihr Informationsmonopol verloren, können aber noch immer gesamtgesellschaftliche Öffentlichkeiten herstellen. Ihre Herkulesaufgabe ist es, die immer größere Vielfalt von Lebenswirklichkeit abzubilden und gleichzeitig glaubwürdige Orientierungsschneisen in den täglichen Informationsdschungel zu schlagen.

Nachprüfbare Fakten zu recherchieren und kritische Wahrheiten herauszufinden bleibt die zentrale Aufgabe der Wissenseliten. Ein seriöser Journalismus soll die Ergebnisse in verständlicher Sprache so wertneutral und objektiv wie möglich einer breiten Öffentlichkeit vermitteln: Dies schafft eine Basis für den demokratischen Meinungs- und Willensbildungsprozess – ein hoher Anspruch, der ein Ideal formuliert und zu jeder Zeit bewusst oder unbewusst verletzt wurde. Gezielte Falschinformationen und öffentliche Manipulationen waren schon immer ein Mittel von Politik und sickerten ebenso erfolgreich wie schwer auslöschbar in die Gesellschaften hinein. Eine antisemitische Fälschung wie die *Protokolle der Weisen von Zion* aus dem Jahr 1903 blieb über Generationen in allen Teilen der Welt wirksam. Bis heute geistern sie als verschwörungstheoretisches Grundmuster in immer neuem Gewand durchs Netz. Was den Desinformationen gegenwärtig eine neue Qualität und politische Schlagkraft verleiht, sind ihre tagtägliche massenweise und systematische Verbreitung über die sozialen Medien. Hinzu kommen ihre journalistische Tar-

nung und vor allem, dass sie von so vielen Menschen geglaubt und weiterverbreitet werden. Dass selbst bizarrste Meldungen wie etwa „Merkel von außerirdischen Reptilien besessen" oder „Bill Gates will die Welt mit implantierten Mikrochips kontrollieren" in diversen offenen wie geschlossenen Online-Kommunikationskanälen auf Resonanz stoßen, liegt an dem tiefen Misstrauen ihrer Leserschaft gegenüber den etablierten demokratischen Institutionen und Eliten. Insbesondere rechtsorientierte Kräfte instrumentalisieren Unsicherheit und Unbehagen, die viele Menschen gegenüber den Veränderungen einer sich globalisierenden Gesellschaft empfinden, erfolgreich zu eigenen politischen Zwecken. Auf zahllosen „alternativen" Nachrichtenportalen werden oft rund um die Uhr Berichte publiziert, die durchaus geschickt Halbwahrheiten propagandistisch ausschmücken bzw. zuspitzen. Da sie angeblich offiziell verschwiegene Informationen enthüllen, untergraben sie systematisch die Glaubwürdigkeit der „herrschenden" Medien. Nachdem große Online-Plattformen wie Facebook und Twitter das Problem lange ignoriert haben, wird inzwischen versucht, auch mit Einsatz von Technik „Fake News" zu kennzeichnen oder gleich zu entfernen. Der demokratiepolitische Ertrag solcher Aktionen bleibt umstritten, zumal klare juristische Grenzen jenseits offensichtlicher Hetze schwer zu ziehen sind. Dauerhaft werden die Falschnachrichten wohl nur an Einfluss verlieren, wenn sich Medien und Politik vorurteilsfrei den eigentlichen Anliegen der Menschen öffnen und selbstkritisch den eigenen Vertrauensverlust hinterfragen. Das Prinzip der Meinungsfreiheit sollte oberste Priorität bleiben. Die freie Rede gehört zur Essenz von Demokratie. ∎

Vernetzte Welt

Mensch und Maschine oder die Zukunft der Arbeitsgesellschaft

In den entwickelten Gesellschaften verändert die Digitalisierung radikal die Art und Weise, wie wir zusammenleben. Automatisierungsprozesse in der Arbeitswelt und Visionen künstlicher Intelligenz stellen seit Jahrzehnten akzeptierte gesellschaftliche Gewissheiten infrage. Übernehmen in Zukunft die Roboter die Kontrolle?

Die Corona-Krise 2020 scheint den endgültigen Durchbruch der Digitalisierung einzuleiten. Als öffentliche Bildungseinrichtungen, Geschäfte und Freizeitbetriebe schlossen, die Menschen Abstand halten und sich in die eigenen vier Wände zurückziehen mussten, war es nur dank der neuen interaktiven Informationstechnologien möglich, gewohnte Arbeitsabläufe zu organisieren und zwischenmenschliche Kontakte aufrechtzuerhalten. Gerade im Dienstleistungsbereich wurde deutlich, wie gut Aufgaben über das Internet zu erledigen sind. Was vorher zu schwierig und zu kompliziert erschien, war plötzlich möglich: Internetbasierte Webkonferenzen etwa, in denen sich Kollegen und Geschäftspartner zur gemeinsamen Arbeit zusammenschalten, wurden zum Standard. Viele Firmen werden sich wohl in Zukunft kosten- und zeitintensive Auslandsmeetings sparen. Auch im Schulbereich zeigte sich das enorme Potenzial des Lernens über das Netz, wobei Schüler von Lehrern über spezielle interaktive Kommunikationsplattformen individuell unterrichtet werden können. Die Krise mag tatsächlich einen Quantensprung hin zu einer durchdigitalisierten Gesellschaft bedeuten, was unsere Art, miteinander zu leben und zu arbeiten, von Grund auf verändern wird. Nur Unternehmen mit tragfähigen digitalen Geschäftsmodellen scheinen nach der großen Krise gute Zukunftsperspektiven zu haben. Weltweit agierende Internetriesen wie der Online-Großhändler Amazon machen dem stationären Handel mit Alltags- und Kulturgütern über die klassischen Vertriebswege das Leben immer schwerer. Sie nutzen die Dynamik der Digitalisierung zur Kostenoptimierung und können flexibel auf die sich schnell verändernden Kundenbedürfnisse reagieren. Gesellschaftliche Folgekosten werden auf die Allgemeinheit abgewälzt.

Die interaktive Internettechnologie hat nicht nur neue Kommunikationsmöglichkeiten geschaffen, sondern die Arbeitsprozesse in allen Wirtschaftssektoren tendenziell entgrenzt und beschleunigt. Im verarbeitenden Gewerbe können alle Akteure der Wertschöpfungskette eines Produkts unabhängig von ihrer lokalen Verortung multimedial eng miteinander verbunden wer-

den – vom Rohstofflieferanten über den Händler bis zum Endkunden. Eine weitere Folge der immer schnelleren Vernetzung von Daten über Computer ist die stärkere Automatisierung von Arbeitsprozessen, die unter dem Schlagwort „Arbeit 4.0." zur Chiffre für die Berufswelt von morgen geworden ist. Dies zeigt sich besonders im Finanz- und Versicherungssektor. Aber auch im industriellen Umfeld gehören computergesteuerte Roboter zunehmend zum Alltag. Sie können durch die Weiterentwicklung der sogenannten Künstlichen Intelligenz (KI) inzwischen für mehr als nur einfache Routinearbeiten mit fest kalkulierbaren Abläufen eingesetzt werden. Immer „intelligentere" Maschinen erkennen mithilfe selbsterlernter Algorithmen Muster und Gesetzmäßigkeiten. Mit diesem Wissen können sie ihr Verhalten anpassen und neu ausrichten. So kann maschinelles Lernen Geschäftsprozesse kontinuierlich optimieren und sicherer machen. Auf diese Weise werden Roboter zu eigenständigen „Kollegen" des Menschen. Mittlerweile scheinen Innovationen möglich zu sein, die bis vor Kurzem undenkbar gewesen waren: Beispielsweise werden bereits erste Prototypen von autonom fahrenden Autos getestet, und intelligente Software kann wohl in naher Zukunft früher als Ärzte schwere Erkrankungen prognostizieren. Eine rasante Entwicklung, die viele gesellschaftliche wie existenzielle Fragen aufwirft: Wie viele Menschen werden ihre Arbeit verlieren, weil Maschinen sie effizienter und billiger verrichten können? Werden Maschinen Menschen in ihrer Leistungsfähigkeit sogar übertreffen? Werden sich künstliche, eigenständig „denkende" Roboter irgendwann der Kontrolle durch den Menschen entziehen? Maschinen etwa, die für Menschen Kriege führen können? Ob Alptraum oder Wunschvorstellung: Vieles scheint plötzlich möglich zu sein. ▪

Individualisierung

Die Gesellschaft der Einzigartigen

In den westlichen Gesellschaften ist es in den letzten Jahrzehnten zu einem beispiellosen Individualisierungsschub gekommen. Noch nie hatte der Einzelne scheinbar so viele Freiheiten, ein selbstbestimmtes Leben zu führen. Verlernt er, zwischen Ich- und Wir-Interessen zu unterscheiden?

„Die Würde des Menschen ist unantastbar": Verfassungstexte sind in der Regel nur Experten geläufig. Aber jeder Bürger in Deutschland kennt diesen ersten Satz im Artikel 1 des Grundgesetzes, dem der deutsch-iranische Schriftsteller Navid Kermani 2014 in einer Feststunde im Bundestag sogar literarische Qualitäten zusprach. Jede deutsche Partei gleich welcher Couleur hat sich schon einmal bei einer Sachfrage als Letztbegründung emphatisch auf diesen Leitspruch berufen. Historisch ist dieser Satz als Antwort Deutschlands auf den Schrecken der Naziherrschaft zu verstehen. Zugleich verdichtet sich in ihm das Menschenbild in einer liberalen Demokratie. Demnach sei jeder Mensch in seiner Individualität anzuerkennen und dürfe nie zu einem bloßen Objekt fremden Tuns degradiert werden. Schließlich besäßen alle Menschen die moralische Fähigkeit, ihr Leben eigenverantwortlich nach ihren Interessen und Vorstellungen zu gestalten.

Bis der Schutz der individuellen Autonomie zum zentralen moralischen Bezugspunkt des demokratischen Staates wurde, war es ein langer Weg. Den Anfang machten die politischen Prämissen der Amerikanischen und der Französischen Revolution, nach denen alle Menschen frei geboren und in ihrem Streben nach Freiheit gleichwertig seien. Ab dem 19. Jahrhundert begann in den europäischen Staaten ein Prozess der Individualisierung, der nicht immer geradlinig verlief, aber den Einzelnen zunächst politisch, dann auch gesellschaftlich immer mehr aus überkommenen kollektiven Zusammenhängen löste. Bis Mitte des 20. Jahrhunderts setzte sich in der westlichen Welt die Demokratie durch, die allen Bürgern gleiche politische Teilhaberechte zusprach. Parallel dazu verloren nach dem Zweiten Weltkrieg gesellschaftliche Moralkonventionen, traditionelle Bindungen und Gemeinschaftsbezüge immer mehr an Bedeutung. In den liberal verfassten Staaten des Westens bildete sich die heutige „Gesellschaft der Singularitäten" (Andreas Reckwitz) heraus, deren allgemeines Kennzeichen die Ausrichtung auf das Individuelle und Besondere ist.

Der antiautoritäre Freiheitsaufbruch in den 1960er-Jahren beschleunigte den Wandel der subjektiven Haltungen in Bezug auf gesellschaftliche und individuelle Ziele hin zu mehr Selbstbestimmung und Selbstverwirklichung. In der Folge differenzierten sich die persönlichen Lebenswege und Lebensstile stark aus. Insbesondere Familien- und Arbeitsformen veränderten bzw. vervielfachten sich. So ist etwa die früher übliche Ehegemeinschaft mit Kindern kein zwingender Maßstab mehr für Familien. Kinder werden heute von einem Elternteil erzogen oder wachsen in Patchwork-Familien, nicht-ehelichen Lebensgemeinschaften oder gleichgeschlechtlichen Partnerschaften auf. Die lange Zeit eindeutige familiäre Rollenverteilung zwischen den Geschlechtern löst sich zunehmend auf, wenn sich beide Elternteile im selben Maß am Erwerbsleben wie an Erziehung und Betreuung der Kinder beteiligen. Gleichzeitig haben sich auch die Erziehungsziele liberalisiert: Galten lange Zeit Gehorsam, Fleiß und Ordnung als oberste Tugenden, sollen Kinder heute vor allem zu freien und selbstständigen Menschen heranwachsen. In der Arbeitswelt, gerade im boomenden Dienstleistungsbereich, sind längerfristige berufliche Karrieren in ein und derselben Firma eher die Ausnahme geworden. Erwerbsbiografien individualisieren sich und werden brüchiger. Immer mehr Menschen wechseln im Laufe ihres Arbeitslebens nicht nur mehrmals den Arbeitsort, sondern genauso ihren Beruf, weil sie es wollen oder müssen. Flexible Arbeitsverträge sowie freie, befristete und projektbezogene Mitarbeit haben stark zugenommen. Angefangen mit der Digitalbranche kann man inzwischen in vielen Firmen Arbeitszeiten und Arbeitsformen den eigenen Bedürfnissen anpassen, indem die Arbeitsaufgaben unterwegs oder zu Hause im „Homeoffice" erledigt werden.

In der modernen Multioptionsgesellschaft haben sich Wahl- und Kombinationsmöglichkeiten in verwirrender Zahl vervielfältigt. Dies eröffnet den Menschen weite Handlungsspielräume. In vielen Fällen werden die vertikalen Ungleichheiten der Klassenstruktur wohl nur verschleiert. Doch dringt in liberalen Demokratien – verstärkt durch die Netzwerkeffekte in sozialen Medien – das Versprechen der individuellen Freiheit aus allen gesellschaftlichen Poren: Kein Gott, kein Milieu, kein Elternhaus muss mehr bestimmen, wer

jemand sein soll. Jeder hat zumindest theoretisch die Möglichkeiten, das aus sich zu machen, was er will und wozu er sich entscheidet. Doch diese scheinbar unbegrenzte Freiheit der modernen Marktgesellschaft wird mit mehr Unsicherheit und mehr Eigenverantwortung bezahlt. Denn wenn in erster Linie das individuelle Handeln über den Erfolg entscheiden soll, ist der Einzelne allein daran schuld, wenn er kein Glück, nicht den richtigen Partner, nicht den richtigen Beruf, nicht das richtige Netzwerk findet. Damit gerät das Individuum nicht nur permanent unter Druck. Vielmehr wird gesellschaftlich eine Kultur der narzisstischen Selbstbespiegelung gefördert, was sich nicht zuletzt in den stetig wachsenden Angeboten zur beruflichen, privaten und ästhetischen Selbstoptimierung niederschlägt. Indem die persönliche Befindlichkeit in den gesellschaftlichen Mittelpunkt rückt, wird darüber hinaus ein politisches Klima der Entsolidarisierung geschaffen. Sie stellt die konsequente Durchsetzung einseitiger gruppenbezogener Partikularinteressen über die konsens- und kompromissorientierte Suche nach einem Gemeininteresse. In diesem Umfeld kann ein rechter Populismus mit ausgrenzenden und nationalistischen Parolen erfolgreich gedeihen. Aber auch in der politischen Linken hat die Bedeutung von „Identitätspolitik" zugenommen, die weniger auf eine gesamtgesellschaftliche Veränderung abzielt als vor allem für die Anerkennung von individuellen Minderheiten kämpft. ■

Big Data

Die Angst vor dem digitalen Kontrollverlust

Digitale Geschäftsmodelle gründen auf der Auswertung von Datenspuren, die Menschen und Maschinen im Netz hinterlassen. Wie kann eine demokratische Politik aussehen, die das Lösungspotenzial von Big Data in vielen politischen Fragen ausschöpft und gleichzeitig das Recht auf Privatsphäre respektiert?

Längst rasselt morgens kein lauter Wecker mehr. Geweckt wird man heute freundlicher – von der Lieblingsmelodie aus dem Smartphone oder von Alexa. Die Lauf-App zeichnet während der Joggingrunde vor dem Frühstück alle Fitnesswerte auf, sodass man seine Trainingsfortschritte genau beobachten kann. Auf dem Weg zur Arbeit klickt man sich dann durch den Newsfeed der sozialen Netzwerke, sucht nach einem geeigneten Netflix-Film für den Abend oder verabredet sich über Messenger zum Mittagessen. Im Büro lässt man sich auf einschlägigen Blogs auf Online-Diskussionen über die jüngste Regierungsmaßnahme ein. Auf dem Heimweg wird der Lebensmitteleinkauf mit Kartenzahlung und Rabattkarten erledigt, kurz noch ein lustiges Selfie an die Freunde geschickt und abends auf dem Sofa nebenbei im Online-Shop noch das neueste Buch vom Lieblingsautor gekauft.

Zwar ist nicht jeder Mensch ein solcher „Heavy User", doch allgemein sind digitale Technologien zum selbstverständlichen Begleiter des Tages geworden. Die Nutzung interaktiver, scheinbar oft kostenloser Online-Dienste gehört heute zum Alltag und hat das Leben von der Freizeitgestaltung bis zum Behördenkontakt für viele effizienter und leichter gemacht. Dabei sind der Preis für diese Bequemlichkeit in erheblichem Maße

die Daten, die die Nutzer, ohne es immer genau zu wissen, mit jeder Aktion im Netz hinterlassen. Sie werden von Digitalfirmen gespeichert, verknüpft, ausgewertet und, wenn möglich, verkauft. Aus dem Leseverhalten der Nachrichtensites, den Suchanfragen über Google oder Facebook, den Wohnort- und Navigationsdaten aus den Apps lassen sich immer genauere Nutzerprofile erstellen, mit denen eine zunehmend gezieltere individuelle Kundenansprache möglich ist. Andere Kunden, die dieses Buch kaufen, kauften auch dieses Buch, heißt es bei einem bekannten Online-Händler. Und wenn jemand über eine Push-Nachricht etwa über einen kurzfristigen Preisnachlass für ein Sofa informiert wird, das ihn anscheinend schon lange interessierte, ist die Wahrscheinlichkeit eines Spontankaufs tatsächlich recht hoch.

Dabei ist ein besseres Marketing nur einer von vielen Aspekten, die sich aus der Sammlung von Datenmengen ergeben. Diese sind in den letzten Jahren fast explosionsartig angestiegen. Allein 2017 wurden etwa 16,3 Zetabyte an Daten produziert und auf zahllosen Serverfarmen weltweit gespeichert; 2025 sollen es Studien zufolge bereits zehnmal mehr sein. Dabei sind nicht nur Menschen untereinander digital vernetzt. Auch physische Objekte bzw. Gebrauchsgegenstände sind ans Internet angeschlossen. Im sogenannten

Internet der Dinge können sie mit anderen Geräten oder Softwareanwendungen kommunizieren, darunter Überwachungskameras, Router, TV-Receiver, vernetzte Autos sowie intelligente Mess- und Simulationsgeräte. Inzwischen gibt es immer weniger Gesellschaftsaktionen und Alltagsabläufe, die nicht durch Datensätze, den Rohstoff des digitalen Zeitalters, erfasst und nachvollzogen werden könnten.

Der ständig wachsende Datenberg gilt vielen als das Öl des 21. Jahrhunderts. Wer die einzelnen Informationshappen geschickt neu verknüpft und daraus Schlussfolgerungen zieht, kann einen enormen Wissensvorsprung und dadurch Macht gewinnen. Der Umgang mit Big Data ist daher eine zentrale politische Frage. Die Politik muss entscheiden, wie frei sich Unternehmen und Behörden der Daten zu welchen Zwecken in welchen Zusammenhängen bedienen dürfen. Dabei ist unbestritten, dass Big Data enorme Chancen für die Lösung zentraler politischer Herausforderungen bietet. So können Wissenschaftler mit Daten den Klimawandel besser verstehen lernen oder Krankheiten möglicherweise früher erkennen. Genauso kann die Datenanalyse zu einer höheren Effizienz der Behördenarbeit beitragen, die Verfolgung von Terroristen und Verbrechern unterstützen oder Korruption transparent machen. Besonders die Weiterentwicklung von KI-Technologien hängt entschieden von der Größe der verfügbaren Datenmengen ab. Auf der anderen Seite können gerade in Diktaturen die Datenmassen zur Manipulation, Überwachung und Verfolgung genutzt werden. Kritiker verweisen in diesem Zusammenhang immer wieder auf die Praktiken in der Volksrepublik China. Dort wollen die herrschenden Eliten alle Digitalinformationen gezielt dafür einsetzen, ein möglichst allumfassendes gesamtgesellschaftliches Kontrollsystem zu etablieren. In diesem soll Verhalten, das dem Regime genehm ist, belohnt werden. Wer im Sozialkreditsystem jedoch schlecht abschneidet, muss

Benachteiligung im Alltag befürchten. Was China als Schutz der Bevölkerung vor Kriminalität und Maßnahmen der Korruptionsbekämpfung preist, wird in liberalen Demokratien als totalitärer Alptraum einer „IT-Diktatur" wahrgenommen, die den Menschen manipuliert und jeder Privatsphäre beraubt. Um das Recht auf informationelle Selbstbestimmung zu schützen, versucht die Politik in den meisten demokratischen Ländern, die Nutzung von Daten durch Unternehmen und Behörden rechtlich an die konkrete Einwilligung

> **Ich fürchte, dass Künstliche Intelligenz die Menschheit ersetzten könnte. Wenn Menschen Viren für Computer schreiben, dann werden sie auch künstliche Intelligenz erschaffen, die sich fortpflanzt.**
> Stephen Hawking, 2017

der Datengeber zu binden. Inzwischen dürfen Internetnutzer auf Verlangen Daten im Nachhinein löschen lassen, wenn es keine rechtlichen Gründe gibt, sie weiter zu speichern. Selbst Behörden dürfen Daten in der Regel nur für eine gewisse Zeit speichern, außer sie dienen der Prävention oder Verfolgung schwerer Straftaten. Die Rechtmäßigkeit dieser Vorratsdatenspeicherung ist allerdings juristisch umstritten. Ob durch die staatlichen Maßnahmen die anvisierte „Zivilisierung" der globalen Datenwirtschaft gelingt, hängt nicht zuletzt vom konkreten Verhalten der Nutzer ab. Schließlich geben sie gerade im Netz allzu oft sehr sorglos ihre Daten selbst weiter, ohne über die Konsequenzen nachzudenken. ◾

Afrika

Der Boom-Kontinent der Zukunft?

Trotz aller Krisen sehen nicht wenige Beobachter Afrika als nächsten großen Wachstumsmotor der Welt. Dabei bleiben die afrikanischen Staaten auf Unterstützung insbesondere der Europäer angewiesen, deren Eigeninteresse an einer positiven Entwicklung des Kontinents hoch ist. Die Zukunft der EU entscheidet sich wohl nicht zuletzt in Afrika.

Hungersnöte, Bürgerkriege, Naturkatastrophen: Immer noch dominieren in den europäischen Medien die Schreckensnachrichten, wenn von Afrika die Rede ist. Die Debatten um „drohende Migrationswellen" aus Nordafrika drehen sich in erster Linie um Maßnahmen zum Ausbau des Grenzschutzes. Der europäische Blick auf den Nachbarkontinent ist vielerorts immer noch von Vorurteilen und Abwehr bestimmt. Das kolonialistische Stereotyp von einem hoffnungslos in undurchsichtige „Stammeskriege" verstrickten Chaoskontinent hält sich mehr oder weniger hartnäckig. Tatsächlich macht der Beitrag aller 55 afrikanischen Volkswirtschaften zur globalen Wirtschaftsleistung nur drei Prozent aus. Korruption, Misswirtschaft und politische Instabilität sorgen oft gerade in Ländern, die reich an Bodenschätzen sind, für Armut unter der breiten Bevölkerung. Gleichzeitig hat der bessere Zugang zu Bildung und Informationen innerhalb der jungen Generation in den Städten die Kritik an den Verhältnissen im eigenen Land verstärkt. Der Wille zu größerer wirtschaftlicher Eigenständigkeit wächst. Seit der Jahrtausendwende gibt es ermutigende Entwicklungen, die das große Potenzial dieses Kontinents aufzeigen.

Viele Jahre lang wiesen praktisch alle afrikanischen Staaten, selbst die krisengeschüttelte Zentralafrikanische Republik, die als ärmstes Land der Welt gilt, meist hohe wirtschaftliche Wachstumsraten auf. Diese beruhten in erster Linie auf den lange ansteigenden Weltmarktpreisen für viele Rohstoffe. Immer noch liegen sechs der zehn am schnellsten wachsenden Volkswirtschaften der Erde in Afrika, darunter Äthiopien, Côte d'Ivoire, Senegal und Ruanda. Eine unternehmensfreundliche Politik befeuert weitere Wachstumserwartungen. Hierzu trägt das 2018/19 von allen afrikanischen Staaten unterzeichnete Freihandelsabkommen bei, das auf die Bildung eines künftigen gesamtkontinentalen Binnenmarkts abzielt. Ein weiterer wichtiger Faktor ist das starke Bevölkerungswachstum. Nach Ansicht vieler Experten bietet die steigende Zahl der jungen, erwerbsfähigen Menschen gute Voraussetzungen für einen kontinuierlichen Wirtschaftsboom. Doch fehlt es Unternehmensgründern oft an Kapital und technischem Know-how. Statt nach dem Gießkannenprinzip Geld in verkrustete, oft dysfunktionale Strukturen zu pumpen, stellen die entwickelten Industrieländer zunehmend Finanzmittel für die Förderung der privaten und staatlichen Infrastruktur zur Verfügung. China wie Europa haben ihre Investitionen in den letzten Jahren enorm erhöht. Gerade in urbanen Ballungszentren sind dynamische Start-up-Szenen entstanden, die alltagstaugliche Digitaldienstleistungen wie Micropayment, Mikrokredite oder die Einrichtung sozialer Netzwerke anbieten. Ein Beispiel für den Erfolg afrikanischer Unternehmen ist der nigerianische Online-Großhändler Jumia.

Langfristiges Ziel muss es sein, dass sich die afrikanischen Staaten aus der Abhängigkeit von den Rohstoffexporten mit ihren stark schwankenden Weltmarktpreisen lösen. Dafür braucht es die Entwicklung von Gütern und Dienstleistungen, die international konkurrenzfähig sind. Nicht zuletzt die Agrarwirtschaft hat in Afrika immer noch ein enormes Wachstumspotenzial. Allerdings müssen die Industrieländer afrikanische Unternehmen gleichberechtigt in die internationale Arbeitsteilung integrieren und dafür die Subvention eigener Agrarprodukte verringern bzw. vollständig abbauen. Gezielte Wohlstandsförderung liegt im ureigenen Interesse gerade der europäischen Staaten. Je besser die Wirtschaftsaussichten in Afrika sind, desto größer ist die Wahrscheinlichkeit, dass der Druck der Armutsmigration auf Europa nachlässt. ▪

Die unsichtbare Gefahr

SARS-CoV-2 und die Folgen

Der weltweite Ausbruch der neuen Atemwegserkrankung Covid-19 (Corona) hat im ersten Halbjahr 2020 fast überall das gesamte wirtschaftliche und gesellschaftliche Leben lahmgelegt. Die Staatengemeinschaft kämpft gegen eine tiefe globale Rezession. Wird die Welt nach Corona eine andere sein?

Die Nachricht war das Menetekel für das neue Jahr. Als die chinesische Regierung am 31. Dezember 2019 der Weltgesundheitsorganisation (WHO) einen auffälligen Anstieg an Lungenentzündungen im Land meldete, ahnte keiner, dass eine unbekannte Viruserkrankung in nur wenigen Wochen das Leben praktisch auf der gesamten Welt grundlegend verändern sollte. In den letzten Jahrzehnten hatten neuartige Influenza- und Coronaviren epidemische Krankheitswellen ausgelöst. Doch wegen der vergleichsweise niedrigen Anzahl von Erkrankten hinterließen diese in vielen Ländern der westlichen Welt kaum Spuren im Alltag. Anders der von der WHO „SARS-CoV-2" getaufte neue Krankheitserreger: Er trifft beim Menschen auf ein unvorbereitetes Immunsystem, ruft eine medikamentös nicht beherrschbare, potenziell tödliche Atemwegserkrankung hervor und ist – wie sich schnell zeigen sollte – hoch ansteckend. Binnen weniger Wochen breitete sich das Virus von China pandemisch auf alle Erdteile aus. Europa und die USA, wo man das Problem zunächst nicht wahrhaben wollte, entwickelten sich

schnell zu neuen Hotspots. Als ab Februar 2020 zunächst in Norditalien, dann in anderen Teilen Europas die Zahl der Infizierten exponentiell in die Höhe schoss, erklärten fast alle nationalen Regierungen ihre Länder Hals über Kopf zu Notstandsgebieten. Um die Infektionszahlen zu begrenzen und den Kollaps der heimischen Gesundheitssysteme zu verhindern, sollten alle sozialen Kontakte auf ein Minimum reduziert und Berufsarbeiten möglichst zu Hause erledigt werden. Nach und nach wurde in fast allen westlichen Staaten die Ein- und Ausreise verboten, die Wirtschaft auf das Überlebensnotwendige heruntergefahren, alle öffentlichen Einrichtungen geschlossen und das gesamte gesellschaftliche Leben komplett stillgelegt. In der Folge sanken die Infektionsraten zwar stark, und ab dem Frühsommer wurden in Europa vorsichtige Lockerungen des Wirtschafts- und Soziallebens zugelassen, doch noch bleibt der Ausnahme- zunächst der Normalzustand. Hinzu kommt, dass ab dem Herbst wieder mit einer jahreszeitbedingten Verschlechterung gerechnet werden muss. Weitere neue Infektionsschübe sind nicht auszuschließen. Angesichts insgesamt steigender Infektionszahlen sieht die WHO die Welt im Sommer 2020 weiter am Anfang der Pandemie. Diese wird erst dann zu Ende sein, wenn ein massenhaft verfügbarer Impfstoff bereitsteht. Optimistischen Einschätzungen zufolge ist damit frühestens im Jahr 2021 zu rechnen – oder sehr viel später, wenn überhaupt. Bis dahin dürfte besonders in den Entwicklungs- und Schwellenländern mit begrenzten Krankenhauskapazitäten die Zahl der Todesfälle noch massiv ansteigen.

Die kurz- und langfristigen wirtschaftlichen, sozialen, mentalen und gesellschaftlichen Folgen dieser Naturkatastrophe, die für die meisten Menschen gleich welchen Alters eine völlig neue, verstörende Erfahrung darstellt, lassen sich zum gegenwärtigen Zeitpunkt nicht überblicken. Dass die Pandemie für die heutigen Generationen einen tiefen Einschnitt bedeutet, liegt auf der Hand. So wird der fast gleichzeitige globale, mehr oder weniger ausgeprägte „Lockdown" eine tiefe wirtschaftliche Rezession auslösen. Die Regierungen der Welt verabschieden gegenwärtig beispiellose, multimilliardenschwere Rettungspakete, die die Finanzmärkte stabilisieren sollen. Darüber hinaus sollen durch staatliche Beteiligungen Unternehmenspleiten abgewendet sowie der dauerhafte soziale Abstieg von Menschen verhindert werden. Manche Experten sagen trotzdem einen historischen Absturz voraus und fürchten, dass es im günstigsten Fall Jahre dauern kann, bis die Weltwirtschaft wieder auf einen kontinuierlichen Wachstumspfad zurückkehren wird. Unvermeidbar erscheint eine Explosion der Staatsschulden, deren Begleichung in die Zukunft verschoben wird. Die nächsten Generationen werden die augenblicklichen enormen Ausgaben begleichen müssen, entweder über höhere Steuern und/oder Kürzungen der staatlichen Leistungen. Das sollten die heute verantwortlichen Politiker im Hinterkopf haben, wenn sie in den nächsten Jahren Wirtschaftspolitik mitgestalten.

In Zukunft wird der Staat wohl größeren Einfluss auf die Wirtschaft nehmen als zuvor. Nicht wenige Politiker wollen als Konsequenz aus den Erfahrungen mit der Corona-Krise gerade das gesamte Wirtschaftsmodell kritisch hinterfragen und Exzesse der Globalisierung korrigieren. Zumeist progressive Strategen sehen in dem plötzlichen wirtschaftlichen Stillstand eine einzigartige Möglichkeit, ein sozial-ökologisches Konjunkturprogramm auf den Weg zu bringen, das massiv in Digitalisierungs- und Klimaschutzprojekte investiert und so die Wirtschaft wettbewerbs- und zukunftsfähig macht. Dass gerade im sensiblen Gesundheitsbereich der Staat seine globale Abhängigkeit über stärkere Diversifizierung der Lieferketten reduzieren muss, ist die Überzeugung vieler. Es war fatal, dass am Anfang der Epidemie kein Land über Vorräte an Mund-Nasen-Schutzmasken verfügte, die fast nur noch in China produziert werden. Eine De-Globalisierung oder die Rückkehr zum nationalen Protektionismus wird aber in den allermeisten Fällen kaum zu realisieren sein – und wird von den wenigsten Politikern angestrebt. Denn wie die Klimakrise ist auch die Corona-Krise ein globales Problem, und ihre Bekämpfung macht eine engere internationale Kooperation zwingend notwendig. Man denke etwa an die gemeinsame Entwicklung eines Impfstoffs oder den Ausgleich der sozialen Verwerfungen, um nur zwei Beispiele zu nennen. Außerdem sollten wohlüberlegte Handlungsroutinen entwickelt werden. Denn Fachleute befürchten, dass es in Zukunft weitere Pandemien dieser Art geben könnte. Die Zerstörung von Ökosystemen durch den Menschen und der Klimawandel würden den Ausbruch und die Ausbreitung neuer Krankheiten begünstigen. Die Menschheit muss sich neu wappnen.

Glossar

Abgeordneter In Demokratien von der Bevölkerung durch freie Wahlen in gesetzgebende Versammlungen gewählter Repräsentant, der in ihrem Namen allgemeinverbindliche Entscheidungen fällt, dabei aber in der Regel nur seinem eigenen Gewissen verpflichtet ist.

Abschreckung Allgemein Bezeichnung für eine militärische Sicherheitsstrategie, die durch militärische Stärke einen als rational begriffenen Gegner von einem Angriff abhalten und damit den Frieden sichern will („Gleichgewicht des Schreckens"). Zentrale Doktrin der beiden Supermächte USA und Sowjetunion im Kalten Krieg, die auch heute in kleinerem Maßstab üblich ist.

Autokratie (gr. Selbstherrschaft) Regierungsform, in der ein Herrschaftsträger unbeschränkt Macht ausüben kann. Waren Autokratien früher vor allem absolute Königsherrschaften, sind sie heutzutage vor allem Diktaturen bzw. autoritäre Regime, in denen eine Einzelperson, eine Partei oder Gruppe mehr oder weniger allein bestimmt.

Autoritarismus (von lat. Macht, Einfluss) Der Begriff bezeichnet sowohl antiliberale und autoritätsorientierte Einstellungen, Verhaltensweisen und Führungsstile wie auch den entsprechenden Regierungstyp: ein autoritäres Politsystem, das in der Regel keine klare Ideologie durchsetzen will, aber wesentlich auf eine charisma-

tische Führungspersönlichkeit ausgerichtet ist und elementare rechtsstaatliche Mängel aufweist.

Bürokratie (gr./fr. Herrschaft der Verwaltung) Umgangssprachlich vor allem negativer Begriff für demokratische Kontrolldefizite politischer Verwaltungen, allgemein aber Inbegriff zweckdienlicher Verfahrensformen sozialer Organisationen jeder Art (Parteien, Vereine, Verbände), die auf rationale Regel und Richtlinien beruhen und genau auf das zu erreichende Ziel abgestimmt sind. Dabei neigen bürokratische Apparate tendenziell zu Ausbildung einer eigenen Funktionärselite.

Charisma (gr. Gnadengabe) Eine außeralltägliche, oft religiös begründete Gabe eines Menschen (Heiligkeit, Intelligenz, Mut, Vorbildhaftigkeit etc.), die ihn in den Augen seiner Anhänger zu politischen Führungsaufgaben befähigt. Der deutsche Soziologe Max Weber sprach von einer charismatischen Herrschaft, wenn nicht Gesetze oder Tradition, sondern der Glaube an eine Persönlichkeit Grundlage von staatlicher Autorität sind: ein Kennzeichen vor allem, aber nicht nur von diktatorischen Regimen.

Civil law (engl. Zivilrecht) Vor allem in Kontinentaleuropa, in Afrika, in Lateinamerika und in weiten Teilen Asiens praktiziertes Rechtssystem, das seinen Ursprung im Römischen Recht hat und auf den Gesetzen als zentrale Rechtsquelle basiert. In ihrer Beurteilung von Streitfällen haben sich die Gerichte

allein am Gesetzestext und an dem Willen des Gesetzgebers zu orientieren.

Common law (engl. Gewohnheitsrecht) Vor allem im angelsächsischen Raum übliches Rechtssystem, das nicht klar zwischen öffentlichem und privatem Recht unterscheidet und weniger auf Gesetzen, sondern vor allem auf Richterrecht beruht. Als Grundlage der Rechtsprechung gilt die historische Praxis der Gerichte, weswegen man auch von Case Law (Fallrecht) spricht.

Cyberwar (engl. virtueller Krieg) Neuartige Form der Kriegsführung zwischen Staaten im virtuellen weltweiten Datennetz, das durch kriminelle Hackerangriffe manipuliert, gestört oder zerstört werden soll. Dabei kann es sich um indirekte, gezielte Desinformationskampagnen auf sozialen Medienkanälen handeln, die einen gegnerischen Staat schwächen sollen. Immer öfter kommt es aber zu direkten Attacken auf sensible Infrastrukturen etwa in der Telekommunikation oder Energieversorgung, die unmittelbar Schaden anrichten.

Demagoge (gr. Führer des Volkes) In der Antike ein Ehrentitel für einen rhetorisch geschulten Politanführer, steht der Begriff heute negativ für einen charismatischen Redner, dem es gelingt, durch Hetze oder Verleumdung Teile der Bevölkerung aufzuwiegeln und so Macht für sich zu gewinnen.

Demografie (gr. Beschreibung des Volkes) Wissenschaftliche Erforschung der zahlenmäßigen Veränderung der Bevölkerungsstrukturen. In modernen, entwickelten Gesellschaften wächst stetig der Anteil der älteren gegenüber der jüngeren Bevölkerung („demografischer Wandel"), was die Funktionsfähigkeit solidarisch finanzierter Sozialversicherungen grundlegend infrage stellt (und eine der zentralen politischen Herausforderungen der Zukunft darstellt).

Demoskopie (gr. Erforschung des Volkes) Wissenschaftlich fundierte Erforschung der öffentlichen Meinung. Politiker nutzen Meinungsumfragen gerne und regelmäßig, um den „Puls" der Bevölkerung zu fühlen und eigene politische Entscheidungen abzusichern. Kritiker betonen die Gefahr, dass sich Politik zu stark an schnell wechselnden Meinungsbildern in der Bevölkerung ausrichten. Zumal die Messmethoden höchst unterschiedlich und auch umstritten sind.

Diplomat (fr.) Hoher Beamter im auswärtigen Dienst und Repräsentant eines Landes, der im Ausland die nationalen Interessen vertritt. Der Botschafter ist der oberste Diplomat und der persönliche Stellvertreter des Staatsoberhaupts. Er bereitet bilaterale Verhandlungsgespräche vor, schützt die Angehörigen des eigenen Staates im Gastland und vermittelt zwischen beiden Ländern.

Elite (lat. Auslese) Sozial oder politisch besonders hervorgehobener Teil der Bevölkerung, der dank Herkunft oder Qualifikation in den verschiedenen gesellschaftlichen Bereichen Führungspositionen einnimmt und damit formelle oder informelle Macht ausübt. In rechtspopulistischen Kreisen auch als (antisemitisch konnotierter)

Kampfbegriff für das „herrschende System" populär.

Emanzipation (lat. Freilassung) Die individuelle Loslösung von jeder Art von Abhängigkeit – politischer, sozialer, psychischer und geistiger Natur. Als Postulat der Aufklärung zu einem zentralen Schlagwort aller demokratischen Befreiungsbewegungen geworden, die auf Selbstverwirklichung und Selbstbestimmung des Menschen abzielen.

Energiewende Schlagwort, das den in vielen Industrieländern politisch angestrebten grundlegenden Umbau der Energieversorgung bezeichnet. Um ein klimaneutrales Energiesystem zu etablieren, sollen ressourcenintensive und nicht erneuerbare Energieträger wie Öl und Kohle langfristig vollständig durch erneuerbare Energieträger wie Wasser, Wind und Sonne ersetzt werden.

Entwicklung Zentraler Begriff einer eigenständigen Form der Außenpolitik in wohlhabenden Ländern, die das Ziel verfolgt, die Lebensverhältnisse in ärmeren Ländern zu verbessern. Ging es früher vor allem um wirtschaftliche Hilfe, steht jetzt eine ganzheitliche Politik im Vordergrund, die nachhaltige, selbsttragende Entwicklungen in möglichst vielen gesellschaftlichen Bereichen ermöglichen soll.

Etatismus (fr. Staat) Denk- bzw. Handlungsweise, die dem Staat bei der Bewältigung sozialer, politischer und wirtschaftlicher Probleme eine zentrale Rolle zuschreibt. Häufig auch synonym mit zentralistischen Staatsstrukturen verwendet, wie sie sich etwa in Frankreich ausgebildet haben.

Exekutive (lat. ausführen) Nach der klassischen Staatstheorie von Charles de Montesquieu die Staats-

gewalt, die beschlossene Gesetze anwendet und vollzieht. Zu ihr gehören vor allem der Regierungsapparat mit der Ministerialbürokratie und den Verwaltungsbehörden, die aber in der Regel auch gesetzesvorbereitende Arbeiten übernehmen.

Föderalismus (lat. Bund, Vertrag) Allgemein ein Ordnungsprinzip, das eine Gesamtheit in weitgehend unabhängige Einheiten aufteilt. In einem föderalen Staat oder Bundesstaat wie der Bundesrepublik Deutschland oder den USA können sowohl Gesamt- als auch Einzelstaaten verbindliche Entscheidungen in ihren verfassungsgemäß festgelegten Aufgabenbereichen treffen.

Freihandel Auf der Idee des Liberalismus aufbauende, internationale Wirtschaftsordnung, die den Abbau aller Handelshindernisse zwischen den Ländern anstrebt. Durch konsequente, internationale Arbeitsteilung sollen die Ressourcen optimal verteilt und der Wohlstand der nationalen Volkswirtschaften erhöht werden.

Fundamentalismus (lat. Grundlage) Ideologie, die ihre politischen Ziele mit absolutem Wahrheitsanspruch verfolgen und gegenüber anderen Gruppen eine kompromisslose und aggressive Haltung propagiert. Insbesondere religiöse Bewegungen, die sich der Verwirklichung einer göttlichen Offenbarung verschrieben haben, bergen den Keim eines gewalttätigen Fanatismus in sich (z.B. Islamismus, radikaler Evangelikalismus).

Gewalt Einsatz vom physischen Zwangsmitteln gegenüber Menschen, der in demokratischen Staaten in der Regel nur von Staatsbediensteten zur Wiederherstellung der Rechtsordnung legitimiert ist.

Eine funktionale Aufteilung der Staatsgewalt auf getrennte Staatsorgane soll in Demokratien Machtmissbrauch verhindern.

Globalisierung (lat. Welt) Zunächst vor allem Begriff für globalisierte Finanzmärkte, inzwischen Schlagwort für das gesamte enge politisch-wirtschaftliche Zusammenwachsen der Welt, das u.a. den nationalen Wandel beschleunigt und die Länder kulturell-gesellschaftlich ähnlicher werden lässt. Rechtsextreme meinen mit Globalismus den vermeintlichen Versuch globaler Eliten, national gewachsene Kulturen zu zerstören.

Grundrechte Die in den Verfassungen festgelegten Freiheitsrechte des Individuums gegenüber der Staatsgewalt. Sie umfassen in Demokratien in der Regel die jedem Menschen zustehenden Menschenrechte (Recht auf Leben etc.) sowie die Bürgerrechte, auf die nur der Angehörige des jeweiligen Staates Anspruch hat, etwa das Wahlrecht.

Idealismus (gr. Idee) Bezeichnung für politische Handlungen, die sich an der Verwirklichung von abstrakten Idealen und Normen orientieren. Konkret auch die Bezeichnung für ein außenpolitisches Konzept, das an die Schaffung einer gewaltlosen internationalen Ordnung durch immer bessere Regelungen und Bindungen zwischen den Staaten glaubt.

Immunität (lat. frei von Abgaben) Der Schutz eines gewählten Abgeordneten vor Strafverfolgung, es sei denn, er wird bei einer Straftat auf frischer Tat ertappt. Auch Handlungen von auswärtigen Diplomaten können von der Gerichtsbarkeit im Gastland prinzipiell nicht belangt werden.

Internationalismus (lat. zwischenstaatlich) Beschreibt das politische Streben einer engen Zusammenarbeit über nationale Grenzen hinaus auf allen gesellschaftlichen Ebenen. Bis 1990 als Kampfbegriff der internationalen Arbeiterbewegung oft starr dogmatisch instrumentalisiert, wird der Gedanke heute vor allem von den vielfältigen Nichtregierungsorganisationen auf dem internationalen Parkett konkret mit Leben erfüllt.

Isolationismus (lat./engl./fr. Absonderung) In der Regel auf die USA bezogene außenpolitische Doktrin, die maximale Distanz zu internationalen Bündnissen anstrebt, um größtmögliche nationale Handlungsfreiheit zu erreichen. Nach 1945 weitgehend ohne Bedeutung, hat die Idee unter US-Präsident Donald Trump wieder an Popularität gewonnen.

Judikative (lat. Recht sprechen) Nach der klassischen Staatstheorie von Charles de Montesquieu die rechtsprechende Gewalt. In Demokratien urteilen Richter auf Basis der geltenden Gesetze und eines geregelten Verfahrens unabhängig und letztgültig über konkrete Rechts- und Streitfälle.

Keynesianismus Auf den brit. Ökonomen John Maynard Keynes zurückgehende, bis heute in der politischen Linken einflussreiche Wirtschaftstheorie, die dem Staat auch in einer kapitalistischen Marktwirtschaft eine zentrale Rolle bei der Stabilisierung der gesamtwirtschaftlichen Entwicklung zuschreibt. Durch antizyklisches Investitionsverhalten soll der Staat gezielt Angebot und Nachfrage auszugleichen helfen.

Klasse Vor allem von Karl Marx popularisierter Begriff für eine soziale Gruppe, die ökonomische Interessen teilt. Ist die marxistische Vorstellung von starren (deterministischen) Klassenverhältnissen in modernen dynamischen Gesellschaften kaum mehr haltbar, bleiben doch auch ökonomisch, kulturell und habituell geprägte Hierarchien von sozialen Schichten bis heute strukturprägend.

Klimawandel Schlagwort für die Änderungen der Wetterbedingungen, die mit der Erwärmung der Erdatmosphäre einhergehen, die durch verstärkte Treibhausgasemissionen auch wesentlich von den Menschen mitverursacht ist. Der Umgang mit den sich so radikal verändernden Lebensbedingungen für Natur und Mensch ist die zentrale politische Herausforderung der Gegenwart.

Koalition (lat./fr. Vereinigung, Zusammenkunft) Bündnis, das Personen oder politische Gruppen bzw. Organisationen zu einem bestimmten Zweck für eine bestimmte Zeit eingehen. In vielen Demokratien mit Verhältniswahlrecht müssen Parteien auf Basis eines K.-Vertrags eine feste Zusammenarbeit vereinbaren, um eine mehrheitsfähige Regierung zu bilden.

Kollektive Sicherheit Ein militärisches Prinzip, das die Sicherheit eines Staates zu einer Frage der Sicherheit einer ganzen Gruppe von Staaten macht. Die NATO beruht etwa auf der Prämisse, dass der Angriff auf einen Mitgliedsstaat als Angriff auf alle Mitgliedsstaaten verstanden wird und von allen solidarisch abgewehrt werden soll.

Konföderation (lat. Bündnis) Ein Zusammenschluss zweier oder mehrerer gleichberechtigter und weiterhin nach innen und außen souveräner Staaten. Ein solcher Staatenbund wie etwa die UNO kann zwar gemeinsame Organe besitzen, verfügt aber anders als ein föderaler Bundesstaat über keine hoheitlichen Eingriffsrechte.

Korporatismus (lat. körperbildend) Bezeichnung unterschiedlicher Formen der Beteiligung von gesellschaftlichen Gruppen an politischen Entscheidungsprozessen. Im Gegensatz zu autoritären Regimen ist in Demokratien die Einbindung von organisierten Interessengruppen bei Formulierung und Verwirklichung staatlicher Ziele stets freiwillig und meist punktuell begrenzt („Bündnis für Arbeit" etc.) Stark institutionalisierte Formen des Korporatismus finden sich etwa in Österreich oder der Schweiz.

Legislative (lat. Gesetz beschließen) Nach der klassischen Staatstheorie von Charles de Montesquieu die gesetzgebende Gewalt, die in Demokratien entweder direkt über Volksabstimmung oder indirekt über gewählte Repräsentanten in Parlamenten von der Bevölkerung wahrgenommen wird.

Legislaturperiode (lat. Gliederung der Gesetzgebung) In der Verfassung festgelegter Zeitraum, für den ein Parlament gewählt ist. Er schwankt international in der Regel zwischen vier und fünf Jahren.

Lobbyismus (engl. Vorhalle) Nach der Vorhalle des englischen Parlaments benanntes Synonym für den Versuch von Interessenvertretern, durch persönliche Ansprache Einfluss auf das Abstimmungsverhalten der Abgeordneten zu nehmen.

Mandat (lat. Auftrag) Amt und Aufgabe eines Abgeordneten im Parlament, wobei er entweder frei nach eigenem Gewissen (freies Mandat) oder auf Weisung der Wählerschaft (imperatives Mandat) entscheidet.

Mehrheitswahlrecht Prinzip eines Wahlsystems, nach dem nur derjenige gewählt ist, der in einem Kandidatenwettbewerb die meisten Stimmen erhalten hat. Alle anderen Stimmen verfallen und finden auch keine Berücksichtigung bei einer ggf. anstehenden Mandatsverteilung im Parlament.

Monokratie (lat. Alleinherrschaft) Bezeichnung für alle Herrschafts- und Organisationsformen, die nur von einer einzelnen Person hierarchisch geführt werden. Dabei wird gewöhnlich unterschieden zwischen legitimen Monokratien wie Monarchien und illegitimen wie Diktaturen.

Monetarismus (lat. Münze) Bezeichnet eine wirtschaftspolitische Konzeption, die Staatseingriffe mit dem Ziel der wirtschaftlichen Steuerung allein in Bezug auf die Regulierung der Geldmenge für zulässig hält. Sie gilt als Leitideologie der Anhänger des Wirtschaftsliberalismus.

Multikulturalismus (lat. unterschiedliche Kulturen) Bezeichnet das Prinzip der kulturellen Vielfältigkeit in offenen Gesellschaften genauso wie den politischen Anspruch, eine ethnisch, religiös und kulturell plurale Gesellschaft friedlich und gleichberechtigt zu organisieren.

Multilateralismus (lat. viele Seiten) Allgemein Bezeichnung für eine vertraglich geregelte Zusammenarbeit zwischen mehr als zwei Staaten zur gemeinsamen Lösung politischer Probleme. Staatenbünde wie die UNO oder die EU sind als ein Netzwerk von multilateralen Vereinbarungen zu verstehen.

Nachhaltigkeit Begriff für Abkehr von einer wachstumszentrierten hin zu einer ganzheitlichen, ressourcenschonenden Zukunftspolitik, die zukünftigen Generationen all Möglichkeiten zur persönlichen Lebensentfaltung lässt.

Narrativ (lat. erzählen) Akademischer, auch zeitgeistiger Fachausdruck, der im politischen Raum für das Bestreben steht, eine eingängige, sinnvolle Erzählung zu den eigenen politischen Zielen zu entwickeln, die sich medial gut verkaufen lässt.

Nord-Süd-Konflikt Geografisch nicht wirklich korrektes Schlagwort für die Spannungen zwischen westlichen Industrieländern und vor allem afrikanischen, lateinamerikanischen und asiatischen Entwicklungsländern, die sich aus dem Wohlstandsgefälle und den daraus resultierenden unterschiedlichen Interessenlagen ergeben.

Partizipation (lat. Beteiligung) Allgemein alle Tätigkeiten, die Bürger freiwillig mit dem Ziel unternehmen, politische Entscheidungen im Staat zu beeinflussen. Dazu gehören institutionalisierte Beteiligungsformen wie Wahlen oder Parteimitgliedschaft genauso wie basisdemokratische Aktionsformen wie Demonstrationen oder Bürgerinitiativen.

Pluralismus (lat. Mehrzahl) Demokratietheoretische Leitlinie, die von der Legitimität unterschiedlicher Interessen und Weltanschauungen in einer offenen Gesellschaft ausgeht. In einem freien, demokratischen Wettbewerb wird in der politischen Arena um Ausgleich zwischen den Interessen gerungen.

Populismus (lat. Volk) Schillernder, zeitgeistiger, weitgehend negativ bewerteter Begriff. Wörtlich eigentlich ein Synonym für demokratische Volksnähe, wird heute damit allgemein eine Politik identifiziert, die bei Problemen einfache Lösungen propagiert und die sich an den Instinkten der breiten Bevölkerung orientiert. Prinzipiell lagerübergreifend, konstruieren populistische Strömungen zur Mobilisierung der Bevölkerung den Gegensatz Elite–Volk.

Pragmatismus (gr. Handlung) Philosophische Strömung, die den Nutzen einer Handlung in den Mittelpunkt stellt. Im politischen Raum vor allem die Bezeichnung einer Handlungsweise, die sich bei der Lösung von Problemen nicht an festen Prinzipien, sondern an den realpolitischen Gegebenheiten orientiert und so auch ausdrücklich kompromissbereit ist.

Protektionismus (lat. Schutz) Als Gegenbegriff zum Freihandel der Versuch der Staaten, die heimische Wirtschaft durch Abgaben auf ausländische Waren bzw. Subventionen für heimische Produkte vor zu viel fremdländischer Konkurrenz zu schützen. Damit sollen in der Regel nationale Arbeitsplätze gesichert und nationale Unternehmensinteressen geschützt werden.

Reaktion (lat. zurück und Aktion) Fortschrittsfeindliche, prinzipiell nicht auf ein bestimmtes politisches Lager begrenzte Haltung, die auf die Wiederherstellung vergangener Zustände abzielt bzw. gegen alle Widerstände die Bewahrung der gegenwärtigen Zustände erreichen will.

Regime (fr. Regierung) Allgemein Bezeichnung für jede politische Organisationsform, die die handelnden Akteure in ein festes Regelwerk einbindet. Ursprünglich vor allem als Synonym für eine historisch überlebte Herrschaftsform benutzt, wird der Begriff heute vor allem im Bereich der internationalen Politik für punktuelle institutionalisierte Kooperationen zwischen Staaten und anderen Akteuren gebraucht.

Repräsentation (lat. vergegenwärtigen) Zentrales Prinzip der Vertretung in der Politik, durch das das politische Handeln in einem größeren Legitimationszusammenhang gestellt werden soll. So wie außenpolitisch Regierungschefs und Diplomaten stellvertretend für das Land handeln, übernehmen innenpolitisch in modernen demokratischen Ordnungen in der Regel gewählte Repräsentanten die Staatsfunktionen „im Namen des Volkes".

Revisionismus (lat. wieder hinsehen) Allgemeine Bezeichnung für das Bestreben, eine bestehende Vereinbarung, Auffassung und Überzeugung ändern zu wollen, im innenpolitischen Bereich etwa ein politisches Programm zu ändern oder im außenpolitischen Bereich den Inhalt eines völkerrechtlichen Vertrags.

Revolution (lat. Umwälzung) Seit der Glorious Revolution von 1688 in England Bezeichnung für einen tiefgreifenden Wandel der Verhältnisse, gleichgültig ob er gesellschaftlicher, technischer, kultureller oder politischer Natur ist. Seit der Französischen Revolution im Sinne eines geschichtlichen Fortschrittsoptimismus in der politischen Linken auch Schlagwort für die Schaffung einer besseren und gerechten Welt.

Soft Power (engl. weiche Macht) Eine Form der Machtausübung eines Staates jenseits des Militärischen („hard power"). Statt mit Drohung und Waffenstärke will ein Staat mit vorbildhaftem Verhalten und diplomatischem Geschick seinen Einfluss vergrößern.

Solidarität Organisationsprinzip, das auf wechselseitigen Verpflichtungen der Mitglieder untereinander aufbaut. In der klassischen Arbeiterbewegung auch der zentrale politische Wert, mit dem das Ziel einer sozialistischen Gesellschaft verbunden wurde. Heute vor allem auch das Funktionsprinzip der meisten Sozialversicherungssysteme.

Souveränität (fr/lat. überlegen) Der von dem französischen Philosophen Jean Bodin geprägte Begriff bezeichnet Unabhängigkeit und alleinige Entscheidungsmacht des modernen Verfassungsstaats nach innen und außen. In Demokratien ist die Staatsgewalt demokratisch legitimiert und kontrolliert. Auf dem Autonomiestatus der Nationalstaaten basiert das Völkerrecht.

Sozialstaat/Wohlfahrtsstaat Politische Organisationsform, die dem Staat auch die maßgebliche Aufgabe zuschreibt, gezielt für sozialen Ausgleich in der Gesellschaft zu sorgen. Als zentrale staatliche Aktionsfelder gelten die Bekämpfung von Armut, Herstellung sozialer Sicherheit und die Sicherstellung von gleichen Chancen für alle sozialen Schichten (soziale Gerechtigkeit).

Staatsbürgerschaft Die juristische Zugehörigkeit eines Menschen zu einem Staat, die ihm entweder durch Geburt in einem Land bzw. ethnische Herkunft automatisch zufällt oder durch Einbürgerung verliehen wird. Der Staatsbürger ist den Landesgesetzen unterworfen, besitzt aber in liberalen Demokratien einklagbare Freiheits- und Beteiligungsrechte.

Strukturwandel Allgemein Veränderung gegebener Wirtschaftsstrukturen, die sich auf einzelne Branchen oder Regionen beziehen kann. Mit Steuern, Subventionen oder Gesetzen versuchen staatliche Akteure diesen Prozess auch politisch zu steuern, etwa durch gezielte Unterstützung benachteiligter Regionen oder Förderung politisch erwünschter neuer Industriezweige.

Subsidiarität (lat. Hilfe) Aus der christlichen Soziallehre stammendes handlungsleitendes Prinzip des Föderalismus, das darauf abzielt, in der Staatshierarchie der kleineren Einheit vor der nächsthöheren so viel Entscheidungskompetenz wie möglich zu gewähren. Die übergeordnete Ebene der Gemeinschaft soll nur dann tätig werden, wenn die untere Ebene dazu nicht in der Lage ist.

Subvention (lat. Unterstützung) Politisch motivierte finanzielle Vergünstigung aus öffentlichen Haushalten für ausgewählte Unternehmen und Bürger, die entweder direkt über staatliche Zuschüsse oder indirekt über Steuervergünstigungen gewährt wird. Wichtige Empfängerbranchen sind Wohnungswesen, Land- und Bergbau und Energiewirtschaft, wobei insbesondere strukturkonservative Erhaltungssubventionen stark umstritten sind.

Supranationalität (lat. überstaatlich) Staatsgleiche Eigenschaft einzelner internationaler Organisationen. In der Europäischen Union etwa haben die Mitgliedsstaaten in einzelnen Bereichen ihre nationalen Souveränitätsrechte auf gemeinschaftliche, übernationale Institutionen verlagert, die für die einzelnen Mitglieder bindende Entscheidungen und Regeln fällen bzw. verabschieden dürfen.

Symbolpolitik (gr. Zeichen) Bezeichnung eines politischen Verhaltens, das vor allem auf medienwirksame, symbolische Handlung setzt. Oft auch als Synonym für die symbolische Inszenierung von Politik in den Massenmedien benutzt, die aber in modernen Mediendemokratien systemeigen ist. Problematisch, wenn Symbolpolitik die beabsichtigte politische Maßnahme nicht kommuniziert, sondern sie ersetzt.

Technokratie (gr. Herrschaft der Experten) Negativ besetzter Begriff für die Neigung von demokratischen Regierungen, politische Entscheidungen an technisch-objektiven Sachzwängen auszurichten bzw. auf außerparlamentarische Gremien oder Sonderkommissionen von Fachleuten auszulagern.

Transnationalität (lat. jenseits der Staaten) In den internationalen Beziehungen Bezeichnung für eine grenzüberschreitende Politik, die nicht nur von Staatsregierungen, sondern von nicht-staatlichen Akteuren geprägt ist. In einer kulturell und sozial immer enger zusammenwachsenden Welt muss Außenpolitik auch global agierende gesellschaftliche Interessengruppen stärker einbinden, um nachhaltig wirksam zu sein.

Umverteilung Umschichtung vor allem von Einkommen und Arbeit zwischen verschiedenen Gesellschaftsgruppen durch staatliche Maßnahmen. Insbesondere durch Steuern entzieht der Staat einem definierten sozialen Teil der Bevölkerung Mittel, um sie nach politischen Vorgaben und Zielen einem anderen zukommen zu lassen. Ausmaß und Umfang sind stark umstritten zwischen den politideologischen Lagern.

Utopie (gr. Noch-Nicht-Ort) Abgeleitet vom Renaissancewerk des Thomas Morus (1516) die bis ins 18. Jahrhundert meist literarische Fiktion einer politisch ideal konzipierten Welt, die sich in der Moderne mit dem linken Theorieglauben an die Planbarkeit einer perfekten Zukunftsgesellschaft verband. Bis heute ein politischer Kampfbegriff, der von den einen als notwendiges Zielideal, von anderen als wirklichkeitsferne, gefährliche Spinnerei begriffen wird.

Verfassung Kodifiziertes Regelwerk, das die Machtbefugnisse und Rechtsvorschriften in einem Staat grundlegend festlegt. Dabei werden Staatsorganisation, -funktionen und -aufgaben genauso wie die Rechtsstellung des Bürgers bestimmt. In einer Demokratie kann allein die Bevölkerung in direkten oder indirekten Abstimmungsverfahren eine Verfassung verabschieden bzw. Inhalte ändern.

Verhältniswahlrecht Prinzip eines Wahlsystems zum Parlament, das darauf abzielt, den Wählerwillen in der Repräsentationsversammlung möglichst spiegelgetreu abzubilden. Dabei soll die Mandatszahl der Parteien proportional dem in den Wahlen erzielten Stimmenanteil der Parteien entsprechen.

Verstaatlichung Entweder vollständige oder anteilige Überführung von Privat- in Staatseigentum, in der Regel mit einer finanziellen Ausgleichzahlung verbunden. Emotional aufgeladener Kampfbegriff, weil er instinktiv mit den planwirtschaftlichen Systemen des Staatssozialismus assoziiert wird. Staatsunternehmen sind aber auch in Marktwirtschaften üblich und nehmen an Umfang in Krisenzeiten in vielen Branchen tendenziell zu.

Zivilgesellschaft (lat. Bürger) Einerseits Synonym für die Bürgerschaft, die sich aktiv an der Gestaltung des öffentlichen Lebens beteiligt, und in diesem Sinn andererseits der Begriff, der das soziale Bindeglied zwischen Staat und Individuum bezeichnen soll und sich sowohl von einem zügellosen Individualismus als auch von einem alles bestimmenden Staatsapparat abgrenzen will.

Register

68er-Bewegung 28, 130, 132

9/11 Anschläge 51, 198, 225

Abgeordneter 79, 84, 88, **94–96**, 101, 106, 107–109, 110–111, 112–113, 121, 127 260

Abrüstung **211–213**

Abschreckung 187, 213, 260

Absolutismus 66, 70, 72, 76, 168

Adorno, Theodor W. 19

AfD (Alternative für Deutschland) 46, 49

Afrikanische Union 203

Al Jazeera 145

al-Assad, Baschar 210

al-Qaida 51, 226

Alleinherrschaft siehe Monokratie

Amazon 249

American Enterprise Institute (AEI) 136

Amnesty International 199

Anarchismus **39**, 122, 187, 188

Antiautoritarismus 18, 40, 141, 251

Antifaschismus 49

Antiintellektualismus 141

Antisozialismus 28

Aquin, Thomas von 162

Arabischer Frühling 210

Arbeitgeberverband 136, 177, 178

Arbeitsgesellschaft 178, 249–250

Arbeitsmarkt **178–179**

Arendt, Hannah **22–23**, 75, 223

Aristokratie 64, **65–66**, 78, 90

Aristoteles 10–11, 64, 70, 78

Armut 172, 177, 204–205, 224, 238, 256–257

Aron, Raymond 141

Ärzte ohne Grenzen 199–202

Asia Pacific Economic Co-operation (APEC) 207

Assange, Julian 130

Asyl 108, 224, 243

Atatürk, Kemal 67

Attac 207

Attische Demokratie 10, 23

Aufklärung 15, 29, 90, 138, 243

Außenpolitik **188–189**, 201–202

Äußere Sicherheit **168–169**, 201–202

Autokratie 73, 75, 92, 116, 260

Autoritarismus 12, 28, 39, 46, 49, 64, 73, **76**, 85, 93, 112, 116, 138, 145, 164, 169, 203, 227, 229, 242, 260

Bacon, Francis 54–55

Bakunin, Michail 39

Bartels, Hans-Peter 198

Basisdemokratie 41,**114–115**, 132

Bellardelli, Giovanni 152

Benda, Julien 141

Berlusconi, Silvio 45

Bertelsmann Stiftung 134

Beschäftigungspolitik **178–179**

Biden, Joe 231

Big Data **254–255**

Bildungspolitik **164–165**

Bill & Linda Gates Fundation 205

Bismarck, Otto von 27

Blair, Tony 33

Blüm, Norbert 170

Boko Haram 51

Böll, Heinrich 141

Bolsonaro, Jair 46

Bonaparte, Napoleon 76–77, 112

Brandt, Willy 15, 158

Brexit 45–46, 49, 106

Bundesgerichtshof 99

Bundeskanzler 92, 107–109

Bundespräsident 107–109

Bundesrat 80, 99, 101, 109

Bundestag 80, 99, 107–109, 125, 251

Bundesverfassungsgericht 81, 108, 109

Bundesversammlung 107, 114

Bürgerinitiative 91, **132–133**, 134

Bürgerrechte 23, 30, 40–41, 223

Bürokratie 63, 70, 73, 106, 260

Campanella, Tommaso 53–54

Caritas 199

Cäsar, Gaius Julius 76

Center for Strategic and International Studies (CSIS) 135

Charisma 46, 63, 76, 140, 260

Chatham House 135

Chávez, Hugo 46

Checks and Balances 91

Christlich Demokratische Union (CDU) 137

Churchhill, Winston 202

CIA 103

Civil Law 99, 260

Clausewitz, Carl von 210

Clinton, Bill 33

Club of Rome 40

CNN 145

Coca-Cola 240

Common Law 99, 260

Conservative Party (GB) 28

Corona-Krise 35, 93, 145, 174–175, 193, 202, 221, 229, 249, **258–259**

Cyberwar 211, 260

De Gaulle, Charles 112

Demagoge 10, 47, 260

Democrats (USA) 30, 122, 231

Demografie **244–245**, 261

Demokratie **78–81**, 82–84, 85, 104–109, 110–111, 112–113, 114–115, 116–117

Demoskopie 261

Deutsches Grundgesetz 107–109

Digitalisierung 35, 138, 150–153, 259, 237, **249–250**, 254–255, 259

Diktatur 72–73, 74–75, 76, 255

Diplomatie 187, 188, 190–191, 209, 211, 242, 261

Direkte Demokratie **82–83**

Diskriminierung 85, 124, **230–231**, 243

Dreißigjähriger Krieg 186

Dreyfus, Alfred 141

Dystopie 54

Einiges Russland 116

Eisenhower, Dwight D. 213

Elite 36, 40, 45–46, 54, 61,

64, 67, **70–71**, 84, 89, 99, 100, 141, 165, 186, 203, 226, 248, 255, 261
Emanzipation 48, 261
Energieversorgung 218, 219–221, 237
Engels, Friedrich 17–18, 240–241
Entwicklungspolitik **204–205**, 224, 237, 241, 259, 261
Erdoğan, Recep Tayyip 67
Erster Weltkrieg 28, 83, 187
Etatismus 261
Etzioni, Amitai 33
Europäische Union (EU) 43, 45, 61, 80, 100–101, 103, 106, 127, 133, 134, 162, 177, 193, 198, **201–202**, 207, 219–221, 224, 256
Europäischer Gerichtshof (EuGH) 81
Europäischer Wirtschaftsraum (EWR) 207
Ewigkeitsklausel 109
Exekutive 79–81, 84, 90–91, **92–93**, 96, 106, 109, 111, 112–113, 114, 261
Extinction Rebellion 130
Facebook 54, **150–153**, 248, 254
Fake News 158, **246–248**
Familienpolitik **182–183**
Farage, Nigel 45
Faschismus 48–49, 61, 75
Femen 130
FIFA (Weltfußballverband) 155
Finanzkrise von 2007/2008 29–30, 93, 144, 202, 207, 229
Floyd, George 230–231
Föderalismus 91, **100–101**, 110, 114, 202, 261
Fox News 145
Frankfurt, Harry 246
Franklin, Benjamin 162
Französische Revolution 26, 112–113, 121, 187, 251
Frauenbewegung 40–41, 43

Freihandel 206–207, 261
Fridays for Future 132, 216
Friedensbewegung 40–41
Friedenssicherung 188, 194, 202, 210, 211–213, Friedrich-Ebert-Stiftung 137
Fundamentalismus **50–51**, 75, 158, 261
Fußball **154–155**
Gadamer, Hans-Georg 158
Gates, Bill 134, 248
Gates, Bill 205
Geheimdienst **102–103**, 109, 116, 169
Genderpolitik **43**
General Agreement on Tariffs and Trade (GATT) 266
Genfer Konventionen 187, 223
Gesellschaftsvertrag 16
Gewaltenteilung 11, 29, 67, 72, 79–81, **90–91**, 100, 110, 112, 114, 116, 130, 146, 194
Gewaltmonopol 13, 61, 168, 186, 188, 195, 261
Gewerkschaft 176–177, 178
Global Governance **192–193**, 205
Globalisierung 35, 46, 49, 61, 183, 187, 192–193, 206–207, 210, 227, **234–235**, 240–241, 259, 262
Google 54, 254
Gramsci, Antonio 141
Grass, Günter 141
Green Deal 221
Greenpeace 199
Grundrecht 72, 79, **85**, 103, 117, 142, 169, 177, 262
Grüne Politik 28, **40–41**, 132, 137, 235
Gutenberg, Johannes 138
Habermas, Jürgen 46
Hamilton, Alexander 78
Heine, Heinrich 140
Heinrich-Böll-Stiftung 137

Heraklit von Ephesos 209
Herrschaftsarchitektur **159**
Hildebrandt, Dieter 141
Hitler, Adolf 75
Hobbes, Thomas 15, 168
Horkheimer, Max 19, 47
House of Commons (britisches Unterhaus) 96, 106
House of Lords (britisches Oberhaus) 66, 104, 106
Hugo, Victor 138
Humanismus 12
Huxley, Aldous 54
Hybridkultur 235
Idealismus 262
Immunität 262
Individualisierung **251–252**
Industrialisierung 17, 28, 34, 40, 54, 122, 219
Initiative Neue Soziale Marktwirtschaft (INSM) 136
Innenpolitik 78, 103, 112–113, 188, 193, 202
Institut Montaigne 135
Intellektualismus **140–141**
Internationale Nichtregierungsorganisation (INGO) **199**
Internationale Politik **186–187**, 188–189
Internationaler Währungsfonds (IWF) 194, 206
Internationalismus 141, 262
Irakkrieg 223, 224, 226, 242
Islamische Revolution von 1979 50, 67–69
Islamischer Staat (IS) 51, 226
Islamismus 50–51, 67–69, 75, 225–226
Isolationismus 262
Jinping, Xi 37
Johnson, Boris 46
Judikative 79–81, 91, 97–99, 114, 188, 262

Jumia 257
Kalter Krieg 75, 110, 116, 196–198, 204, 211, 227
Kant, Immanuel 29, 194
Kapitalismus 18–19, 33–34, 39, 187, 227–228, 240
Kästner, Erich 141
Kermani, Navid 251
Keynesianismus 262
Khomeini, Ayatollah Ruhollah 67–68
King, Martin Luther 232–233
Kissinger, Henry 201
Klasse 17, 34, 36, 39, 53, 61, 75, 140, 230, 240, 252, 262
Kleptokratie 70
Klerus 29, 61, 106
Klimaschutz 35, 40–41, 132, 193, **219–221**, 259
Klimawandel 40, 53, 204, 216, 224, 237, 255, 259, 262
Koalition 41, 89, 189, 198, 262
Kollektive Sicherheit 195, 196–198, 210, 262
Kolonialismus 50, **203**, 226, 230, 242, 256
Kommunismus 18, 35, 53, 81, 83–84, 141, 174, 187, 196, 228–229, 240
Kommunitarismus **33**, 134
Konferenz für Sicherheit und Zusammen¬arbeit in Europa (KSZE) 196
Konföderation 262
Konkordanzdemokratie 89, **114–115**
Konrad-Adenauer-Stiftung 137
Konservatismus **27–28**, 46
Korporatismus 263
Korruption 129, **238–239**, 255
Kraus, Karl 141
Kriege **209–210**, 213, 222
Kritische Theorie 18–19
Kulturpolitik **166**
Künstliche Intelligenz

(KI) 249–250, 255

Kyoto-Protokoll 219

Kyros I., König von Persien 72

Labour Party (GB) 19

Lega Nord 49

Legislative 11, 16, 79–81, **90–91**, 94, 96, 114, 127, 188, 263

Legislaturperiode 263

Liberalismus 16, 20, 28, **29–30**, 33, 46, 49, 141, 175

Lincoln, Abraham 82

Linkspopulismus 46

Lobbyismus **127**, 135, 238, 263

Locke, John 15–16, 78, 90–91

Machiavelli, Niccolò 12, 64

Machiavellismus 12

Madison, James 78

Magna Carta 94

Mandat 79, 88–89, 99, 107, 114, 238, 263

Mandela, Nelson 129

Mannheim, Karl 140

Mao, Zedong 37, 75

Maoismus 75

Marktwirtschaft 26, 28, 136, 144, 172, 174, 178, 180, 202

Marx, Karl 17–19, 24, 34–35, 76, 140, 240–241

Marxismus-Leninismus 18–19, **36–37**

Massenmanipulation 54, 248, 255

Massenmedien **138–139**, 146, 156

Massenvernichtungswaffen 208, 211–213

Mehrheitswahlrecht 88–89, 106, 123, 263

Meinungsfreiheit 29, 97, 108, 142, 246–248

Menschenrechte 20, 50, 64, 81, 85, 97, 107, 140, 164, 194, 196, 199, 203, 241, **242–243**

Mercosur (Mercado Común del Sur) 207

Merkel, Angela 244

Metropolisierung **236–237**

Michels, Robert 71

Migration 133, 158, 192–193, 202, 204, 213, 216, **222–224**, 230, 234, 245, 256–257

Militär 58, 61, 65, 72–73, 110, 158, 168–169, 189, 196–198, 209–210, 211–213, 227–229

Mill, John Stuart 29, 30

Ministerialbürokratie 106, 261

Misstrauensvotum 109

Monarchie 28, 64, **65–66**, 76, 81, 90–91, 104, 106, 112

Monetarismus 263

Monokratie 12, 64, 65, 67, 76, 110, 263

Montesquieu, Charles de 78, 90–91

Morales, Evo 46

Morus, Thomas 53–54

Mossad 103

MSNBC 145

Mulitilateralismus 189, 263

Multikulturalismus 49, 263

Mussolini, Benito 75

Nachhaltigkeit 40, 181, 204, 216–218, 219, 237, 263

Narrativ 158, 263

Nationalismus **48–49**, 50, 141, 187, 251

Nationalsozialismus 24, 28, 49, 61, 64, 74–75, 139, 209, 223, 251

Nationalstaat 48, **58–61**

Neokonservatismus 28, 136

Nestlé 240

Netflix 254

Neue Rechte **48–49**

Nichtregierungsorganisation (NGO) 199, 238

Nike 241

Nord-Süd-Konflikt 224, 263

North American Free

Trade Agreements (NAFTA) 207

North Atlantic Treaty Organisation (NATO) **196–198**, 227

Nuklearkatastrophe von Fukushima 221

Obama, Barack 173, 149, 219, 227

Ochlokratie 64

Offene Gesellschaft 85, 231

Oligarchie 64, **70–71**, 116

Onlinemedien 130, 142, 144–145, 146, 150, 246–248, 254

Open Society Foundations 134

Oppermann, Thomas 154

Opposition 19, 72, 75, 76, 91, 106, 109, 113, 114, 117, **128–130**, 154, 169

Organisation für Sicherheit und Zusammenarbeit in Europa (OSZE) **196–198**

Orwell, George 54

Oxfam 199

Palästinensische Befreiungsorganisation (PLO) 226

Pariser Klimaschutzabkommen 193, 219–221

Parlament **94–96**, 104, 109, 111

Parlamentarisch-präsidiale Demokratie 112–113

Parlamentarismus 106, 112, 129–130

Parlamentsdemokratie 28, 81, **104–109**, 113

Parteien 35, 84, 114, **121–123**, 136–137, 148–149, 158

Partizipation 23, 33, 40–41, 64, 79, 81, 100, 139, 263

PEGIDA 133

Peisistratos 72

Pentagon 225

Perikles 84

Philanthropie 134

Platon 10–11, 53, 140

Pluralismus 29, 48–49, 50, 64, 72, 84, **85**, 91, 123, 124–125, 127, 144, 182, 235, 263

Plutokratie 70

Polis (Stadtstaat) 10, 78

Politie 64, 90

Polizei 72–73, 168–169, 231

Polybios 90

Popper, Karl 85, 89

Populismus 28, 43, **45–46**, 48–49, 75, 81, 133, 153, 158, 207, 225, 252, 263

Pragmatismus 12, 28, 264

Präsidialautokratie 116

Präsidialdemokratie 76, 81, 84, 96, **110–111**

Pressefreiheit 108, 139

Printmedien 138, 142, 144–145

Proletariat 17, 35, 36, 39

Propaganda 75, 138–139, 145

Protektionismus 206–207, 259, 264

Puritanismus 33

Putin, Wladimir 116–117

Rassemblement National 46, 49

Rassismus 48–49, **230–231**

Rätesystem 83

Reaktion 26, 28, 30, 234–235, 242, 264

Rechtsextremismus 46, 235

Rechtspopulismus 46, 48–49, 75, 133, 207, 225, 251

Rechtsstaat 30, 35, 72, 90, **97–99**, 107, 169, 242

Reckwitz, Andreas 251

Reformation 138

Regime 28, 36, 51, 72–73, 75, 76, 79, 85, 93, 139, 159, 225, 264

Reinhard, Wolfgang 60

Religionsfreiheit 243

Repräsentation 23, 66, 83–84, 94, 107, 114, 122, 264

Republicans (USA) 28, 46, 122, 136

Revisionismus 264

Revolution 18–19, 26, 28, 29, 34–35, 36, 39, 48, 50, 61, 67, 69, 72, 76, 79, 94, 112–113, 121, 163, 187, 226, 236, 240, 251, 264

Rote Armee Fraktion (RAF) 226

Rousseau, Jean-Jacques 16, 81

Rüstung **211–213**

Säkularisierung 67

Sartre, Jean-Paul 141

Scharia 69, 243

Schmidt, Helmut 53

Schmitt, Carl 20, 49

Schröder, Gerhard 33

Schuman, Robert 202

Schutzmacht **168–169**

Schwarzer Freitag 1929 175

Siemens 240

Smith, Adam 30, 163

Snowden, Edward 103

Soft Power 166, 203, 264

Solidarität 33, 34, 45, 61, 79, 170–171, 202, 221, 264

Souveränität 16, 45, 82, 104, 106, 159, 186, 195, 201–202, 264

Sozialdemokratie 71, **33–35**, 71

Sozialdemokratische Partei Deutschlands (SPD) 34, 137

Soziale Marktwirtschaft 175

Soziale Medien 46, 145, 150–153

Soziale Sicherheit **170–171**, 243

Sozialismus 18, **33–35**, 37, 39, 83, 174

Sozialstaat 30, 34, 81, 109, 134, 170–171, 177, 180, 264

Sprache **156–158**

Staatsbürgerschaft 10, 223, 234, 264

Staatsformen **62–64**

Staatsordnung **10–11**, 17

Staatsvermögen **162–163**

Stalin, Josef 75, 141

Stalinismus 74–75

Stanzel, Volker 190–191

Stiftung **134**, 135, 205

Stiftung Wissenschaft und Politik (SWP) 135

Strategic Arms Reduction Treaty (START) 213

Streik 130, 177

Strukturwandel 218, 264

Subsidiarität **100–101**, 265

Subvention 166–167, 174, 179, 218, 219, 257, 265

Supranationalität 265

Supreme Court (Oberster Gerichtshof der USA) 81, 99, 109, 110

Symbolpolitik 265

Syrischer Bürgerkrieg 192, 210, 223

Tarifpolitik **176–177**

Taylor, Charles 33

Tea-Party-Bewegung 133

Technokratie 265

Terrorismus 50–51, 53, 75, 79, 103, 169, 193, 198, 204, 210, 211–213, **225–226**, 255

Thales von Milet 140

Thatcher, Margaret 27

Theokratie **67–69**

Thinktank **135–137**

Thunberg, Greta 130, 216, 221

Timokratie 70

Tories siehe Conservative Party (GB)

Totalitarismus 53, 61, 64, 73, **74–75**, 85, 141, 158, 225

Toyota 240

Transnationale Unternehmen **240–241**

Transnationalität 199, 210, 226, 240–241, 265

Transparency International 238

Trump, Donald 28, 44–46, 50, 110, 146, 149, 153, 187, 207, 221, 227–229

Tucholsky, Kurt 141

Twitter **150–153**, 248

Tyrannis 64

UK Independence Party (UKIP) 49

Umverteilung 46, 171, **172–173**, 265

Umweltpolitik 174, 193, 199, **216–218**, 219–221, 237, 241

UNESCO 166, 194

UNICEF 194

US Kongress 110–111

US Senat 110

US-Kongress 80, 91, 96, 110–111

US-Senat 80, 99, 110, 242

Utopie **53–54**, 141, 265

Verband **124–125**, 127

Verein **124–125**, 134, 159

Vereinte Nationen (UN, UNO) 164, 182, 187, 193, **194–195**, 198, 199, 205, 206, 210, 216, 221, 223, 224, 237, 243

Verfassungsschutz **102–103**, 109

Verfassungsstaat 16

Verhältniswahlrecht 88–89, 123, 265

Verkehrspolitik **181**

Versammlungsfreiheit 76, 108, 117

Verstaatlichung 174, 265

Vertrag von Lissabon 101

Vespasian, röm. Kaiser 163

Vetternwirtschaft 129

Vierte Gewalt **142–143**

Völkerrecht 186–187, 194, 210

Volksbegehren 84

Volksherrschaft 64, 83, 84

Volkssolidarität 45

Volkssouveränität 79, **82–84**

Volksversammlung 78, 82

Wahlkampf **148–149**

Wahlmänner 84

Wahlrecht 34, 43, 70, 81, 89, 243

Wahlsystem **88–89**, 123

Währungsunion 202

Walpole, Robert 129

Walzer, Michael 33

Warschauer Pakt 196

Weber, Max 12–13, 61, 63, 70

Weimarer Verfassung 107

Weizäcker, Richard von 167

Weltbank 206

Welthandelsorganisation (WHO) 206, 258

Weltwirtschaftsordnung **206–207**

Wertschöpfungskette 240–241, 249

WikiLeaks 130

Willemsen, Roger 95

Wirtschaftspolitik 28, 174–175, 218, 259

Wohlfahrtsstaat 33, 35, 171

Wohnungspolitik **180**

World Trade Center 225

Xiaoping, Deng 37

YouTube **150–153**

Zivilgesellschaft 29, 33, 81, 90–91, 99, 117, 134–135, 265

Zola, Émile 141

Zweikammerparlament 104, 110, 113

Zweiter Weltkrieg 20, 35, 36, 48, 81, 107, 128, 158, 164, 177, 180, 187, 202, 209, 223, 243, 251

Impressum

© by Peter Delius Verlag, Berlin

Lizenzausgabe für die Wissenschaftliche Buchgesellschaft

Die Deutsche Nationalbibliothek verzeichnet diese Publikation in der Deutschen Nationalbibliografie; detaillierte bibliografische Daten sind im Internet über

http://dnb.d-nb.de abrufbar.

Der Theiss Verlag ist ein Imprint der wbg.

© 2020 by wbg (Wissenschaftliche Buchgesellschaft), Darmstadt

Die Herausgabe des Werkes wurde durch die Vereinsmitglieder der wbg ermöglicht.

Text: Christoph Marx

Illustrationen: Katharina J. Haines

Lektorat: Detlef Berghorn

Beratung: PAP, Yuki

Koordination: Natalie Lewis-Egerton

Design, Umbruch: Dirk Brauns, Marc Vidal

Korrektorat: Marion Mönch; Cristina de Matos

Einbandgestaltung: Martin Veicht, Regensburg

Gedruckt auf säurefreiem und alterungsbeständigem Papier

Printed in Slovenia

Besuchen Sie uns im Internet:

www.wbg-wissenverbindet.de

ISBN 978-3-8062-4190-7

Zitatnachweis

Seite 006 Nach Jean-Jacques Rousseau in Vom Gesell-schaftsvertrag: Wilhelm Weischedel, Die philosophische Hintertreppe - Die großen Philosophen im Alltag und Denken, dtv München 2010, 20. Auflage, 186.

Seite 030 John Stuart Mill, Über die Freiheit. Aus dem Englischen übersetzt von Bruno Lemke, mit Anhang und Nachwort herausgegeben von Bernd Gräfrath, Stuttgart: Reclam 2017, S.19

Seite 037 Aus dem Bericht von Xi Jinping auf dem XIX. Parteitag der Kommunistischen Partei Chinas (18. Oktober 2017). frankfurt.china-consulate.org

Seite 047 Max Horkheimer in: „Porträt eines Aufklärers", eine hr-Fernsehsendung aus dem Jahr 1969

Seite 060 Wolfgang Reinhard, Geschichte des modernen Staates, C.H.Beck: München 2017, Seite 123

Seite 069 Einleitung der Verfassung der Islamischen Republik Iran 1979 (modifiziert 1989)

Seite 084 Die Gefallenenrede des Perikles, Thukydides 2,34-46, in: Thukydides, Der Peloponnesische Krieg, herausgegeben und übersetzt von G. Landmann, 3. Aufl. Düsseldorf 2010, Seite 110-117

Seite 095 Roger Willemsen, Das Hohe Haus. Ein Jahr im Parlament, S. Fischer: München 2014.

Seite 106 Dokumente zur Verfassungsgeschichte von Großbritannien: www.servat.unibe.ch

Seite 113 Staatspräsident Emmanuel Macron bei Amtseinführung am 14.7.2017: Europa braucht ein starkes Frankreich, auf: Französische Botschaft in Berlin, ambafrance.org

Seite 129 Nelson Mandela, Meine Waffe ist das Wort, Kösel-Verlag München 2013

Seite 145 Carl von Ossietzky, Rechenschaft: Publizistik aus den Jahren 1913-1933.

Seite 148 Silvano Moeckli in So funktioniert Wahlkampf, UVK Verlagsgesellschaft mbH Konstanz 2017, S. 81f.

Seite 152 Der italienische Politikwissenschaftler Giovanni Belardelli im Corriere della Sera 2019: EuroTopics – ein europäischer Pressespiegel, ein Projekt der Bundeszentrale für politische Bildung

Seite 167 Der damalige deutsche Bundespräsident Richard von Weizsäcker am 11. September 1991 in einer Rede. Die Welt, 28.3.2000

Seite 170 Dr. Norbert Blüm, Von der Sozialversicherung zur Fürsorge. Auf der schiefen Bahn prinzipienloser Geschäftigkeit, 1. Juli 2014. www.blog-der-republik.de

Seite 173 Rede von US-Präsident Barack Obama in Athen, Athen, Kulturzentrum der Stavros-Niarchos-Stiftung, 16. November 2016.

Seite 190-191 Volker Stanzel, „ Auf Holzwegen oder Trittsteinen – Wohin geht die Diplomatie?", in: Ders. (Hg.), Die neue Wirklichkeit der Außenpolitik: Diplomatie im 21. Jahrhundert, Stiftung Wissenschaft und Politik Deutsches Institut für Internationale Politik und Sicherheit SWP-Studie 23 November 2018, Seite 8.

Seite 195 Charta der Vereinten Nationen, in Kraft getreten am 24. Oktober 1945, Kapitel I, Ziele und Grundsätze, Artikel 1

Seite 198 Interview mit Hans-Peter Bartels, Wehrbeauftragter des Deutschen Bundestags, am 11. März 2020, Stiftung Atlantik-Brücke Impulse.

Seite 205 Bill Gates in einem Interview am 27. Januar 2013

Seite 213 Dwight D. Eisenhower am 16.4.1953 in einer Rede an die Amerikanische Gesellschaft „The Chance for Peace"

Seite 221 Greta Thunberg auf dem UN-Klimagipfel in New York am 23. September 2019. www.merkur.de

Seite 232-233 Martin Luther King jr., Ich habe einen Traum, Ansprache während des Marsches auf Washington für Arbeitsplätze und Freiheit am 28. August 1963 in Washington D.C.. Zitiert nach: https://usa.usembassy.de/etexts/soc/traum.htm

Seite 244 Angela Merkel, 2012: 4. Oktober 2012. archiv.bundesregierung.de